Counseling Theory and Practice

상담이론과 실제

곽미정 · 노상은 · 손은경 · 윤희숙 · 임성은 · 최옥화 공저

양성원

Counseling Theory and Practice

머리말

현대사회는 생태학(Ecology)적 조화의 개념이 매우 중요시되는 시기이다. 생태학은 인간을 포함하여 유기체가 환경과 어떻게 상호작용하는 지에 대한 중요성을 강조하는 관점으로 인간과 체계 상호간의 조화 및 적응과 이를 위한 바람직한 변화를 위하여 상담학 역시 환경과 체계를 고려하는 방향으로 나아가고 있다.

인간의 적응적 적합성은 인간에 대한 통찰과, 인간에게 있어서의 욕구와, 인간이 활용하지 못한 잠재적인 기회를 발견하고 발현해 나갈 수 있도록 하는 것에 이르는 광범위한 개념을 다루고 있다. 환경속의 인간의 개념은 이와 같이 인간의 삶을 통하여 개인과 집단이 잠재적 능력을 발현해 가기 위한 과정을 중요시하며 이에 당면한 문제점들을 해결하고 '환경과 상호교류'하며 성장한다는 연속선상의 개념을 견지하고 있다. 인간과 사회의 변화와 적응에는 심리적, 사회적, 문화적인 요인이 반영되며 이를 통하여 성장하는 과정 속에는 바로 인간 자신의 모습이 존재하는 것이다.

따라서 생태학적 관점에서의 인간의 발달은 인간이 자신이 속한 환경에서 얼마나 성숙하게 자신을 발견하고 환경과 조화를 이룰 수 있는가 하는 점을 관건으로 하고 있다고 할 수 있을 것이다. 이러한 관점에서 본다면, 상담이론과 실제에서 다루는 전반적인 과정은 우리가 삶을 살면서 나를 돌아보고 다양한 클라이언트를 만날 때 도움이 되는 다양한 사항들을 다루고 있다고 할 수 있다. 이에 본 상담이론과 실제는 각종 상담의 기본 과정과 맥락을 다루며, 상담과 관련한 다양한 학자와 이론을 다루고 있으므로 향후 상담학에 입문하는 경우나 혹은 상담과 연계된 관련 직에 종사하는 경우 유용한 내용을 담고 있다. 본 과정을 학습하면서 부디 인간의 삶과 내면의 성찰을 통해 보다 성장하는 시간이 되기를 바라는 마음으로, 그리고 감사하는 마음으로 머리말을 대신하고자 한다.

2018년 9월

저자 대표 곽미정

차례

CHAPTER

1

상담과 의사소통

1 상담의 준비

상담이란 일시적으로 혹은 성장과정이나 발달단계 및 위기상황에서 발생하는 문제를 가진 사람에게 상담자가 전문적 지식과 기술을 가지고 내담자의 현실적응 능력 및 내면의 문제해결에 개입하는 것이다. 따라서 상담은 다음과 같은 체계적 과정을 필요로 한다.

1) 상담 준비단계의 의의

클라이언트가 자신의 문제를 가지고 상담자를 찾는 경우 내담자의 상태를 상담자가 올바르게 파악하는 것이 중요하다. 이를 위하여 활용되는 의사소통에는 언어적 의사소통과 비언어적 의사소통이 있으며 클라이언트가 전달하고자 하는 직접적인 의사소통 뿐만 아니라 비언어적 의사소통을 통하여 클라이언트의 생각이나 감정을 정확하게 파악하여 상담을 진행하는 것이 중요하다. 상담가는 이를 통하여 상담을 구조적으로 진행할 수 있을 뿐만 아니라 면담과정에서의 과업을 파악하며 이를 성취하기 위한 방법을 모색할 수 있으며, 클라이언트에게 개입하여 올바른 시간활용과 구체적 개입계획을 수립할 수 있게 된다.

2) 상담 준비단계의 점검

상담 준비단계의 점검으로 도움을 요청하는 클라이언트 개인이나 대상 집단의 욕구 및 기대감을 확인한다. 한편 클라이언트와 관련있는 주변 체계들을 활용하며 전문적인 개입계획을 상담을 통하여 구상하게 되므로 상담의 과정은 상담의 구조화에 있어서 매우 중요한 과정이라 할 수 있다.

이에 상담가는 소속되어 있는 기관의 정책과 절차 및 비전 뿐 아니라 실천지침,

관련 유관기관의 자원을 파악하고 있어야 하며 일정한 자격요건을 갖추고 있어야 한다. 그리고 클라이언트나 해당 집단이 가지는 욕구와 기대를 파악하여 내담자의 개별성을 존중해주고 그에 대한 자기결정의 권리를 존중하며 클라이언트를 둘러싸고 있는 환경적인 자원을 활용하는 것에 대한 전체적인 구상이 상담 시에 구상될 수 있으므로 상담을 준비하는 과정에서 보다 구조적인 상담이 될 수 있도록 클라이언트의 심리내적 및 가족, 사회에서의 역할 수행과 환경적 적응 적합성 등을 포괄적으로 점검할 수 있어야 추후의 상담을 바람직하게 이끌어갈 수 있다.

3) 상담을 통한 활동점검

① 자료의 수집 : 상담을 위하여 클라이언트의 정보 및 환경적 개입을 위한 기초 활동으로 활용된다.

② 라포의 형성 : 클라이언트를 수용하며 치료관계 및 협력적 동맹관계를 형성하는 것이 중요하다.

③ 클라이언트의 욕구파악 : 클라이언트의 욕구를 파악하며 그를 바탕으로 하여 원조적 관계를 형성하여야 한다.

④ 상담계획의 수립 : 클라이언트와 함께 상담의 계획을 수립하고 상담과정의 장애요소를 규명하며 원조의 과정을 촉진하고 목표성취에 대한 비젼을 제시할 수 있다.

4) 면담의 준비

(1) 반영적 접근과 상담점검표의 작성

반영적 접근이란 상담에 응하는 클라이언트의 사고, 감정, 억압, 기대 등을 살펴보는 공감적이며 수용적인 관계의 형성에 도움이 되므로 중요하다. 이를 보다 체계적으로 점검하기 위하여 점검표의 작성이 중요하며 이를 위하여 미리 준비된 상담의 점검표를 작성하여 보다 효과적인 상담이 되도록 준비하는 과정이 필요하다.

그 밖에도 최근의 사례일지나 생애주기적 사건이나 발달사항 및 가계도 및 생태도의 작성은 상담에 앞서서 중요한 점검과정이며 이를 통하여 클라이언트의 주요한 문제에 대한 정보를 제공받을 수 있다. 이는 클라이언트가 기대하고 해결받기를 원하는 욕구의 확인과 당면 문제의 근본에 대하여 탐색하는 것에 있어서 중요한 정보가 된다.

(2) 면담 준비와 기술

① 면담 준비의 사전 검토 : 면담 준비의 사전 검토로 가족이나 주변인의 보고나 기관의 정보를 검토할 수 있다.

② 사전 탐색 : 클라이언트의 상담을 접수하고 혹은 유관기관에 인테이크하게 된다. 이를 위하여 동료상담가나 수퍼바이저를 통하여 사전 점검할 요인을 점검하는 것도 중요하다.

③ 사전 정리 : 면담을 위한 약속시간의 세팅, 면담실의 점검, 비밀보장을 위한 서류보관 방침 체계의 점검, 경우에 따라서 클라이언트의 동의하에 녹취 기구의 점검 등이 이에 해당한다. 또한 상담 이전에 상담의 목적(면담에 따라 클라이언트의 욕구를 파악할 수 있다. 예를 들면 심리적 요인, 재활, 자아성장, 관계개선 등)과 목표를 검토하고 논의될 과제에 대한 인테이크도 사전 점검할 필요가 있다.

5) 상담의 착수

(1) 클라이언트의 첫 상담에 대한 불안 수용

① 라포형성

클라이언트에게 있어 첫 상담은 상호 라포를 형성하며 상담에 대한 동기를 부여하는 중요한 시간이 될 수 있다. 반면 경우에 따라 클라이언트는 이에 대한 양가감정을 가질 수 있으며, 혼돈이나 당혹감을 가질 수 있으므로 최대한 편안한 분위기에서 상담이 이루어질 수 있도록 하는 것이 필요하다. 이러한 맥락에서 첫 면담의 과정은 상담의 전체 과정에 영향을 줄 수 있으며 따라서 문제해결, 동기부여, 상담활동의 효과성 등에 영향을 줄 수 있고, 클라이언트의 저항이나 전이 문제 등이 발생할 수 있는 시기이기도 하다. 첫 상담은 성공적인 후속 상담과 관계형성을 통하여 효과적인 문제해결에 도움을 주며 상담의 조기 종결이나 중도 탈락을 예방하고 참여의지가 약하거나 비자발적인 클라이언트의 참여동기를 강화할 수 있는 기회를 제공받으므로 중요하다.

② 가족상담

만일 클라이언트와 가족이 함께 상담에 참여한 경우에는 클라이언트와 가족에게 상담자 자신을 소개하고 클라이언트의 가족에 대한 소개를 요청할 수 있으며 이때 가족의 특정 구성원이 소개의 주도권을 가지기보다는 개개인에게 소개를 맡기며 일부 가족의 구성원이 소외되거나 특정 구성원이 대화를 독점하지 않도록 하는 것이 중요하다. 이러한 시간은 구성원 간의 역동성 혹은 양가감정이나 저항, 그 밖의 비언어적 행동을 통하여 상담에 대한 정보수집에 도움이 될 수 있는 좋은 기회이다. 또한 첫 면담을 통하여 상담을 구조화하며 상담의 진행방식과 회기 및 시간의 할애 정도 및 수행과제 등을 점검할 수 있다. 그리고 상담가는 클라이언트와 면접 후에 상담에 대한 계약을 체결하기에 앞서서 기관의 정책 및 비밀보장과

윤리적 상황을 설명하고 상담에 대한 질문을 받을 수 있다. 단, 클라이언트와의 비밀보장에 대한 원칙은 클라이언트의 생명과 관련된 자해의 위험이 있거나 폭력이나 학대의 발생 및 타인을 해칠 위험이 있는 경우는 예외가 된다.

주의할 점으로 첫 만남에서 라포 형성을 위하여 활용될 수 있는 대화의 시작은 가볍게 날씨나 기관을 찾아오는 과정이 어렵지 않았는지 등의 가벼운 주제로 시작하여 상담가의 수용적 태도와 지지적 의사를 보여주는 것과 클라이언트에 대한 원조의 확신 등을 통하여 신뢰감을 줄 수 있는 시간이 되는 것이 바람직하다.

(2) 상담의 기초 기술

① 의사소통의 점검

의사소통은 상담가와 클라이언트 간의 의사와 생각 및 감정을 정확히 전달하는 송·수신의 역할을 하게 된다. 전문적인 의사소통은 메시지의 클라이언트의 초기뿐 아니라 클라이언트의 변화단계에서 매우 중요한 역할을 하며 상호 관계 및 발전적인 과정에 도움을 주게 된다. 따라서 상담가는 의사소통과 언어 및 비언어적 메시지에 민감하게 반응하여야 하며 전달하고자 하는 메시지에 담겨있는 의미의 전문적 해석과 관점의 점검이 필요하다.

이때 상담가는 클라이언트의 메시지에 민감하여야 하며 존중의 태도로 비언어적 표현에도 주의를 기울이며 메시지가 불분명할 때에는 이에 대하여 확인하고 넘어가는 것이 바람직하다. 한편 상담가는 의사소통에서 주의할 것으로 클라이언트가 이해하기 쉽고 명확한 언어로 이야기하며 일치적인 의사소통이 되도록 하여야 한다. 이를 위하여 클라이언트의 언어와 자신의 언어가 제대로 전달이 되었는가에 대하여 명확히 확인할 필요가 있다.

② 의사소통의 기술

ⓐ 격려와 수용 : 상담가는 격려와 수용을 통하여 클라이언트를 수용하는 자세로 비심판적 태도를 보여주어 클라이언트의 저항감을 다루어야 하며 클라이언트의 감정을 다룸에 있어서 환기 및 보증의 기법을 활용하여 클라이언트의 정확한 내면의 심리에 대하여 정확히 해석해 줄 수 있도록 하며 클라이언트는 이에 대하여 피드백하면서 자신의 욕구를 표현한다.

ⓑ 환기 및 보증 : 환기의 기법은 클라이언트가 자유롭게 자신에 대한 반영적 사고의 표현을 가능하게 하며 이에 대한 보증은 클라이언트에게 확신을 주는 방편이 되며 격려가 된다.

ⓒ 수용 : 상담가는 클라이언트에게 지시하거나 질책하기보다는 모든 문제에 대한 수용적인 태도를 통하여 클라이언트를 지지하고 클라이언트가 자신의 문제를 보다 적극적으로 직면하고 개선하는 것을 도와주어야 한다.

ⓓ 클라이언트 문제의 일반화 및 외연화 : 클라이언트가 가지고 있는 문제나 생각은 자신만이 겪는 상황이라기보다 그와 비슷한 경험을 하는 다수의 사람들과 그를 극복한 사례들이 많으며 보편적인 과정이나 문제일 수 있다는 것을 설명할 수 있다.

ⓔ 명료화 : 상담가가 활용할 수 있는 상담의 기법으로 클라이언트의 상황이나 입장을 보다 분명하게 해석하여 문제를 명료화하는 것은 문제해결에 도움이 된다.

ⓕ 요약 : 요약이란 클라이언트의 주장이나 진술에 대하여 요약을 통하여 보다 문제를 단순화하고 집중하는 것에 도움이 될 수 있도록 하는 것으로 활용될 수 있다.

ⓖ 침묵 : 클라이언트에게 있어서 침묵은 여러 의미가 있으며 문제를 정리하여 이야기 할 수 있는 시간으로 기다림이 필요하다.

(3) 언어적 · 비언어적 의사소통 기술

① 비언어적 의사소통

클라이언트와의 상담 시 언어가 주는 정보와 메시지 외에도 비언어적 표현에도 민감할 필요가 있다. 예를 들면, 자세와 표정, 음성의 고저 뿐 아니라 침묵의 정도, 계절에 맞는 옷차림이나 청결함 정도 등에서 비언어적 의사소통이 가능하다.

② 언어적 의사소통

언어적 의사소통은 클라이언트의 생각의 과정과 인식의 정도 및 그에 대한 감정에 대하여 소통할 수 있게 한다. 언어적 의사소통을 통하여 클라이언트의 문제에 대한 상황적 맥락뿐 아니라 클라이언트가 표현하고자 하는 것에 대한 내면적 의미나 욕구도 파악할 필요가 있다. 이와 같이 의사소통의 기술에는 언어적 의사소통 및 비언어적 의사소통이 모두 포함된다고 할 수 있다.

③ 질문의 활용

참고

1) '왜'라고 질문하지 않으며 그보다는 '어떻게'라고 질문하는 것이 바람직하나 지나친 호기심으로 대하기보다 클라이언트가 말한 것으로부터 시작하는 것이 바람직하다.
2) 질문에 클라이언트가 생각을 정리하고 대답 및 반응할 시간을 충분히 주는 것이 바람직하다.
3) 질문할 때는 핵심적인 부분을 확인해가면서 대화를 진행하는 것이 바람직하다.
4) 한 번에 여러 가지 질문을 하는 것은 바람직하지 않다.

질문기법의 활용은 클라이언트가 말하고자 하는 대화의 흐름과 맥락을 정확하게 파악하는 것에 도움이 되며 클라이언트가 이야기 하고자 하는 내용과 생각 및 감정에 귀를 기울이며 적극적 경청의 기술로 활용되어 클라이언트를 보다 잘 이해하고 올바른 피드백이 가능하게 된다. 상담 시 질문은 크게 개방형 질문과 폐쇄형 질문으로 구분될 수 있다.

④ 개방형 질문(open question)

개방형 질문의 장점은 클라이언트가 자유롭게 자신의 생각과 감정을 표현할 수 있고 자신이 원하는 시간과 속도로 대화를 전개할 수 있으며 선택의 자유가 주어진다. 클라이언트가 표현하고 싶은 부분을 충분히 강조할 수 있으며 상담가는 질문의 포커스를 좁혀서 보다 문제를 구체화하면서 탐색할 수 있으며 이는 명료화 기술에 활용될 수 있다. 그러나 자신의 생각이나 감정을 언어로 표현하는 것에 익숙하지 않은 경우는 폐쇄질문이 활용될 수 있다.

개방형 질문의 예❶

- 학교생활에 대해 말씀해 주시겠습니까?
- 그 사건으로 인하여 당시에 받은 인상은 어떤 것이 있나요?
- 그에 대해 어떻게 반응하셨고 이후 어떤 영향을 미치게 되었나요?

개방형 질문의 예❷

개방형 질문은 예나 아니오 혹은 단답식의 질문보다 '무엇'에 대하여 질문하기에 해당하며 질문기법 중에서 가장 유용하게 활용될 수 있는 기법이다. 따라서 개방형 질문의 장점으로는 클라이언트에게 일어난 일에 대하여 질문하는 것을 통하여 클라이언트의 내면에 대한 이야기와 원하는 문제나 주제를 자유롭게 선택할 수 있는 기회를 제공한다는 점에서 매우 바람직하며 클라이언트에 대한 심도있는 정보를 얻을 수 있는 장점이 있다.

상담을 통하여 과거보다는 현재에 초점을 두고 상세하게 클라이언트의 인식과 심리내적인 역동성과 함께 지금까지 끌어온 요인이나 타인의 과거를 탐색할 수 있다. 그러나 단점으로는 시간 여유가 많지 않은 경우에 상대적으로 많은 시간이 소요될 수 있으며 지리멸렬한 대화가 되지 않도록 상담가의 전문적인 특성이 잘 발휘되어야 한다.

⑤ **폐쇄형 질문**(close question)

폐쇄형 질문은 클라이언트에게 정보를 확인하거나 질문에 간단히 '예'나 '아니요'로 답할 수 있거나 개인 정보 중에서 중요한 성명, 나이 등과 같은 명확한 정보를 얻기 위한 경우나 간략한 정보를 얻기 위하여 사용하게 된다. 따라서 폐쇄질문(close question)은 중요한 정보를 정리할 때 유용하게 활용된다. 폐쇄질문의 장·단점을 다음과 같이 살펴볼 수 있다.

폐쇄질문의 단점은 클라이언트에 대하여 다양하게 탐색할 수 있는 기회가 적어져 제한된 정보를 얻거나 자칫 단조롭고 딱딱한 상담이 될 수 있다. 그러나 폐쇄형 질문의 장점으로는 제약된 시간 내에 신속하고 명확한 정보를 얻을 수 있으며 상담의 방향의 포커스가 내용의 주제에서 벗어나지 않도록 하는 데 유용하다. 또한 상담의 방향이나 클라이언트의 마음을 확인하는 경우에도 유용하게 활용될 수 있다. 클라이언트가 대화에 자신이 없어 하거나 표현이 장황하거나 초점이 없는 경우에도 활용될 수 있으며 간혹 정신적 이상이 있는 경우에도 유용하게 활용될 수 있다.

클라이언트가 문제의 상황에 대하여 자세하게 논의하기 어려워하거나 핵심이나 주제에서 벗어나 이야기를 하거나 무엇을 얘기해야 할지 잘 모르는 경우 폐쇄형 질문을 사용할 수 있다. 폐쇄형 질문의 예는 다음과 같다.

폐쇄형 질문의 예

- 당신에게 문제가 되는 것은 자존심에 대한 문제인가요?
- 당신에게 부족한 부분의 결단력을 개선하시기를 원하시는 거지요?
- 이 문제의 해결을 위해 선행되어야 하는 일에 대하여 생각해보셨는지요?
- 문제의 해결에 대한 변화를 유지하기 위해서는 어떤 일이 선행되어야 하는지에 대하여 고민해보신 적 있으세요?
- 개입방법이나 접근방법에서 주위사람의 생각에 동의하시나요?
- 그 사람을 증오하나요? 그 일로 화가 나셨나요?
- 당신의 가족은 몇 명입니까?

(4) 질문 시 유의점

첫째, 유도질문을 피한다.

유도질문은 클라이언트 중심의 상담이 이루어지는 데 방해가 될 수 있으며 상담가가 원하는 방향으로 상담을 유도하게 되어 클라이언트의 자율적 자세에 도움이 되지 못할 수 있다. 또한 클라이언트가 불쾌함을 느낄 수 있으며 방어적인 입장이 되어 자신의 감정을 솔직하게 나타내고 표현하는 것에 방해가 될 수 있다. 이것은 클라이언트와 상담가를 동등하고 상호 원조적인 입장에서 바라보는 것에 있어서도 바람직하지 않다.

예를 들면, '아이들의 성적을 보고도 그렇게 생각하신 것은 부모로서의 부족함을 나타내는 것이라고 생각하지는 않으시나요?'와 같은 것이라 할 수 있다.

둘째, 가급적이면 추궁하는 듯이 전달될 수 있는 '왜'라는 질문은 피하는 것이 좋다. 그러나 클라이언트의 통찰을 위한 것이라면 바람직하다.

'왜'라는 질문은 클라이언트로 하여금 몰아세우거나 책임을 추궁하는 인상을 줄 수 있으며 클라이언트에게 의도적인 답변을 강요하게 될 수 있어 클라이언트로 하여금 방어적인 태도를 가지게 한다. 따라서 '왜'라는 질문을 통하여 사회적으로 바람직한 범위에서 답을 하게 하기보다는 '어떻게'라는 질문으로 클라이언트가 보다 자유로운 상태에서 답을 할 수 있는 형식을 활용하여 질문하는 것이 바람직하다. 그러나 개인적 호기심 충족을 위해 질문하는 것은 바람직하지 않다.

셋째, 이중질문은 지양한다.

이중질문은 한 질문의 문장 속에서 여러 내용을 질문하는 것을 뜻하며 클라이언트가 차근차근 한 가지씩 대답할 수 있도록 하는 것이 바람직하다. 예를 들면, '아이들이 학교에 부적응하고 있는 것 같아 걱정이 되시는 거군요. 그렇다면 학교에 언제부터 가지 않았을까요? 다시 학교에 간다면 본인과 교우들에게는 어떤 반응이 있을 것 같고, 어떻게 하면 보다 바람직한 마음으로 학교생활에 취미를 붙일 수 있을까요?'에 대하여 차근차근 한 가지씩 질문을 하는 것이 바람직하다.

넷째, 애매모호한 질문을 사용하지 않는 것이 좋다.

애매모호한 질문은 클라이언트가 당황할 수 있으므로 보다 구체적으로 클라이언트에게 전달될 수 있도록 하는 것이 바람직하다. 예를 들면, '당신의 특성에 대하여 말씀해주세요'보다는 '당신의 장단점에 대하여 생각해보세요'라고 질문하는 것이 바람직하다. 또 가장 큰 장애는 무엇입니까? 무엇이 최선일까요? 그 때 어떤 반응을 보이셨나요? 그 이야기를 보다 구체적으로 들려주시면 좋겠습니다. 이 과제에 대하여 어떻게 생각하시나요? 그 일로 어떤 기분이 들었습니까? 이 방법에 대한 대안을 생각해보셨나요? 그에 대한 예를 들어주시면 좋겠습니다. 그 과제 수행의 이후 변화가 있으십니까? 그 사건이 당신에게 준 영향은 무엇이었습니까? 이 상황에 대한 견해를 말씀해주시면 좋겠습니다.

다섯째, 상담에 유용한 라포형성 및 관계형성 기술

① 라포의 형성

라포란 인간관계에 있어서 상호 간의 공감대 형성을 통하여 조화롭고 향후 클라이언트와 사회복지사 간의 이해와 전문적 관계 및 원활한 상호작용을 형성할 수 있도록 해주는 기본적인 유대관계를 형성하는 것을 의미한다. 이것은 상호 간의 이해를 근거로 신뢰와 믿음의 근간이 되기도 하므로 상담에 앞서서 매우 중요한 전제과정이다.

라포형성을 위해서는 클라이언트의 자기결정권을 진심으로 존중하고 개별성에 관심을 가지는 것이 바람직하며, 라포는 수용과 이해와 공감적인 태도, 신뢰감의 형성, 무조건적인 지지, 비밀보장 등 이런 것들에 대한 신뢰형성의 기반이 되므로 매우 중요하다.

② 전문적 관계의 형성

전문적 관계의 형성은 두 사람 이상이나 집단 간의 작업 동맹을 의미하며 엄밀하게는 라포의 형성과 차이가 있다.

이에 대한 몇 가지 상담자로서 가져야 하는 기본적인 자질에 대하여 언급해보면 다음과 같다.

③ 공감

공감이란 상담자가 인간을 이해하는 마음으로 내담자인 클라이언트의 입장에서 느끼는 감정과 사고, 동기에 대한 이해를 전제로 하며 이와 같은 것은 상담가의 확장된 능력이기도 하다. 이를 통하여 클라이언트는 자신이 이해되고 있음을 느끼게 되고 상담가에게 방어의식을 풀고 솔직하게 자신의 어려움과 문제를 호소할 수 있다.

공감기술의 활용

① 클라이언트의 감정에 가까이 다가가기
② 클라이언트의 감정을 이해했음을 보여주기
③ 클라이언트의 감정을 언어로 표현해주기

④ 경청의 기술

ⓐ 경청

경청이란 상담가가 클라이언트의 말을 주의 깊게 들을 뿐 아니라 클라이언트의 비언어적 의사로 자세나 표현적 행동을 관찰하고, 클라이언트가 내면의 언어를 자유로이 표현할 수 있도록 진심으로 격려하고, 클라이언트와의 대화 내용을 세심하게 기억하는 것 등을 포함하고 있다.

ⓑ 적극적 경청

적극적 경청이란 클라이언트의 말뿐 아니라 이면에 숨겨 있는 감정을 세심하게 이해하고, 진심어린 관심과 열린 마음을 가지고 클라이언트의 언어를 듣고 있음을 언어 뿐 아니라 비언어적인 표현을 하는 것을 의미한다. 클라이언트에게 몸을 살짝 기울이고 고개를 끄덕이거나 신중히 듣는 비언어적 태도는 상담가가 클라이언트의 말을 잘 경청하고 있음을 보여주는 것이다. 또한 클라이언트의 말 중에서 추가적인 정보가 필요한 경우에는 적절히 질문을 하는 것도 필요하다.

ⓒ 명료화 기술

클라이언트가 의사표현을 분명히 할 수 있도록 격려하는 것이 필요한데 상담의 주제에서 벗어나거나 문제의 핵심을 이야기하지 못하는 경우는 이에 대하여 질문하는 것이 필요하다. 명료화 기술의 장점으로는 상담가가 클라이언트의 이야기에 대하여 적극적으로 경청하고 있으며 그에 대하여 맥락의 범위를 벗어나지 않는 효과가 있다. 반면에 단점으로는 상담의 흐름에 방해가 될 수 있으므로 유의하는 것이 필요하다.

ⓓ 구체화 및 요약기술

구체화 및 요약기술은 클라이언트가 이야기한 말의 내용과 그에 대한 핵심에 대하여 다시 한 번 확인하고 보다 구체화함으로써 문제의 포커스를 잡는 것으로 상담의 목적과 취지를 분명히 할 뿐 아니라 그에 대한 대안과 범위를 설정하는 것에 도움이 된다.

ⓔ 피드백 주고받기

클라이언트와 피드백을 주고받는 것은 상담 초기에 합의된 계약된 상담의 범위에서 목표의 성취에 도움을 주며, 상담이 잘 이루어지고 있는지, 과제 등이 잘 수행되고 있는지에 대하여 확인하고 점검하는 것에 도움이 된다. 분명하며 솔직한 피드백은 상담가의 이해와 같이 클라이언트도 받아들이고 있는지에 대한 상호 간의 의사소통이라고 할 수 있으며 상호 상담의 과정을 확인하며 진행할 수 있는 장점이 있다.

ⓕ **침묵의 활용**

클라이언트와의 상담 도중 상담가의 질문이나 제안에 대한 클라이언트의 침묵은 부정적인 신호이기보다는 클라이언트가 생각하고 마음에 떠오른 바를 정리하여 이야기하기 위한 시간이며 변화의 기회가 될 수도 있다. 따라서 재촉하여 답을 구하기보다는 클라이언트에게 시간적 여유를 주는 것이 중요하며 이러한 침묵을 통하여 클라이언트의 생각이나 감정에 대하여 점검해보는 것이 바람직하다.

ⓖ **계약의 기술**

계약의 기술은 클라이언트와 상담가가 상담을 보다 구체화하여 구조화하기 위하여 상담의 단계 이전에 상호 각자의 역할, 책임, 상담을 통한 기대 및 달성하게 될 과제의 목적을 구체화하는 것으로 클라이언트의 기대와 욕구에 대한 상담의 목적을 분명히 하는 것에 도움이 된다.

➡ 이러한 일련의 과정을 사정(assessment)이라고 한다. 다음은 사정의 기본 개념과 특성이다.

상담을 통하여 내담자가 활용하지 못한 기회를 함께 찾는 것은 상담의 좋은 출발점이 된다.

2 사정의 기본 개념 및 특성

1) 사정(assessment)의 정의

사정이란 상담의 초기과정에서 수집된 자료를 종합하여 해석하고 이에 대한 방향과 개입의 방향을 설정하게 되는 중요한 과정이다. 이를 위하여 클라이언트의 문제와 욕구에 대한 이해가 필요하며 이러한 과정은 개입방향의 설정의 근거가 되므로 클라이언트의 문제와 도움을 줄 수 있는 범위와 방향에 대하여 다양한 점검이 필요하다.

2) 사정의 목적

사정의 목적은 문제를 명확하게 규명하여 상담의 방향을 설정하는 것에 있다. 사건을 정확히 파악한다면 정확한 개입계획의 수립이 가능하며 상담의 전체과정을 보다 효과적으로 진행할 수 있게 된다.

3) 사정의 특성

① 사정의 중요한 특성은 사정의 의미가 계속되는 과정이라는 것으로 초기면접의 사정으로 마치는 것이 아니라 상담의 종결까지의 과정을 사정이라 보게 된다.

② 사정이란 클라이언트와 이를 둘러싼 환경 및 환경체계 간의 상호작용을 총체적으로 이해하는 것이 필요한 다중 초점이 필요하다. 최근 클라이언트에 대한 이해는 클라이언트를 둘러싼 가족 및 환경, 즉 미시, 중간, 거시체계

를 함께 바라보고 사정해야 한다는 주장이 설득력을 얻고 있다.

③ 사정이란 결국 상담가와 클라이언트와의 상호작용과정을 의미한다.

④ 사정이란 사고의 전개과정이며 이는 이론적 지식 뿐 아니라 실천적으로 축적된 경험적 지식도 필요로 하게 된다. 또한 클라이언트의 현재의 능력과 대인관계를 파악하는 수평적 정보 뿐 아니라 과거의 「가족력」 등을 살펴보는 수직적 정보가 모두 중요시되는 과정이다.

⑤ 최종적으로 사정이란 클라이언트의 개별화의 존중이 필요하며 상담가의 뜻과 의지대로 상담을 이끌어가기보다는 클라이언트의 「자기결정력」을 존중하는 것이 무엇보다 필요하다.

4) 사정의 주요 과업 및 사정도구

사정의 과업의 단계는 문제의 발견, 정보의 수집이며 클라이언트와 규정된 문제에 대한 계획 수립에 있어서, 클라이언트가 제공하는 정보에 대한 점검으로 신뢰성, 일관성을 분석하는 것이 필요하며 진실된 의사소통이 이루어지고 있는지에 대한 점검이 필요하다. 한편 클라이언트 뿐 아니라 환경에 대한 개입도 필요하며 다양한 정보에 대한 지식이 올바른 사정에 있어서 필요하다. 클라이언트의 개입에 있어서 도움이 되는 정보원은 클라이언트 자신을 비롯하여 가족, 친구, 직장이나 학교 동료, 이웃이나 주변인, 기타 전문가 등이 있으며 클라이언트의 언어와 비언어적 메시지와 인테이크 때 활용된 면접지와 각종 심리검사결과와 병원기록이 활용될 수 있으며 때로는 가족방문에 대한 자료가 활용된다.

클라이언트에 대한 자료의 정리 시에 활용할 수 있는 도구로는 가계도, 생태도, 소시오그램을 비롯한 사회관계망, 생활력도표, 생활주기표 등이 활용될 수 있다.

3 생태도

1) 생태도(Eco-map)의 특징과 활용

생태도(Eco-map)의 특징과 활용으로 생태도는 클라이언트 개인과 가족의 사회적 맥락을 함께 볼 수 있는 장점이 있으며 따라서 개인 및 가족을 둘러싼 사회체계들과의 상호작용을 한눈에 살펴볼 수 있도록 그림으로 고안된 특징이 있다.

생태도에서 개인과 가족의 삶에 존재하는 다양한 생태체계들을 살펴보아 가족원으로서의 역할수행에 있어서 장애가 되는 외부 요소와 함께 적응 및 대처능력의 조화성을 짚어볼 수 있다. 또한 이를 통하여 조정되어야 하는 갈등의 요소와 동원되어야 하는 자원을 점검해볼 수 있다. 이것은 향후 가족의 건강한 성장과 발전 및 적응에 기여하는 상호교류의 에너지 흐름을 점검할 수 있으며 가족의 건강한 기능과 상호성을 점검하는 것에 도움이 된다.

이와 같이 클라이언트에 대한 접근은 클라이언트 개인적인 접근보다는 가족을 통하여 에너지의 흐름을 점검하여 클라이언트의 욕구를 보다 정확하게 사정하는 것에 도움이 된다. 그리고 가족교류의 문제점을 클라이언트와 상담가가 공동으로 인식하여 향후 개선되어야 하는 상황의 객관적인 이해와 점검이 가능하게 된다.

2) 생태도의 작성방법

① 가족체계의 범주를 원으로 그린다.
② 원 안에 간략한 가계도표를 그린다.
③ 원을 둘러싸고 있는 주위의 환경체계를 그린다.

④ 상담가는 클라이언트와 함께 가족체계와 그 주위 환경체계와의 교류 및 외부환경 체계들 간의 상호 교류 상황을 살펴본다.

⑤ 상호교류의 성격을 선으로 나타내어 객관적으로 알 수 있도록 표기한다.

⑥ 외부체계가 가족전체와 연결되어 있는 경우에는 외부체계와 원을 선으로 연결하며, 외부체계가 가족 내의 특정 개인과만 연결되어 있다면 이를 개인과 외부체계와의 선으로 연결한다.

⑦ 상담가는 간단한 설명을 옆에 적어놓을 수 있다. 상담가는 클라이언트와 함께 욕구의 점검 및 가족의 역동성의 변화를 가져올 수 있는 방향에 대하여 논의할 수 있다.

생태도의 예를 다음과 같이 제시할 수 있다(성명이나 역동력을 응용하여 다양한 가족의 생태도를 그려보자).

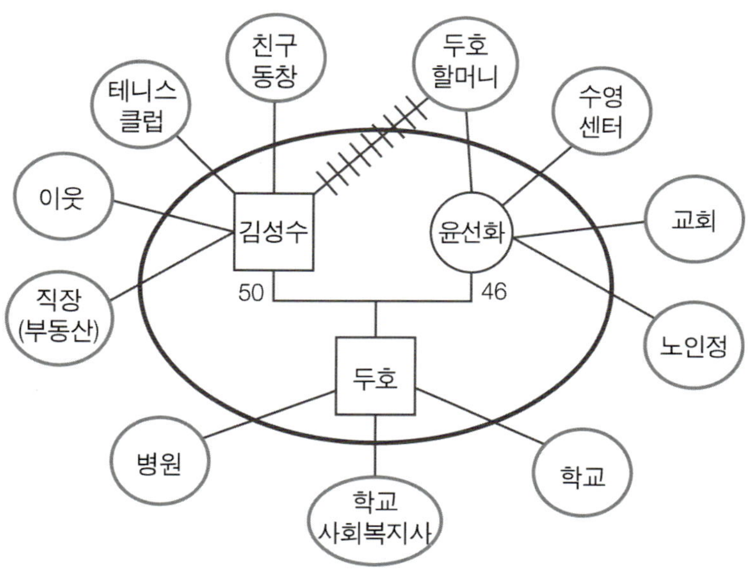

4 사회적 지지망(social support)

1) 사회적 지지망의 개념에 대하여 이해하기

- **사회적 지지** : 사회적 지지란 어려운 상황 중에서도 클라이언트의 스트레스나 문제를 해결하는데 심리적 도움이 되며 따라서 직접적, 간접적인 영향을 주어 스트레스나 어려움을 극복하는 것에 도움을 주는 사회적 형식의 지지(support)의 한 형태이다.

- **사회적 지지망** : 사회적 지지망은 사회관계망(social network)이라고 지칭하기도 하는데 이는 상담가가 클라이언트의 문제상황을 함께 해결하기 위해 노력을 하며, 자원을 활용하고 동원하는 것에 있어서의 기본이 되는 사회적 자원의 한 형태라고 할 수 있다.

2) 사회적 지지원 및 지지의 유형

사회적 지지원 및 지지의 유형은 다음과 같다.

사회적 지지유형	공식적 지지	학교, 단체, 각종 영리 및 비영리 단체, 정부와 공공 혹은 민간에서 제공하는 서비스로 일정한 지침과 절차가 있다.
	비공식적 지지	가족, 친구, 이웃 등 규정과 절차가 없으며 물리적 거리와 심리적 거리로 친밀감이 설명될 수 있다.
사회적 지지의 형태	정서적 지지	공감의 말, 칭찬이나 위로, 돌봄 의식 등이 기본이 됨
	정보 및 평가적 지지	사회적 정보의 활용과 다양한 조언이나 환류(feedback)
	물질 및 도구적 지지	재원, 물건이나 물품과 같은 제공의 지지

3) 사회적 지지 및 구조의 측면

사회적 지지 및 구조의 측면의 구성요소는 다음과 같다.

사회적 지지의 구조	
방향성	지지를 주고받는 방향이 일방향적인가 아니면 쌍방향적인가
빈도, 기간	지지가 얼마나 자주 혹은 오랫동안 지속되는지에 대한 상황의 점검
지리적 거리	지지를 제공받을 때의 지리적 거리는 어떠한가? (문자나 전화 혹 메일로는 친밀감은 유지되나 대면접촉에는 한계가 있다.)
밀집도	일정 공간 내에 얼마나 많이 가깝게 생활하는가에 관한 부분

5 사회적 관계망 도표

트레이시와 휘테커(Tracy & Whittaker, 1990)가 개발한 사회적 관계망표 작성하는 방법은 다음과 같다.

먼저 클라이언트가 중요하다고 생각되는 사람을 12~15명 정도 선택하도록 한다. 그리고 이들의 이름을 표 가장 좌측에 기록하여 클라이언트 개인이 이들과 삶의 어떤 영역에서 접촉하게 되는지에 따라 주관적으로 해당 번호를 기입한다. 즉, 이들을 중심으로 그 사람들이 제공하고 있는 물질적 지지, 정서적 지지, 정보적 지지 및 비판 등이 자주 있었는지 혹은 친밀도에 따라 해당 번호를 기입한다. 한편 지지의 방향을 선택하여 기록하고, 비판에 대해서는 클라이언트에게 비판적인 느낌을 주고 있는 사람을 기록하도록 한다. 클라이언트와의 친밀성도는 상대방과 얼마나 자주 보는지 혹은 얼마나 오랜 기간 동안 보아 왔는지에 대하여 기록하며 해당 번호를 기입한다.

✤ 연습문제 사회적 관계망 도표

[사회적 관계망 도표]

		생활영역	물질이나 도구적 지지	심리 및 정서적 지지	정보 및 조언	비판	원조의 방향	친밀성	얼마나 자주 보는가?	얼마나 오래 보아왔는가
클라이언트 성명:		1. 동거가족	1. 거의 없음				1. 양방향	1. 친밀하지 않음	0. 거의 보지 않음	1. 1년 미만
		2. 기타가족	2. 가끔 있음				2. 일방향: 당신이 그(들)에게	2. 친밀함	1. 몇 회/ 년	2. 2–3년
		3. 직장학교	3. 항상 있음				3. 일방향: 그(들)이 당신에게	3. 매우 친밀함	2. 매달	3. 3–5년
		4. 소속집단							3. 주별	4. 그 이상
		5. 친구동료							4. 매일	
		6. 전문가								
성명	번호	7. 기타								
	01									
	02									
	03									
	.									
	.									
	15									

상기의 사회적 관계망 표는 누구나 작성 가능하며 이를 활용하여 자신의 사회적 관계를 일목요연하게 파악할 수 있다. 그 외에도 간단히 점검해볼 부분으로 나의 응급상황에서 병원이동에 도움을 줄 수 있는 사람은 누구이며 위급할 때 치료비를 보조받을 수 있는 사람이 있다면 그는 물질적 지지를 보내줄 수 있는 사람일 것이다. 또한 내가 외로움을 느낄 때 나와 이야기를 나누어 줄 사람은 누구이며 경우에 따라 비밀을 신뢰있게 지켜주고 나를 수용해주며 지지해줄 뿐 아니라 기쁜 일이 있는 경우에 이를 함께 진심으로 기뻐해주며 그 마음을 나눌 수 있는 사람이

있다면 그는 정서적 지지를 보내주는 사람일 것이다. 그 외에도 나의 진로의 상담이나 특정한 정보접근에 있어서의 어려움이 있는 경우에 이에 대한 도움을 줄 수 있는 사람이 있다면 그는 충고와 정보에 대한 도움을 줄 수 있는 사람일 것이다.

6 생활력표(life history grid)

생활력표란 클라이언트의 삶의 사건이나 문제에 대하여 시기별로 나타내어 표로 기록한 것이다. 즉, 특정한 삶의 사건이나 문제를 시기별로 하여 도표로 표기한 것으로, 문제나 사건의 발생시점을 질문한 이후 사회력을 조사할 때 이를 시기별과 연도별의 순서대로 정리할 수 있다. 이를 위하여 문제나 사건의 발생시점을 기록하는 경우에 문제의 발생시점과 함께 촉발사건의 시점을 파악하는 것은 사건간에 드러나지 않은 양상이나 관계를 파악할 수 있는 장점이 있다.

7 생활주기표(life cycle matrix)

생활주기표란 클라이언트의 삶에 있어서 주기(cycle)를 파악할 수 있는 장점이 있으며 도표를 통하여 클라이언트의 생활주기 뿐 아니라 단계적인 발달과정에 따른 과업과 함께 가족구성원에 대한 발달단계 및 주요 과업을 알 수 있어서 유용하다. 이를 통하여 가족구성원의 발달과정에 따라 주어지는 과업과 역할 및 위기 등을 살펴볼 수 있는 것에 유용하다.

8 심리 및 정신상태의 검사

정신보건사회복지에서 활용되는 정신상태의 검사로 주어진 시간에 클라이언트의 정신기능을 평가하기 위하여 체크될 항목은 다양하며 상담 시 혹은 일정 기간 동안 클라이언트를 관찰하기 위하여 쓰이는 방법은 다양하다. 예를 들면, 외모에서 표정은 어떤지 계절에 맞는 옷을 입고 있는지, 행동은 적절한지, 의식수준에 대해서는 가족이나 연령 및 숫자세기 등의 이상이 없는지 등을 체크할 수 있다. 그 밖에도 감정의 기복과 장단기 기억력의 이상 정도와 기초지능을 살펴볼 수 있으며, 이상 심리적 요인은 없는지에 대하여 환청 여부를 살펴볼 수 있고 그에 대한 판단력이나 과거의 병력은 없는지 등을 살펴보며 이는 클라이언트의 사고의 태도나 내용 안에서 판단될 수 있다.

예시

외모와 태도 및 행동을 통하여 용모와 태도에서 날씨나 상황에 맞는지 위생의 정도와 걸음걸이나 앉아있는 자세 등을 살펴볼 수 있는데 이에 대하여 기록을 할 시에는 주관적인 생각보다는 객관적인 면담의 기록이 되어야 한다. 그 외에도 상담사에 대한 태도는 협조적인지 솔직한지, 면접에 협조적인지, 과제 등에 적극적인지, 상담가의 질문이나 조언에 방어적인지 혹은 공격적이지는 않은지 신뢰감의 정도 등을 객관적으로 기록할 수 있다.

관찰하는 경우에 클라이언트의 말에 편안함이나 경직된 정도, 압박감이 있는지 등을 파악하며 클라이언트의 진술을 통하여 사고과정을 분석하여 논리적인지, 질문과의 연관성, 목표지향성의 정도, 회피성이나 주변성이 있는지, 반복적인 되풀이 과정이 있는지에 대하여 파악한다. 경우에 따라 정신분열증 환자의 경우는 단어의

샐러드(salad of words) 증상과 환각이나 환청 및 편집증 등이 발생할 수 있다. 환각에는 현실적으로 감각을 자극하는 외부의 자극이 없음에도 불구하고 있다고 믿는 것으로 환청, 환시, 환후, 환미, 환촉 등이 있다. 그 밖에 정신분열환자에게 발생하기 쉬운 것으로 근거와 배경이 없는 믿음을 살펴보아야 하며 그러나 주의할 점은 클라이언트의 개별화 존중이며 클라이언트를 유형화하여 분류하는 것은 매우 바람직하지 못하다.

1) 기분과 감정

상담에 앞서 살펴볼 것으로는 클라이언트의 전반적인 상태의 관찰을 통하여 클라이언트의 기분의 변화 및 기복과 감정이 의미하는 사고의 내용과 일치하는지에 대한 정도가 어느 정도 타당한지 억압된 부분은 없는지 혹은 과장되게 표현되는 부분은 없는지 판단한다.

그러나 우울성 등의 판단에 있어서 애도 기간에서의 우울함이나 슬픈 감정은 정상적인 감정의 반응이므로 평상시의 우울과의 구분이 필요하며 아동과의 면접에서는 연령에 적합한 아동이 이해하는 방식의 의사소통과 아동의 감정표현을 이해하기 위하여 로샤 검사 등을 통하여 나무, 집, 사람 등의 그림의 분석을 통하여 아동의 심리내적 부분을 이해할 수 있다.

예시

집단 폭력을 당했거나 가해의 입장에서 경험을 이야기할 때 보편적으로 느끼는 감정이 어떠한지에 대한 부분의 점검으로 만일 웃으며 이야기한다면 클라이언트의 기분과 감정이 어떻게 일치된다고 볼 수 있는가 하는 점이다. 만일 이에 대하여 공감능력의 장애가 있거나 조울증의 경험이 있거나 하는 것을 점검할 필요가 있고 클라이언트의 기분이 우울을 포함하여 조증을 경험하고 있다면 양극성 장애도 의심해볼 수 있을 것이다.

2) 지능

클라이언트와의 대화에서 파악할 수 있는 지능의 수준을 의미하며 클라이언트의 지식 및 교육 수준, 문화 배경, 가정 및 사회적 경험 등과 함께 연령에 맞는 어휘력을 구사하고 있는지 등을 파악한다.

3) 기억력

클라이언트의 기억에서 일어나고 있는 인지적인 왜곡이 있는지 살펴보는 것이 중요하다. 특히 인지의 과정에서 잘못된 신념이 있는지 살펴보는 것이 중요하며, 과거의 단기간 동안의 기억력에 대하여 점검과 과거에 대한 기억에 있어서 어느 부분의 왜곡이나 상실이 있는지에 대하여 점검할 필요가 있다.

4) 자아의 기능 및 정신내적 기능

클라이언트의 자아기능 및 정신내적 기능	
판단력	판단력이란 객관적으로 사실과 생각을 비교하여 상호관계를 이해하고 올바른 결론에 이르는 능력을 의미한다.
병식	자신이 과거나 현재 병이 있다는 사실과 병의 성질을 아는 것을 의미한다.
현실성	자신의 기대, 바람, 경험이 현실과 비추어 볼 때 얼마나 실현 가능한 것인가를 파악하는 능력이다.
자기조절능력	클라이언트의 자신의 욕구나 요구사항이 즉각적으로 충족되지 못할 때 그 인내심과 통제능력을 파악하는 것이다.
주의 집중력	클라이언트 자신이 집중하던 일에 외부의 자극이 주어지면 집중하던 일을 벗어나 새로운 자극에 쉽게 이끌리는 경향 정도로 그에 대한 주의 집중력 의미한다.

상담이란 상기의 이러한 과정을 통하여 내담자의 삶의 질을 높이고 내담자가 자신의 삶의 사건들에 효율적으로 대처하고 건설적인 변화를 도모하도록 하는데 초점을 맞춘다. 이러한 과정은 이후 삶에서 반복적으로 발생할 수 있는 문제의 예방에도 도움이 된다.

참고 가계도 작성법(응용–숫자 정정) 가계도 작성의 예 – 가족치료의 사정도구

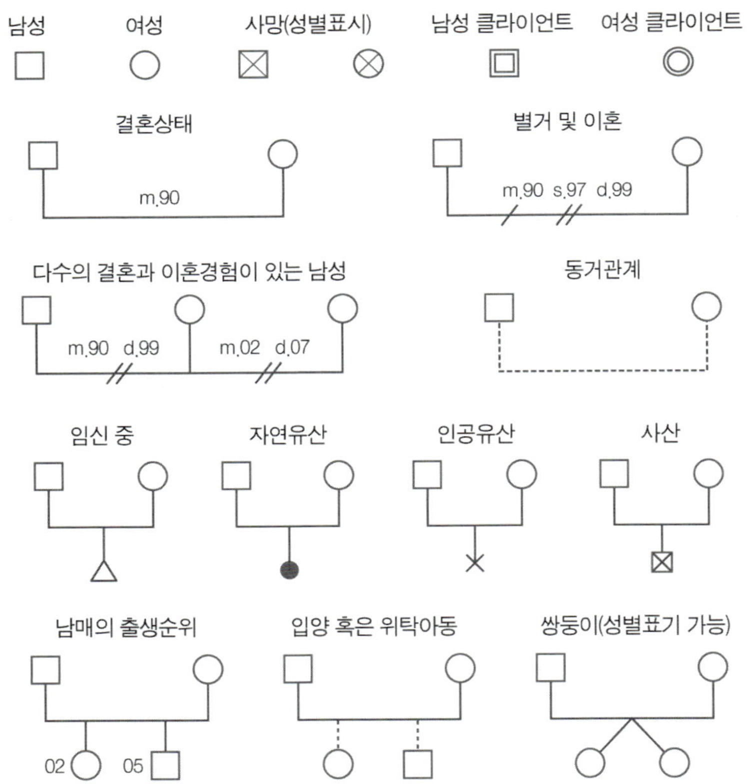

가계도 작성법(응용–숫자 정정) 가계도 작성의 예 – 가족치료의 사정도구

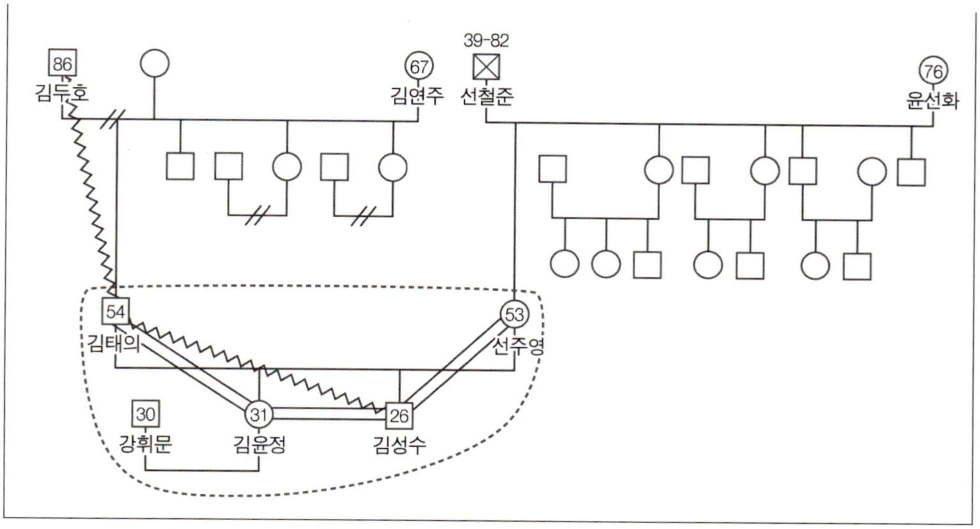
86
김두호
67
김연주
39-82
선철준
76
윤선화
54
김태의
53
선주영
30
강휘문
31
김윤정
26
김성수

CHAPTER

2

상담의 개입기술

1 상담의 개입기술의 내용

상담 개입기술은 클라이언트 뿐만 아니라 개인, 집단, 가족을 대상으로 활용되는 기술이라고 할 수 있으며 클라이언트의 적응문제 및 문제해결능력을 향상시키기 위한 기술로 클라이언트의 성장, 발달을 위해 필요한 능력을 향상시키고 회복시키는 기술을 말한다.

상담개입기술은 클라이언트에게 사회적 기능을 향상시킬 수 있는 자원, 서비스, 기회 등을 제공할 수 있는 지역사회체계로의 연결도 필요하며 이에 권익 옹호 및 임파워먼트가 강조되는 기술의 개입과 감정을 개발하고 적응적 인지 및 행동기술에 대하여 개입한다.

이에 대한 지역사회적 차원으로 주로 활용되는 기술로는 연결 자원과 서비스, 기회 등을 제공할 수 있도록 지역사회체계의 자원연결을 통하여 클라이언트에게 효과적 기능을 향상시킬 수 있는 기술이 적용될 수 있다.

1) 조언기술

(1) 조언기술의 개념

초기단계에서 상담가가 클라이언트를 대상으로 문제를 파악할 수 있도록 돕거나 문제해결을 위한 해결책을 파악할 수 있도록 돕는데 활용되며, 클라이언트가 해야 할 것을 추천하거나 제안하는 상담가의 진술이다.

조언기술은 경청 이후 문제해결과정에서 여러 대안을 모색하였으나 과거 별로 효과가 없을 경우에 활용가능하며 조언하게 되는 배경이나 논리적 근거를 클라이언트에게 분명하게 제시할 것을 요구하고 있다. 조언이란 결국 내담자의 성장에 초점을 두고 스스로 돕는 법을 배울 수 있도록 하는 유용한 기술을 터득할 수 있도록 조력하는 것이기도 하다.

(2) 조언기술의 한계점

조언기술은 상담사가 자칫 클라이언트의 우위에 있다는 오류적 개념으로 잘못 활용될 수 있는 기술이므로 신중하게 활용해야 한다. 자칫 상담사의 가치관에 근거하여 조언을 하므로 클라이언트의 자기결정과 자율성 및 생활습관과 일치하지 않는 경우가 종종 있을 수 있다. 또한 부정적인 결과가 발생했을 시에는 상담가가 책임을 져야 하므로 클라이언트의 자기결정권 침해가 있을 수 있다. 그러할 시에는 클라이언트는 의존성이 높아지고 삶의 주도권과 자기결정에 대한 확신을 가지기 어렵다.

(3) 상담가의 조언기술방법

상담가는 자신의 제한점에 대하여 클라이언트에게 솔직하게 알고 있는 범위와 모르는 것을 말하는 것이 중요하다. 상담가는 특정 상황에 대해 구체적인 조언을 해야 할 필요가 있으나, 이를 위해서는 사전에 관련법과 규정 자원을 먼저 명확하게 이해하는 전문능력을 갖추고 있어야 한다.

조언하기의 지침

- 클라이언트의 입장에서 조언받을 때의 느낌을 먼저 생각해 본다.
- 조언은 치료보다는 의뢰, 자원의 연결 및 옹호할 때 주로 사용한다.
- 클라이언트가 준비가 되어 있지 않으며 조언을 원치 않으면 먼저 제공하지는 않는다.

(4) 클라이언트의 선택의 권리

상담가는 간접적으로 클라이언트의 선택의 권리가 있음을 고지한다. 그리고 간접적으로 "내가 당신이라면... 이렇게 할 수 있을 것이다."라고 간접적으로 제안하며 이에 대한 법적인 지원 등에 대하여 제시할 수 있다. 이러한 제반적인 것들은 클라이언트의 자발적 선택이 가능한 것임을 인지시킨다.

조언을 성공적으로 활용할 수 있는 상황

- 클라이언트가 위기상황에 대한 대처능력이 부족하고, 불안이나 고통 혹은 급박한 정서불안의 심리적 상태로 인해 고통을 받고 있을 때 조언을 성공적으로 활용할 수 있는 상황이다.
- 조언을 제공하는 상담가에 대하여 클라이언트가 존경심을 갖고 있으며 조언을 받아들이고자 하는 적극적인 자세가 있을 때 조언을 성공적으로 활용할 수 있는 상황이다.

2 정보제공의 기술

1) 정보제공 기술의 개념

정보제공 기술의 개념이란 클라이언트에게 의사결정이나 자원연결에 필요한 정보를 상담가가 제공하는 것을 말한다. 예를 들면, 클라이언트의 국민기초생활보장의 수급자격, 임대주택의 조건, 지역사회자원 등의 연결 및 지원사업에 대한 구체적이고 정확한 정보제공이 있다.

2) 정보제공의 방법

클라이언트에게 먼저 연결하고자 하는 기관의 위치, 연락처, 담당자 등의 정보를 제공하고, 이러한 것이 국가나 사회에서 제공하는 제도적인 측면이라면 그에 대한 법적인 자격 등을 확인하고 클라이언트의 동의하에 의뢰되는 기관과 제도적 연결에 필요한 사전작업의 준비가 필요하다. 이에 대하여 클라이언트가 정보를 충분히 이해했는지 확인할 필요가 있으며 필요한 경우에는 이에 대한 자격 서류 등의 준비도 필요하다. 이는 클라이언트의 사회적 자본(social-network)을 강화하여 환경에 대한 적응적 적합성을 높이는데 도움을 주게 된다.

3 상담가의 설명기술

1) 상담가의 설명기술의 개념

상담가의 설명기술의 개념은 특정 사건이나 상황에 대해 클라이언트가 분명하게 이해할 수 있도록 돕기 위하여 클라이언트가 직면한 상황을 해석해 주는 것이다. 관련하여 다양한 생각과 감정, 사건의 원인과 문제의 본질 그리고 상황 간의 상호연관성을 클라이언트가 잘 이해할 수 있도록 상담가가 제시할 수 있는 새로운 시각을 제시해 주기도 한다.

2) 설명기술 시 고려해야 할 점

① 상담가는 클라이언트의 생각과 의견 및 감정을 민감하게 고려해야 한다.
② 상담가는 클라이언트의 이해도를 고려하여 분명하고 잘 구조화된 방식으로 설명한다.
③ 상담가는 클라이언트의 문제해결과 적응력을 향상할 수 있는 방법으로 설명한다.
④ 상담가는 클라이언트가 이에 대하여 어느 정도 이해하고 있는지 추후 이해 여부를 확인한다.

상담가는 내담자의 정서지능을 촉진하고 상황이나 문제에 대한 유연한 관점과 생산적 대처를 돕는 역할을 한다.

4 상담가의 지지기술

상담가의 지지기술로 상담가는 자원 및 도움 제공하기, 응원해 주기, 개선된 행동 유지하기, 문제의 확인 및 재확인하기, 조언 및 안내하기, 격려하기, 관심표현하기 등이 사용되어 왔다. 그 밖에 정서적 지지, 격려하기, 인정하기, 재보증기술 사용하기, 자원연결하기 등이 있다.

1) 정서적 지지

상담가는 누구나 심리적 고통, 스트레스, 위기를 경험할 때 도움을 구하고 의지하려는 욕구가 어느 정도 있음을 이해하는 반응에 관련한 것으로 어려움을 적극적으로 경청하며 클라이언트가 문제의 해결에 자신감을 회복할 수 있도록 정서적으로 지지해주며 나아가 사회적인 지지를 연결하는 것까지 포함될 수 있다. 상담가는 클라이언트에게 어떤 도움이 얼마 동안 어떤 목적으로 제공될 것인지에 대해 분명하게 제시할 수 있다.

2) 격려기술

클라이언트가 자신의 문제상황이나 당면한 어려움을 말할 때 상담가가 클라이언트의 이야기를 잘 청하고 있음을 나타내기 위해 사용되는 기술이기도 하며 클라이언트의 강점과 자원에 대한 인지로부터 출발한다.

(1) 상담 초기단계의 격려기술은 문제상황이나 어려움에 대해 잘 경청하고 자신의 상황을 말하는 것을 지지하고 그에 대하여 관심을 갖고 있음을 나타내는 것부터 시작된다. '그렇군요' 하면서 고개를 끄덕이거나 그에 대하여 공감하는 등의 적극적 경청의 자세가 이에 포함된다.

(2) 중기단계의 상담의 격려기술은 클라이언트가 특정한 행동이나 경험을 생각으로부터 벗어나도록 돕거나 바람직한 행동을 강화하여 행동할 수 있도록 도움을 주는 것이다. 예를 들면, 자기주장을 잘하지 못하는 클라이언트에게 "자신의 의견을 글이나 상대방에게 분명히 표현하도록 시도해 보는 것은 어떨까요?"라고 하면서 자신감을 갖게 하여 긍정적인 행동을 하도록 한다. 여기서 클라이언트의 의존감이나 자기결정권 침해를 주의하는 자세가 필요하다. 즉, 매우 사려깊고 겸손한 태도로 이야기하는 것이 중요하다.

3) 인정기술

클라이언트의 행동에 긍정적인 메시지를 전달하는 것으로 상담가는 긍정적인 피드백 제공을 통하여 클라이언트를 지지한다. 이는 클라이언트 자신이 결정이나 독자적인 행동을 취하는 데 자신감이 결여되어 있을 때 도움이 되는데, 과장된 표현이어서는 안 되며 진실하고 솔직한 표현이어야 한다. 자신의 의견을 명확히 표현하였을 때 이에 대한 수용이 이루어졌다고 말하는 클라이언트에게 잘 하셨다고 지지하는 것 등이 포함된다.

4) 재보증기술

재보증기술은 자신의 능력이나 자질에 대하여 회의적인 클라이언트를 대상으로 하여 자신감을 향상시키기 위해 활용하는 기술로 활용될 수 있다. 이것은 판단이나 문제상황이 잘못된 것이 아니라 클라이언트가 이에 대응하여 잘 진행하고 있다는 것을 확인해 줌으로써 자신의 결정을 유지할 수 있도록 돕는 것이라고 할 수 있다. 따라서 재보증의 기술은 클라이언트의 불안감, 불확실한 감정을 줄이고 문제에 대처할 때 보다 편안한 감정을 가지며 자신감을 가질 수 있도록 돕기 위해 사용하는 기술이다.

재보증기술을 사용하면 희망과 지지를 갖도록 도울 수 있다. 예를 들면, "염려하지 마세요. 상황이 좋아질 수 있습니다." "그런 말을 들으니 다행이라는 생각이 듭니다." "조금 시간을 두시고 안정을 취하시면 기분이 나아지실 겁니다." 등으로 심리적 고통을 경험하는 클라이언트의 고통에 공감하거나 위로나 편안함을 제공할 수 있다.

5) 환기기술

환기의 기술이란 클라이언트의 억압된 감정, 부정적인 분노, 증오, 슬픔, 죄의식, 불안 등이 문제해결을 방해하거나 감정 자체에 문제가 되는 경우에 활용될 수 있다. 즉, 이를 표출하도록 함으로써 억눌렸던 감정의 강도를 약화시키거나 해소시키는 기술이다. 부정적인 감정이 표현될 때 클라이언트는 자신을 누르고 있던 감정을 토로하게 되고 이를 통해 자신의 문제나 상황을 다른 각도에서 다시 조명해 볼 수 있는 기회를 갖게 된다.

이것은 감정이 표면으로 표출될 수 있도록 하는 방법으로 이러한 감정의 적절한 방출만으로 부정적 감정에 대한 억압과 스트레스가 어느 정도 감소하며 다양한 다른 대안적인 상황을 객관적으로 탐색하고 고려해 볼 수 있는 기회를 제공받게 된다. 상담가는 억압된 감정이 적절한 언어로 표현될 수 있도록 도와 주어 클라이언트의 문제해결능력 및 대처능력의 강화를 돕는다.

6) 재명명기술

재명명기술은 특정 문제에 클라이언트가 부여하고 있는 인지적 오류의 의미를 수정해 주어 클라이언트의 시각을 긍정적인 방향으로 변화시키는 기술이다. 따라서 구체적인 사실을 가지고 재명명하는 경우, 새로운 시각의 해석이 신뢰성있고, 클라이언트가 이해할 수 있도록 하는 것이 중요하다.

(1) 목적과 목표

재명명의 목적은 전에 내렸던 결정이나 의견을 다른 시각이나 상황으로 재조명하여 개인이나 가족이 특정 사건이나 행동에 붙여졌던 기존의 낙인이나 수치심 등을 정상화, 일반화시키는 것으로 클라이언트가 과거 가졌던 죄책감이나 부정적 인식을 새로운 시각으로 교정해주는 과정이다. 이에 따라 목표의 설정은 인지행동접근법에서 많이 활용되는 기술로 인지 및 사고과정과 행동을 변화시키는 것으로 클라이언트의 인지와 정서에 따른 행동의 연결을 보다 긍정적 방향으로 이끌어내며 상호 보완적이며 순기능적으로 회복하는 것에 목적과 목표가 있다.

(2) 장점과 유용성

클라이언트로 하여금 당면한 문제상황이나 행동을 긍정적이면서 다른 각도에서 조명해 볼 수 있는 기회를 제공함으로써 과거 자신감이 결여, 자아존중감 낮아 스스로 자기 비판적이면서 자책을 하는 경우에 장점과 강점의 인식은 매우 유용하게 사용된다.

7) 해석

해석이란 이론적 지식과 직관력, 사고적 유추가 통합되어 이루어지게 되며 이에 따라 클라이언트의 상황 및 행동과 사고, 감정 등의 유형을 종합적인 관점에서 클라이언트의 이해도에 비추어 설명하는 것이다. 이것은 클라이언트에게 새로운 준거 틀을 제공해주는 것으로, 기존에 수집된 정보를 근거로 하기도 하지만 수집된 정보를 넘어 사회복지사의 인식 및 직관력을 통해서 유추하는 것도 포함하여 상담가의 해석이 타당성을 확보한 상태에서 이루어지는 것이 필요하다.

(1) 정신분석이론에 근거한 해석

이러한 관점은 과거의 무의식적 갈등, 무의식적 공격적 충동과 동기를 의식할 수 있도록 도움으로써 자신의 문제상황에 대한 진단과 통찰력을 인지하도록 초점을 두고 있다. 자신 문제의 근본을 이해하고 문제에 대한 통제력을 습득하기 위하여 자신의 무의식 탐색은 매우 중요한 메커니즘을 지닌다.

(2) 인지 정서 행동이론에 근거한 해석

인지 정서 행동이론은 클라이언트의 습관화된 패턴을 통하여 사건을 어떻게 해석하고 그에 대한 정서 및 심리와 그로 인한 행동의 영향에는 어떠한 것이 있는가에 초점을 둔다. 클라이언트가 과거 인식하고 있지 못한 행동이나 사고, 감정에 중요성을 부여할 때 유용하게 사용된다.

예 클라이언트와 학교적응간의 갈등을 상담하는 경우

- 정신역동적 해석 : 담임선생님과의 관계에서 가족간의 관계를 전치할 가능성을 탐색한다.
- 행동주의적 해석 : 권위적인 부모를 통하여 과거 학습된 행동을 학생이 학교에서 내재된 습관으로 대응할 수 있다.

8) 도전과 직면기술

클라이언트가 자신의 특정 행동에 직면해야 할 때가 있다. 이것은 알코올문제나 중독문제 및 현상 등에 대하여 클라이언트가 보이는 불일치나 왜곡, 문제의 부인, 비합리성 등에 대해 직면이 필요한 경우 꼭 필요한 과정이다. 이때 상담가는 클라이언트 자신의 반응을 인식하고 전문적 관계에 손상을 주지 않으면서 클라이언트가 자발적이며 적극적으로 문제상황을 다룰 수 있어야 한다. 즉, 문제의 인식이 없이 행동의 교정이 어려운 경우에 유용하다.

클라이언트와의 갈등이나 문제행동에 대한 의견의 불일치나 도전적인 언행이 있는 경우 클라이언트의 인지적 측면을 살펴볼 필요가 있다.

(1) 도전기술(challenge)

도전기술은 무기력한 클라이언트에게 있어서 자신의 문제해결에 있어 왜곡, 불일치, 문제의 부정, 회피, 합리화, 상충의 문제가 발생할 때 활용하는 기술이다. 클라이언트가 다루기 곤란한 상황일 경우 이를 해결할 수 있도록 돕기 위하여 사용될 수 있으며, 이를 위하여 적절한 시기와 방법을 충분히 고려하는 것이 필요한 경우에 활용될 수 있을 것이다. 만일 클라이언트가 상충되는 상황을 충분히 이해 및 인식하고 있지 못할 경우에 사용하면 때로 상담가의 개입은 강압적이고 미숙한 개입방법에 머물 수 있으므로 도전기술은 피드백의 한 형태로 클라이언트의 이해와 자기성찰을 촉구하는 수단으로 활용되어야 한다.

(2) 직면기술(confrontation)

클라이언트의 행동이 자기에게도 도움이 되지 않는다는 것과 타인에게 위협이 될 때 이를 재인식하도록 돕는 기술로 활용될 수 있다. 상담가는 클라이언트가 보이는 불일치한 진술이나 행동을 해결하고 이에 대하여 클라이언트 스스로 직면할 새로운 상황을 설정하도록 하는 것이 필요하다. 이것은 자신도 모르게 지속된 불일치한 생각과 행동의 습관을 타파하기 위해서 불균형을 극복하기 위해 활용된다. 클라이언트로 하여금 방어적이지 않으면서 숨김없이 직면하도록 하는 것은 고도의 기술이며 또한 상담가의 인내와 수용이 필요하다. 클라이언트의 상이한 반응이나 관점을 이해하고 수용하면서 클라이언트가 상담가가 제시하는 직면을 이해하고 받아들일 수 있도록 인내하고 기다려 적절한 타이밍을 찾는 것도 필요하다. 즉, 시기와 빈도, 불일치점을 관찰하는 것에 주의하면서 직면해야 하는 행동을 분명히 파악하는 상황에서 직면하도록 한다. 이러한 직면은 도움을 주기 위해 직면하도록 하는 것임을 인식시키고 참된 마음으로 무례하지 않도록 긍정적인 관계의 형성이 필수적이라 할 수 있다.

(3) 도전기술과 직면기술을 사용할 때 주의점

도전이나 직면하는 상담가에게 클라이언트가 민감하게 반응할 수 있고, 질문도 매우 민감하게 받아들이고 이를 상담가의 비난으로 오해할 수 있다. 따라서 상담가는 클라이언트에게 돌봄과 경청의 자세를 보이면서 돕고자 하는 의지를 전달하며 섬세하게 개입하는 자세가 필요하다.

9) 협상기술

클라이언트와 상호작용하는 이해당사자나 상담가와의 의사결정 및 협조를 공유하고 합의점을 찾지 못할 때 상호 간에 유연하게 협상을 할 수 있다.

협상기술은 갈등관계에 있는 당사자 간의 합의점이나 타협, 차이점을 조정하고 클라이언트로 하여금 이해를 이끌어내기 위한 활용법이다. 협상에서 상담가는 중립을 지키고, 특정사건에 관여된 다양한 사람들의 다양한 관점을 살펴보고, 이들이 이러한 관점을 갖게 된 상황의 근원을 이해하는 것이 중요하다.

성공적인 협상을 위한 노력으로는 사실에 입각한 정보를 활용하며, 협상 참가자들의 관점을 파악하여 주의깊게 경청하고, 공식적-비공식적 지지체계를 파악하여 자원의 연결을 클라이언트의 동의하에 준비하고 결정된 이점의 부각시키며, 협상 과정에서 정서적 호소보다는 공정성을 강조하여 상대의 입장을 공감하고 존중하면서 클라이언트의 상황을 변화시킬 수 있다는 자세를 갖기 위한 노력을 해야 한다. 따라서 상담가의 성공적인 협상의 특징은 유연성과 의지를 가지고 설득할 수 있는 전문적 기술이라고 할 수 있을 것이다.

10) 중재기술

중재기술은 클라이언트 당사자 간의 분쟁에서 차이점을 조정하여 합의점을 모색하거나 상호 만족할 만한 합의점에 도달할 수 있도록 이해당사자 간의 상호협력적 관계를 돕는 기술이다. 따라서 한 쪽의 입장을 대변하거나 옹호하기보다는 치우치지 않는 중립적인 위치에서 당사자들의 차이점을 조정하는 것이 중요하다.

적절한 중재를 위해서는 갈등이 되는 문제의 상황을 파악하고 해당 당사자의 입장을 이해하며 절충을 위한 다양한 선택을 모색하며 갈등해결을 위한 합리적인 선택이 있는지에 대하여 탐색하고 유용한 논의에 방해가 되는 행동을 최소화하여 민주적이며 합리적 과정이 될 수 있도록 돕는다.

예시1

이웃 간의 다툼이나 지역의 이기주의에 직면하여 있는 지역 간의 다수의 클라이언트가 존재할 수 있는 집단 간 분쟁은 당사자 간에 공통점이 있게 마련이므로 상담가는 이들 간의 욕구와 그에 대한 절충점과 공통점이 무엇인지를 파악하는 것이 중요하다고 할 수 있다.

예시2

① 문제 인식하기 : "저는 필요한 것을 사고 싶은데 엄마는 제가 학원비로 충당하기를 원하시죠?"

② 상호작용적인 대화 : "겨울방학 동안에 아르바이트를 해서 제가 필요한 것을 살 거예요. 그래도 되겠어요?"

③ 다양한 선택의 제안 : "아르바이트의 수입으로 일부는 필요한 것을 사고 그 나머지는 학원비로 충당할 수 있어요. 혹은 학원비 대신 제가 교재를 구입해서 풀 수도 있어요. 그러나 학원에 다니기를 원하시면 부족한 금액은 일부 지원해주시면 좋겠습니다."

11) 자기주장기술

(1) 자기주장이란 무엇인가?

자기주장이 가지는 의미는 타인의 권리를 존중하면서도 자신의 사고, 감정, 의견, 성취하고자 하는 것, 정서 등을 표현하는 것이다. 이것에는 너전달법보다 나전달법이 유용하게 작용할 수 있다.

(2) 자기주장의 행동유형과 반응

자기주장을 위해서는 행동의 변화를 요구하거나 자신의 견해를 밝혀서 대화를 주도하거나 바람직한 관계를 유지하면서도 자신의 의견이 무시받지 않도록 하는 적절한 경계와 자기분화의 수준이 요구된다.

(3) 자기주장의 방해요인

자기주장의 방해요인으로는 과거 무조건적인 순종의 요구를 경험하고 있는 경우는 그에 대한 분노, 공격성, 오해와 같은 부정적인 심리적 방어를 경험할 수 있다. 이는 자신의 가치 및 인권에 손상을 받게 될 수 있으며 순응하여 새로운 해결방안이나 대안을 모색하는 데 방해가 될 수 있다. 따라서 자신감이 결여될 수 있고 변화할 수 있다는 신념이 부족할 때 자기주장이 어려울 수 있다. 따라서 상담가는 자기비하적인 상황의 인식이 되지 않도록 다양한 상황에 스스로 도전해 보도록 하고 긍정적이고 희망적인 것으로 상황을 바꿀 수 있도록 돕는 것이 필요하다. 이를 위하여 클라이언트가 갖고 있는 불안감이나 공포심을 파악해 보는 것도 선행될 필요가 있다.

(4) 자기주장과 관련된 인지적 장애

자기주장과 관련된 인지적 장애로는 자신의 욕구나 권리보다는 타인의 욕구와 권리가 더욱 크다고 생각하는 오류로 타인중심의 사고에서 발생할 수 있다. 이러한 경우는 자기주장을 함으로써 발생할 수 있는 결과에 대해 지나치게 공포감을 갖기도 한다.

12) 모델링

모델링은 행동 및 사회학습방법의 하나로 클라이언트가 활용하기를 바라거나 필요로 하는 행동에 대해 시범을 보이는 것을 뜻한다. 이를 위해서는 선행적으로 관찰학습, 대리경험, 모델링으로 시연하기에 대한 모방 같은 방법이 적용될 수 있다. 행동 수정을 위한 모델링으로 우연적인 모델링으로는 클라이언트가 다른 사람을 관찰함으로써 얻어지는 모델링이라 할 수 있으며 이것은 부모나 타인을 관찰하면서 얻어지며 이 방법을 통해 사회학습을 하게 된다고 볼 수 있다. 이에 반하여 의도적인 모델링이란 특정 문제행동이나 불안감 등을 교정하거나 줄이기 위한 것으로 주로 상담가나 전문가에 의하여 바람직한 행동이 시연될 수 있다. 따라서 의도적인 모델링의 절차는 변화와 시범을 보이고자 하는 행동을 구체화하여 클라이언트가 이를 주의 깊게 관찰하도록 시범을 보이며 시범이 끝나자마자 클라이언트에게 이를 따라해 보도록 한다. 이후 클라이언트의 수행이 끝나면 교정적인 피드백을 제공해 주면서 격려하여 계속해서 연습해 보도록 한다.

13) 사회성기술훈련

(1) 사회성기술훈련의 특징

사회성기술훈련이란 개인이 겪는 문제나 어려움이 사회적으로 특정 기술이 결핍되어 있기 때문이라고 간주하고, 이에 대한 기술을 습득할 수 있도록 사회적인 차원에서 훈련시키는 것이다. 이를 위하여 긍정적인 사회적 행동을 향상시켜 클라이언트가 주변 환경에 대한 영향력을 향상시킬 수 있도록 하는 역량강화의 특징을 갖고 있다. 이것은 사회적인 소수자 집단으로 아동, 청소년, 장애인, 약물남용자, 알코올중독자, 다문화 여성 등을 대상으로 널리 활용되고 있다. 이러한 사회성기술훈련을 위한 역량강화 프로그램은 집단프로그램으로 널리 활용되며, 구조화되어 있기 때문에 활용도도 높다.

역량강화 중 요청하기

역량강화 중 대인관계 차원에서 요구되는 기술로 자신이 원하는 것을 요청하기, 감정과 권리주장하기, 타인의 감정파악 및 공감하기, 권위를 가진 사람에게 문제되는 상황을 호소하기, 책임있는 의사결정하기, 협상하기, 갈등해결하기, 도움요청하기 등이 포함되어 있다.

그 밖에 사회기술훈련은 대인관계의 불편함이나 지나치게 수줍어하는 사람 혹은 공격적인 사람이나 자기중심적인 사람과 타인에게 관심이 없어 원만한 대인관계와 사회적 관계를 맺기 어려운 사람을 대상으로 사회기술을 향상시키기 위해 실시하는 훈련이다. 사회기술훈련의 요소는 사회기술훈련의 필요성에 대한 이해를 선행시키며 문제가 발생하는 실제상황을 확인하고 사회적응 기술의 구성요소에 대한 확인을 통하여 역할 연습의 활용을 체득화하여 긍정적 강화와 반복된 연습을 통해 학습한 새로운 행동패턴을 성공적으로 일반화해야 한다.

이에 활용되는 임파워먼트, 즉 역량강화기술은 클라이언트가 자신의 삶과 상황에 대해 많은 통제력을 가질 수 있도록 하기 위해 의미 있는 선택과 가치 있는 효능감을 습득할 수 있도록 돕는 것을 뜻한다. 따라서 이에는 불평등과 억압, 차별을 없애는 노력을 포함하여 자신의 삶에 대해 자제력을 갖고 삶의 질을 향상시키는 것을 목적으로 한다.

(2) 임파워먼트(Empowerment) 기술

임파워먼트는 개인적, 대인관계적, 사회적 차원에서, 클라이언트가 자신의 권한을 개발하고, 타인에게 영향력을 미칠 수 있는 능력을 개발하며, 타인과 함께 사회적 제도에 변화를 일으킬 수 있는 능력을 개발하는 과정으로 특정 목적을 파악하고 어떻게 달성할 것인가를 강조하며 개인보다 사회구조적 입장에서 개인을 역량강화한다고 볼 수 있다.

(3) 임파워먼트(Empowerment)를 위해 필요한 심리적 변화

① 자기효능감 및 자기성찰의 향상은 임파워먼트의 시작이다.

② 대인관계 차원에서의 집단의식을 개발하고 자원과 연결할 수 있는 것이 중요하다.

③ 변화를 도모할 경우 개인적 책임을 인식하고 의사소통하는 기술과 방법을 익히는 것을 돕는다.

(4) 클라이언트에게 변화를 가져오기 위한 임파워먼트 기술

① 문제정의를 인식하고 그 문제에 대하여 성찰하는 것이 중요하다.

② 자신의 강점을 발견하고 강화시키며 그에 대한 원조를 요청할 수 있도록 한다.

③ 상황에 대한 권력구조를 분석하며 그에 대하여 호소할 수 있는 것을 돕는다.

④ 자원을 동원하고 통제하며 클라이언트의 권익을 옹호할 수 있으며 조직화할 수 있는 것에 대한 능력을 기른다.

구체적인 임파워먼트의 기술로 클라이언트 자신이 할 수 있는 일과 없는 일에 대해 인지하고 성취하고자 하는 과제에 대하여 외부의 관심사를 촉구하고 그에 대한 자원의 요청을 할 수 있는 것까지 포함한다. 따라서 이것은 인권과 관계가 있으며, 이 기술의 핵심은 권력의 차이를 인정하는 것으로 억압받거나 자원에 접근할 수 없는 집단이 기회와 자원을 부여받을 수 있도록 사회의 구성원으로 참여할 권리를 강화하는 과정이라고 할 수 있다.

이를 위하여 클라이언트의 목소리와 관심사를 전달하여 정책 및 서비스 전달에 있어 변화를 촉구하는 것을 목적으로 정책 입안자나 행정가를 대상으로 건의하기, 전화하기, 요청하기, 면담 및 시정사항을 체계적이며 조직적으로 전달하기 등이 포함된다. 이는 클라이언트로 하여금 주체성을 높이고 타인과의 관계재정립에 도움이 된다.

14) 네트워크 기술의 전략

(1) 네트워크 치료

위기상황에 처한 클라이언트와 가족을 돕기 위한 집단사회사업의 기술이라 할 수 있다. 이를 위하여 개인과 집단 내의 네트워크가 되는 사람들을 한 자리에 모이도록 하여 이들이 변화매개체계가 되도록 하는 것으로 상담가는 집단치료의 기술을 활용할 수 있으나 다양한 이해관계가 얽혀있는 집단이라면 효과성이 떨어질 수 있으며 사회복지적인 개입이 보다 유용할 수 있을 것이다. 네트워크에 요구되는 기술로는 중재기술과 권익옹호기술이 필요한데 여기에는 사회적 지지와 도움을 필요로 하는 사람을 위한 지지체계를 형성하고 사회관계망 사정기술을 통하여 도움제공자의 능력을 평가하는 것이 필요하다.

특수 클라이언트 대상의 개입기술

- **비자발적인 클라이언트에게 효과적으로 개입하기**

첫째, 클라이언트의 변화속도에 맞추어 개입하는 것이 중요하다. 이러한 클라이언트에게는 다음 상담에 다시 오기가 중요한 과제가 될 수 있다. 이를 위하여 클라이언트의 '변화 속도'에 인내하면서 수용하고 기다려주는 것이 필요하다. 그리고 클라이언트와 라포가 형성되었다면 클라이언트의 행동, 진술, 행동이나 사고에서 나타나는 불일치적인 측면이나 양가감정에 대하여 세심하게 다루어줄 필요가 있다.

둘째, 현재와 미래에 초점을 맞춘다. 클라이언트가 가지고 있는 생각에서 장점과 긍정적인 면을 과거보다는 현재를 기준으로 하여 스스로 파악하고 강점과 현재 상황에 대한 적응적 적합성을 향상시킬 수 있는 구체적인 방법을 모색해 나가는 것이 중요하다.

(2) 보호와 통제하기

상담가는 이중적인 역할, 즉 클라이언트를 돌보는 한편 사회적 매개인 역할을 수행할 수 있다. 예를 들면, 교정복지 차원에서 제소자의 재범방지 및 사회적응 및 복귀를 위하여 기여할 수 있으며 이들에 대한 심리적 차원에서의 개입에 기여할 수 있다.

이는 적절한 통제력을 가지고 작업동맹의 협력적 관계에서 가능하며 상담의 토대에는 해를 입히지 않고 변화하기에 적절한 환경을 조성하는 것과 관련이 깊다.

CHAPTER

3

다양한 관점의 모델

1 인지행동모델의 개입기법

1) 엘리스의 합리적 정서치료(RET)

인간의 사고와 감정은 매우 긴밀하게 연관되어 있으며 부정적 감정과 증상들은 비합리적 신념에서 비롯된다고 주장한 관점으로 비합리적인 인식을 논박하여 바람직한 행동을 이끌어낼 수 있다는 관점이다.

- 인지행동모델의 치료목표는 부정적 감정의 근원이 되는 비합리적 신념을 규명하고 논박하여 이에 도전함으로써 신념을 재구조화하고 행동을 수정하는 것을 목표로 한다.
- 인지행동모델의 비합리적 신념을 반영하는 언어적인 습관으로는 "반드시, 절대로, 모든, 완전히, 전혀" 등을 통하여 알 수 있는데 엘리스 자신이 대중 앞에서 연설할 때 "반드시" 긴장하는 현상을 극복하는 데 이 방법이 활용되어 타인에게 적용되었다.
- 인지행동모델의 개입방법으로는 교육적 환경에서 클라이언트의 비합리적 신념을 합리적인 신념으로 바꾸도록 돕는 것을 포함한다.

엘리스의 비합리적 신념

- 인정의 욕구 : 인간은 주위의 모든 사람들로부터 사랑과 인정을 받아야만 한다는 일종의 완벽주의나 강박관념이 작용할 수 있다.
- 과대한 자기 기대감 : 인간은 자신이 가치있게 지각되기 위해서는 모든 영역에서 유능하고 완벽하게 유능하여 성공을 거두어야 한다는 믿음과 이를

위한 강박적인 노력은 열등감, 삶에 대한 무력감, 실패에 대한 두려움의 원인이 될 수 있다.

▶ 비난성향 : 자신에게 불리하거나 부정적인 반응을 보이는 사람에 대한 비판적 견해와 자기방어의 형식으로 그러한 사람이 처벌을 받거나 부당성을 지니고 있다는 의견을 가지기 쉽다.

▶ 좌절반응의 성향 : 삶에서 난관에 부딪히거나 어려움에 직면했을 때 이를 회피하고 싶거나 좌절하는 성향을 인간은 어느 정도 가지고 있으며 따라서 이에 대한 논박으로는 이에 대한 극복의 과제와 성취경험이 필요하다.

▶ 정서적 무책임 : 직면한 불행에 대하여 개인이 느끼는 무기력감으로 개인이 인생에서 일어나는 불가피한 상황을 통제할 수 없다는 잘못된 신념이다.

▶ 과잉 불안 : 과거 발생한 사건에 대하여 과도한 불안적 기제를 가지고 앞으로의 일을 미리 염려하고 근심하는 것이다.

▶ 의존감 : 자신은 자율적이며 독립적인 존재이기보다 누군가의 도움이 필요하다고 믿는 믿음은 불합리한 신념일 수 있다.

▶ 문제의 회피 : 삶의 어려움에 직면하기보다 이를 해결할 수 없는 다양한 이유가 있다고 믿어 문제를 회피하고자 하는 경향이 있다.

▶ 지나친 염려와 완벽주의 : 타인에 대한 지나친 염려, 즉 자신이 책임지고 있는 자녀나 가족에 대한 지나친 염려는 오히려 부정적인 영향이 될 수 있다. 그 밖에 완벽주의로는 모든 문제로 완전한 해결책이 있고 그를 수행하지 못하는 것에 대한 열등감이나 무기력감은 잘못된 신념으로 작용하여 행동에 영향을 줄 수 있다.

2) 벡의 인지치료

① 벡의 인지치료의 기본 가정

한 개인이 자신에 대해 가지고 있는 지각과 인식은 자신의 심리적, 사회적 문제나 행복에 있어 다른 무엇보다 중요한 역할을 한다고 가정하고 있으며 나아가 행동에도 영향을 줄 수 있다고 가정하고 있다. 엘리스가 비합리적인 인식으로 인한 역기능적인 행동을 유발하는 오류에 초점을 맞추고 있다면 벡은 개인의 왜곡적 인지로 인한 정보처리의 역기능에 초점을 두고 있다고 할 수 있다.

② 벡의 주요개념

벡의 인지치료에 활용되는 개념으로는 자동적 사고와 스키마 등이 활용된다. 이를 살펴보기 위하여 추론과정에서의 체계적 오류를 지적하고 있다.

ⓐ 자동적 사고 : 자동적 사고란 어떠한 사건에 대하여 즉각적이고도 계획되지 않은 반사적 해석으로 사건에 반응함에 있어 자동적으로 떠오르는 사고나 인지 혹은 행동을 포함한다. 즉, 개인이 어떤 상황에 대해서 내리는 즉각적이며 자발적인 평가를 뜻하며 사고의 타당성을 평가할 수 있게 한다.

ⓑ 스키마 : 스키마는 인간의 인지를 형성하는 요소들을 도식적으로 스키마, 규칙, 신념 등으로 구분해서 기본적인 설명을 하였다. 여기서 ‘스키마’란 인지의 구조를 뜻하는 일종의 도식이다. 즉, 기본적인 신념과 가정을 통하여 사건에 대한 한 개인의 지각과 반응을 형성하는 인지적인 구조로 이전의 경험에 의해 형성된다고 할 수 있는데 개인의 인지를 통하여 도식이 형성된다고 할 수 있다.

③ 벡의 추론과정에서의 체계적 오류

벡은 예를 들어 불안이나 자신감의 결여 및 무력감이나 우울감 등의 정서적인 문제를 생활사건에 대한 왜곡된 사고나 비현실적 인지적 평가의 결과로 설명하고자 하였다. 이에 따라 다음은 역기능적 사고체계의 예시를 제공한다.

- 이분법적 사고 : 모든 경험을 상반되는 양 범주로 간주하는 것으로 이는 흑백논리로 작용하여 편협한 사고의 원인이 될 수 있다. 사물이나 사람에 대한 정확하고 객관적인 판단을 내리지 못하게 하는 기제로 작용할 우려가 있다.
- 과도한 일반화 : 분리된 사건들에 대한 결론을 서로 연관하거나 연관되지 않는 상황을 적용하여 일반화하는 경향을 의미한다. 이는 작은 사건을 크게 확대해석하는 것에 작용할 수 있다.
- 선택적 추론 : 상황에 대한 보다 정확하며 객관적인 특성을 무시한 채 맥락에서 벗어난 세부 내용에 초점을 두어 판단하는 것으로 명확한 상황의 파악에 저해가 되는 요인이다.
- 긍정적 측면의 격하 : 부정적인 측면으로 긍정적 측면들을 무시하거나 축소하여 해석하는 것으로 이는 자신감이 결여된 사람들에게서 흔히 발견된다.
- 정서적 추론 : 본인이 상상하는 정서를 실제 상황으로 인지하여 상황을 맥락에서 보지 못하고 자의적으로 추리하는 경우이다.
- 예언하기 : 개인의 부정적인 예언을 믿고 부정적이거나 어두운 예측을 통하여 일을 합리적으로 처리하지 못하는 역기능적인 정보처리 성향이 많다. 혹은 부정적인 객관성을 무시하고 잘못 판단하는 경우도 해당할 수 있다.
- 비극화 : 가능한 부정적 사건을 비극으로 간주하는 경우로 일이나 상황이나 맥락에 대한 잘못된 정보처리과정이다.
- 개인화 : 외부 사건이 자신과 관련이 전혀 없음에도 불구하고 자신과 연관시키는 것으로 정신분열증상의 초기에 많이 발생하기도 하며 상황을 객관적으

로 인지하는 것에 방해가 된다.

▶ 라벨링 : 부정적 라벨링은 낙인화를 촉진하여 인지적 오류로 작용할 수 있으며 크게는 개인적 문제가 아니라 사회적 문제가 될 수 있다.

▶ '~해야만 해'라는 명령식의 진술 : 이는 압박감이나 불만족이 내재되어 보다 적극적이며 자율적인 의사결정을 방해할 수 있는 요인이 되며 인지적 왜곡이 될 수 있다.

(1) 인지치료를 활용한 개입방법

인지치료방법은 클라이언트의 학습경험을 다음과 같이 강조한다. 인지치료방법에서 점검될 요인을 다음과 같이 정리할 수 있다.

① 사건의 판단에 앞서서 자신의 부정적 자동적 사고과정을 모니터링하는 과정이 필요하다.

② 사건의 해석에 있어서의 인지와 정서, 행동의 연관성을 점검하고 인식한다.

③ 자신에게 형성되어 있는 왜곡된 자동적 사고를 뒷받침하거나 논박하는 근거를 점검한다.

④ 기존의 도식을 통하여 왜곡된 인지를 보다 현실 지향적 해석으로 대체하여 바람직한 인지와 도식을 새롭게 형성할 필요가 있다. 이를 통하여 잘못된 가정들과 믿음을 논박하고 변경할 수 있도록 행동을 구체화하여 체득한다.

(2) 문제해결치료

① 등장배경

인지 행동적 접근은 인지가 행동에 연결되어 지속적이고 일반화된 행동변화를 일으킨다고 보고 좀 더 문제해결능력이 향상되어야 한다고 주장하면서 인지행동주의 접근에 적용하여 문제해결치료를 개발하고 있는데 이를 위하여 인지적 요인과 행동적 요인 양측에 개입하게 된다.

② 기본 가정 및 특징

인간이 문제상황에 적절하게 대처하지 못하는 것은 정서적, 행동적 장애의 원인에 인지적인 가정이 포함되어 있다는 것이다. 즉, 문제를 적절하게 해결 못하는 것에는 인지적 오류가 연결되어 있을 가능성이 있으며 이것은 다시 정서, 행동장애와 연결될 수 있으며 이에 따라 정서, 행동 장애가 있는 사람은 상황에 올바로 대처하기 어렵다고 보는 이론이다.

따라서 일상생활에서 직면하는 문제상황에 대처할 수 있도록 올바른 문제해결 절차나 기술을 개인에게 훈련시키는 것이 중요한데 이러한 과정은 문제해결 능력을 효과적으로 향상시킬 수 있다. 이에 대한 특징은 자기통제 훈련의 한 형태로 클라이언트가 스스로 치료자로서 기능할 수 있도록 체득된 경험과 성취경험과 인지가 중요하게 간주된다.

③ 문제의 해결단계

ⓐ 클라이언트의 인식을 점검함에 있어 문제 인식, 문제의 귀인, 문제의 평가, 문제에 대한 통제, 문제해결을 위한 시간의 투입과 노력에 따라 문제해결에 대한 방향과 방법이 달라지므로 이를 평가한다.

ⓑ 문제 정의와 형성은 중요하며 따라서 문제에 대한 정보를 수집하고 문제의 성격을 명확히 정의하며 해결의 우선순위를 객관화한다.

ⓒ 가능한 대안을 탐색하는 것이 중요한데 이를 위해서는 최선의 대안들을 만들기 위해 가능한 다양하고 효율적 대안을 효과적으로 모색한다. 대안이 많이 제시될수록 좋은 대안이 생길 수 있으므로 이에 대한 다양한 의견과 정보의

수집이 중요하다.

ⓓ 의사결정의 단계는 전 단계의 다양한 대안을 객관적으로 평가하고 가장 바람직한 최적의 대안을 정하는 단계로 의사결정을 통하여 합리적인 선택이 이루어질 수 있도록 그에 대한 대안의 기대효과 등을 명확하게 예측하는 것이 필요하다.

ⓔ 문제 해결책의 실천과 검증으로 선택된 해결책을 위하여 행동을 통한 실행과 그 과정을 모니터링하여 평가하는 것이 필요하다. 또한 예상결과가 나타나지 않으면 그에 대한 대안을 다양하게 모색하거나 이전 단계부터 점검하여 다양한 경로의 행동지침을 수립할 필요가 있다.

(3) 개입기법

① 경험적 학습

경험적 학습은 성공적 경험을 통하여 클라이언트에게 자신의 인지적 오류에 부합하지 않는 특정한 행동을 강화하도록 함으로써 클라이언트가 자신의 인지적 오류를 인정하고 수정하도록 하는 기법이다. 이것은 인지적 불일치에 대한 인식이 선행되어야 하고 이를 통하여 자신의 행동이나 생활양식에 부합하지 않는 태도나 신념을 변화시키고자 하는 노력이 필요한 행동주의적 기법이 연결된다.

② 인지재구조화

인지재구조화 클라이언트의 역기능적 사고와 인지적 도식을 인식해서 이를 현실적인 사고와 관념으로 대치하고 순기능적일 수 있도록 하며 재구조화를 통하여 보다 바람직한 적응적 적합성을 기르도록 한다.

③ 체계적 둔감법

행동주의적 치료방법의 하나로 클라이언트에게 덜 위협적인 상황에서 가장 위협적인 상황까지 순서대로 경험하게 하면서 불안자극과 불안반응 간의 연결이 완화될 때까지 불안을 일으키는 자극들을 반복적으로 이완상태와 연결하여 민감한 반응을 소거하는 방식이다.

④ 모델링

모델링은 바람직하지 않은 행동을 소거하는 가장 행동주의적 관점에서 활용성이 높은 방법으로 다른 사람이 행동하는 것으로 보고 클라이언트가 새로운 행동을 학습할 수 있게 하는 기법이다. 이러한 방법은 클라이언트가 시행착오를 거치지 않고 새로운 행동을 학습할 수 있는 것에 유용하게 활용된다. 모델링의 학습과정은 관찰학습과정을 기점으로 주의집중과정, 보존과정(=파지과정), 운동재생과정, 동기과정으로 이루어짐을 반두라는 주장하였다.

⑤ 이완훈련

이완훈련이란 클라이언트가 겪는 긴장과 스트레스 상황에 적절히 대처할 수 있도록 돕는 기술이라고 할 수 있다. 즉, 만성적으로 불안하거나 긴장감이 높은 클라이언트, 위기상황에 처한 클라이언트에게 우울이나 분노 등을 다루는 것에 유용하다. 클라이언트에게 특정 근육을 이완하는 기술을 가르치거나 규칙적이고 깊은 호흡을 할 수 있는 방법, 혹은 즐거운 생각이나 이미지를 떠올리는 방법 등을 훈련하여 긴장이나 스트레스에 대처할 수 있도록 돕는다.

이완훈련은 강박관념이나 높은 긴장의 상황에서 꼭 필요한 자기훈련으로 활용될 수 있다.

2 과제중심모델의 기본 개념

1) 과제중심모델의 등장배경

과제중심모델은 진단주의가 갖는 긴 시간의 소요와 불합리한 진단의 범주에서 보다 단기적이며 효율적으로 현재의 문제상황에 개입의 초점을 두는 치료방식에 대한 관심이 커지는 시기에 도입되었다. 이 방법은 단기적 치료에서 사용하는 시간의 제한, 제한된 목표, 초점화된 목표와 현재의 집중, 활동과 지시, 신속한 사정, 치료의 융통성 등을 활용하여 개입에서 클라이언트가 표현하고 도움을 요청한 욕구를 가장 우선시하여 치료과정으로 이 부분을 중심으로 개입하게 된다.

2) 이론적 배경

경험에 기초한 지식을 바탕으로 단기적으로 문제를 효과적으로 개입하기 위하여 계획적이고 의도적인 과정을 통해 클라이언트의 문제를 구체적인 과제로 해결해 나가려는 것으로 어떤 특정한 이론이나 개입방법이 고정되지 않으며 융통성 있는 통합적이며 전략적인 접근을 시도하고 있다. 또한 단기 심리적 접근의 기술을 이용하여 클라이언트가 문제를 완화하기 위한 과제나 활동에 참여하고 수행을 점검하고 시간제한을 두는 구조를 활용한다.

이 모델은 클라이언트의 자기결정권을 존중하여 상담가가 자신이 클라이언트의 문제에 대한 최선의 해결책을 알고 있다는 가정을 하지 않으며 오히려 클라이언트가 자기 문제라고 인정하고 함께 해결하고자 지적한 문제에 제한하여 접근하여 클라이언트 중심적인 관점에서 문제를 해결하려고 한다.

3) 과제중심모델의 특징과 주요 개념

과제중심모델은 시간제한적인 단기치료로 주 1~2회의 면접을 통해 전체 8~12회 정도로 구성하여 대개 4개월 이내에 종료하는 개입으로 계획된 단기접근을 통하여 클라이언트가 호소하는 문제를 중심으로 개입하게 된다.

① 단기치료는 클라이언트의 과거 무의식을 탐색하지 않으며 현재 클라이언트가 인식하고 동의한 문제에 초점을 두고 있는 부분에 집중적으로 원조하는 특징이 있으며 클라이언트가 스스로 인식하고 수용해서 변화하기 원하는 표적문제를 중요하게 간주한다.

② 상담가와 클라이언트의 유기적인 협조적인 관계를 중요시한다.

③ 클라이언트 중심의 개입이라 할 수 있으며 따라서 클라이언트가 아닌 문제를 범주화함으로써 클라이언트에 대한 낙인화를 지양하며 대인관계 갈등, 자원의 결핍, 역할 수행의 어려움 등 문제의 범위를 구체화하여 개입한다.

④ 클라이언트와 상담가가 계약한 구체적인 문제해결에 초점을 두고 있으며 이는 클라이언트의 욕구중심이라 할 수 있을 것이다.

⑤ 클라이언트의 자기결정권을 강조하여 문제해결의 우선순위를 결정할 수 있다.

⑥ 개입의 책무성을 강조하여 개입과정을 객관적으로 기록하고 진행상황을 회기마다 모니터링하고 개입과정과 상담가의 개입과 실천에 대한 클라이언트와 상담가의 평가 등을 중요시한다.

⑦ 클라이언트의 환경에 대한 개입을 강조하는 것은 문제의 발생이 클라이언트 개인에게 국한하여 발생하지 않으며 환경과의 연계성이 있음을 인정한다.

⑧ 절충적인 접근방법의 적용으로 과제중심모델은 한 가지 이론이나 모델을 고집하지 않으며 다양한 접근방법을 활용한다고 보는 것이 적절하다.

4) 클라이언트의 과제

(1) 표적문제

클라이언트의 표적문제의 정의와 특징으로는 클라이언트가 제시하는 문제나 해결하고자 하는 문제가 개입의 초점이 되는 문제로 간주된다. 즉, 클라이언트가 가지고 있는 다수의 문제들 중 클라이언트가 변화를 원하고 이에 대한 상담가의 동의에 의해 개입의 초점으로 동의한 문제가 표적문제로 선정될 수 있다. 표적문제는 우선순위를 고려하여 최대 3개까지 선정함으로써 시간제한적인 단기개입이 가능하도록 한다. 표적문제의 선정기준은 클라이언트가 인정한 문제, 클라이언트 자신의 노력으로 해결 가능한 문제로 구체적인 문제의 정의가 필요하다.

표적문제 선정 시 유의점으로는 클라이언트의 의견이 최대한 존중되고 반영되는 것이 중요하다. 즉, 클라이언트와 상담가의 의견이 다를 경우 클라이언트의 관심에 대한 존중을 중심으로 협의가 진행될 필요가 있다. 따라서 가급적 클라이언트가 중요하게 다루고 있으며 현실적으로 변화 가능성이 높은 것부터 우선순위를 결정한다. 또한 문제의 구체적 접근을 위하여 하나의 표적문제에 대하여 하나의 목표를 설정하며, 표적문제와 목표가 긴밀하게 연결되어 클라이언트의 입장에서 구체적으로 표현되고 개입될 수 있도록 한다.

(2) 과업

과업은 과제를 통하여 달성될 수 있는 것이어야 한다. 즉, 목표를 달성하기 위해 클라이언트와 상담가가 해야 하는 문제해결의 활동으로, 클라이언트와 상담가가 함께 계획하고 동의한 후 이를 위해 수행하는 문제해결활동이다. 클라이언트와 상담가의 합의에 의해 선정되고 과제의 내용이나 형식, 수행 등에 관해서는 과업의 성공적 수행을 위하여 일시적으로 클라이언트에게 개입의 효과가 미리 고지되지 않을 수 있으나 궁극적으로는 과업의 수행에 클라이언트가 동의해야 한다.

클라이언트의 과제로는 문제해결을 위해 또는 문제해결에 도움이 되는 활동으로 클라이언트가 수행하는 활동이라 할 수 있다. 이것은 상담가가 일방적으로 주는 것이 아니라 클라이언트의 동의가 필요하다. 이를 위하여 클라이언트가 과제를 원활하게 수행할 수 있도록 원조하고 지지하기 위한 활동이 필요하다. 클라이언트의 가족이나 친구, 이웃 등 주변 사람들이나 다른 기관에 도움을 구하고 의견을 나누는 것도 활용될 수 있다.

(3) 과제의 유형

첫째, 일반적 과제로는 목표달성과 관련하여 상위의 과제를 의미한다. 따라서 행동의 방향을 제시하지만 무엇을 해야 하는지를 구체적으로 언급하지 않는다. 이것은 클라이언트의 목표를 반영하는데 일반적 과제로 무엇이 이루어져야 하는가를 뜻한다면 목표는 과제가 달성되었을 때의 성취되는 상태를 의미한다.

둘째, 조작적 과제의 의미는 클라이언트가 수행해야 하는 구체적인 활동으로 조작적 과제는 일반적 과제에서 발생하며 명확한 활동에 대한 정보를 포함하므로 일종의 하위 과제 형태라고 할 수 있다. 예를 들어 문제가 교사와의 의사소통의 부재라고 한다면 일반적 과제는 의사소통의 촉진이며 조작적 과제는 그날의 일과보고나 잘한 점의 강점을 강화하기 또는 초등학생의 일기쓰기에 대한 코멘트 형식의 대화방식 활동 등이 있다.

(4) 과제의 유형

과제의 유형으로는 유일과제로 한 번의 수행을 위해 계획된 한 번의 과제가 있고 반복과제로 강화행동의 항상화를 위한 과제가 있다. 그리고 복합과제가 제시될 수 있는데 이는 밀접하게 관련된 둘 또는 그 이상의 구분된 활동들을 뜻하며 개별

과제는 혼자서 수행하는 과제이며 이에 반하여 상호과제란 구성원 중 두 사람 이상이 교환으로 수행하는 과제로서 분리되어 수행되나 상호 연관이 있는 과제라 할 수 있다. 그 밖에 공유과제는 둘 이상의 사람이 같은 과제를 수행하는 것을 의미한다.

(5) 과제 계획 및 형성 시 고려해야 할 점

① 클라이언트의 동기화 : 동기의 문제의 점검이 선행되어야 한다. 즉, 클라이언트가 문제해결에 어느 정도 동기화되어 있어 주어진 과제를 수행할 능력과 에너지를 가지고 있으며 클라이언트가 문제를 해결할 때 성취되는 바에 대한 희망을 주는 등 높은 동기화를 유지시켜 주는 것이 바람직하다.

② 클라이언트의 과제실행 가능성 : 모든 과제는 실행 가능한 범주에서 요구되어야 한다. 즉, 클라이언트가 문제해결을 원하고 동기화되어 있으나 현실적으로 과제를 수행할 가능성이 어려운 경우는 실행 가능한 과제를 선택할 수 있도록 과제를 수정하는 것이 필요하다. 따라서 과제의 부여 이전에 클라이언트의 객관적인 능력을 평가하고 클라이언트가 저항감보다는 자신감을 가지고 희망적 자세로 과제에 임하도록 자신감을 부여해 주는 것도 바람직하다.

③ 클라이언트가 수행하는 과제의 바람직성 : 클라이언트가 수행하는 과제의 바람직성이란 과제의 수행 이후 과제의 수행을 통하여 성취되는 바람직한 효과와 과제수행방법에 윤리성이나 기타 문제가 없는지에 관하여 점검되어야 한다.

④ 클라이언트가 수행하는 하위과제나 복수과제 : 수행요구되는 과제는 융통성이 있어야 한다. 즉, 클라이언트가 반복했으나 성취되지 못한 과제는 수정될 수 있으며 상황이 변화하는 것에 따라 과제가 달라질 수 있도록 상황과 맥락을 잘 반영해야 한다. 따라서 초기단계의 표적문제 설정을 통하여 문제의 우

선순위를 결정, 개입에 관한 계약을 체결한 이후 표적문제해결을 위한 과업을 설정할 때 일반적 과업, 구체적 과제, 전략과 계획 수립, 동기부여 등이 고루 점검되어야 한다.

문제해결, 과제성취, 문제해결 필요에 따라 선택될 수 있다.

표적문제를 규정하고 구체화한다.
⇒ 변화해야 할 특정조건과 행동들을 규정하고 표적문제와 목표를 연관하여 사정한다.

■ **표적문제**

(빈도) 얼마나 자주 발생하는가?
(장소) 어디에서 주로 발생하는가?
(참여자들) 누구와 함께 있을 때 발생하는가?
(영향) 선행사건들과 그에 대한 결과는 무엇인가?
(의미성) 그러한 사건은 클라이언트에게 어느 정도 중요한 의미를 갖는가?

■ **상황적 맥락(문제를 촉발하고 유지하는 조건들)**

① 발생장소와 결부된 상황들
② 경제적 상황
③ 가족이나 집단
④ 또래나 이웃, 동료관계
⑤ 문화적 배경

■ **인지 및 정서적 상황**

① 클라이언트의 성격
② 기능적 대처 양식
③ 동원 가능한 자원

■ **사정단계**

① 대안을 비교하고 합리성을 창출한다.
- 가능한 범위 내의 문제해결 과제와 적합한 행동을 찾아내고 규정한다.

② 다른 사람들, 기관들과 연결자원을 발견하고 협력적인 행동들에 대해 상호 협의한다.

③ 의사결정(목표의 목록을 확인하고 무엇을 할 것인지 3가지 이내로 선택하며 그에 대한 세부 개입전략을 계획한다.)

- 개입에 대한 계약과 목표를 확인한다.
- 기본적으로 가지고 있는 자원과 강점을 통하여 개입방법을 결정한다.
- 문제해결에 대한 예상 시간과 순서를 계획한다.
- 과제의 협력자와 참여자를 선정한다.
- (고지된 동의) : 클라이언트가 동의하고 이해하도록 하는 것이 중요하다.
- 필요한 경우에는 다른 사람들이 동의하고 이해하도록 한다.

④ 실행 : 과제나 전략을 수행하도록 하며 과제들을 수정한다.

- 수행할 과제들을 형성한다.
- 과제들에 대해 클라이언트가 수행할 능력이 있으며 이해하고 동의하도록 한다.
- 과제의 수행 시 예견되는 어려움을 점검한다.
- 클라이언트와 함께 클라이언트의 과제수행을 위한 계획을 세운다.
- 과제들의 달성 정도를 점검하고 요약한다.
- 클라이언트의 다음 과제수행을 위한 계획을 세운다.

⑤ 과제수행을 지원한다.

- 남은 회기수를 점검하고 추수상담을 개략적으로 설계한다.
- 자원을 활용한다.
- 모델링과 시연 등을 통하여 지도한다. 이를 통하여 역할 연습, 모의 훈련, 지도 연습할 수 있다.
- 장애물을 감소, 제거하기 위한 행동을 계획한다.

> - 사회환경에서는 지원 자원 부족, 스트레스, 기타 구조적 문제들이 발생할 수 있다.
> - 대인 간 상호작용에서 자원의 결핍과 갈등, 협력 부족이 발생할 수 있다.
> - 심리적 상태에서 정서적 두려움, 의심, 지식 부족이 발생할 수 있다.

- 기술 부족으로 타인의 협력과 지지의 부족 등 과제수행의 실질적 장애를 개선한다.

- 과제수행의 심리성 점검으로 두려움, 의심, 지식 부족, 인지오류에 대해 토론한다.
- 상담사의 과제에 대해 의견을 진술한다:

> – 클라이언트에게 과제들에 대해 알려주고, 과제실행과 문제상태를 점검하도록 한다.
> – 검증의 과정으로 개입의 가능한 효과들을 점검, 검사, 확인, 구체화하는 것이 필요하다.
> – 모니터링을 통하여 개선될 요인을 점검한다.

⑥ 과제를 수정 혹은 일부 변경할 수 있다.

- 결과가 만족스럽지 못한 경우
- 새로운 문제가 발생한 경우
- 과제들이 수행되지 않거나 제대로 수행되지 않은 경우
- 지지와 자원이 비효과적으로 작용하는 경우
- 과제들이 수행되는 장애가 너무 많은 경우

(6) 과제중심모델의 실천과정에서 고려되어야 할 사항

과제중심모델의 적용은 클라이언트의 표적문제를 완화시키려는 목적으로 조작화되고 일련의 계획적인 노력의 정교화된 활동으로, 개입의 중심이 될 표적문제에 상담가와 클라이언트가 합의하는 것이라 할 수 있다. 따라서 기본 과정으로 표적문제의 구체화와 문제의 완화를 위한 계획의 수립을 하고, 실행으로 문제를 감소시키도록 계획된 과업으로 다양한 과제수행에 초점을 둔다. 상담가는 클라이언트가 자기의 문제를 구체화하고 과업을 선택하는 것을 돕고 과업실행계획을 세우고 실행동기를 부여하여 과업수행을 촉진시키는 과정에서 장애물을 예견할 수 있어야 한다. 이러한 과제중심모델은 시작단계, 상호 간에 중첩적으로 진행되는 후속 4단계 등으로 요약할 수 있으며 이를 정리하여 다시 한 번 점검해보자.

① 초기단계

▶ 문제 확인 단계

클라이언트의 표적문제는 클라이언트가 변화를 원하는 문제로 클라이언트가 자신이 표현하는 것이 바람직하며 클라이언트가 인식한 문제를 상담가의 전문 지식과 경험에 의한 자문과 판단에 의해 수용할 수 있다고 협의되는 확인의 과정을 거치게 된다. 따라서 클라이언트가 인정하고, 해결 가능하고, 구체적인 표적문제를 명확히 규정하여 개입대상이 될 문제를 선정하고 그 이후 문제목록을 행동이나 상황적 특성 및 기대되는 예측결과를 기준으로 분류한 이후 클라이언트가 가장 중요하게 생각하거나 현실적으로 변화 가능성이 높은 것부터 우선순위를 결정하는 것이 바람직하다.

이후 문제규정과정을 통해 사정에 대한 정보를 얻고 정보를 통해 상담가는 시간적 제한이 있는 상황에서 신속한 사정을 하여 어느 정도의 변화가 필요한지, 어느 만큼의 변화가 바람직한지, 어느 만큼의 변화가 가능한지, 예상시간과 수행 가능성, 클라이언트의 능력 등을 명확히 판단하고, 필요한 자원의 접근 용이성과 유용성에 대해서도 판단하는 것이 중요하다.

② 계약단계

과제수행 이전에 계약을 통해 클라이언트의 자기결정에 의한 개입을 강조한다. 이를 통해 클라이언트의 3가지 정도의 표적문제 가운데 상담가와의 합의를 통해 클라이언트의 관심이나 욕구가 가장 높고, 현 상태를 개선시키는 데 많은 기여가 가능할 수 있다고 생각되는 문제의 우선순위를 결정한다.

이에 대한 개입을 계획하고 개입의 타당성을 클라이언트가 수긍할 수 있도록 해석하고 설명해야 하며, 클라이언트의 동의를 얻을 수 있는 계획을 제시한다. 개입은 초기, 중기, 종결의 순서에 따른 조직적인 방식으로 구성되고 계획되어야 하며,

각 단계마다 어떤 개입이 필요하고 어떤 효과를 기대할 수 있으며, 개입이 언제 끝날 것인지에 관하여 클라이언트와 합의된 결정이 포함되는 것이 바람직하다.

과제는 문제해결을 위한 중심활동이 되며 과제에 대해서는 클라이언트와 상담가 간의 충분한 합의가 토대가 되어 선행될 필요가 있다.

③ 중기단계 : 과제의 수행

과제의 수행단계에서는 초기단계의 사정을 정교화하는 과정으로 클라이언트의 기초선 설정, 사회 문화적 맥락에 대한 사정, 인지 · 심리적 상황에 대한 사정이 이루어진다. 이러한 수행과정을 통해 클라이언트와 상담가는 문제가 해결되거나 혹은 감소되는 것을 경험하게 된다. 따라서 이 단계에서는 과제수행이 제대로 되고 있는지, 그리고 어떠한 효과를 보이고 있는지 주기적으로 점검하는 것이 필요하다. 또한 문제의 상태가 어떠하고 변화의 방향성이 있는지 새로운 문제가 나타나고 있는지 등을 모니터링 해야 한다.

④ 종결단계

종결단계에서는 문제해결에 따른 종결이나 시간제한에 의한 종결이 있을 수 있다. 따라서 종결이 클라이언트에게 충격이 되어선 안 되므로 각 면접 때마다 클라이언트에게 면접을 정리해주면서 종결을 상기시킬 필요가 있다. 계획되지 않은 중단은 클라이언트가 일방적으로 과제를 전혀 수행하지 않는다거나, 개입이 효과가 없을 것이라고 상담가가 판단할 때 발생한다. 혹은 치료효과가 더딜 경우 개입의 연장은 시간제한상 종결시점이 되었으나 클라이언트가 종결에 대해 좀 더 시간이 필요한 경우 상담가가 개입의 효과를 높이기 위해 시간이 더 필요하다고 판단할 때 실시될 수 있다.

3 생태학적 관점(Ecological Perspective)의 개입

생태학(Ecology)의 개념은 생물 혹은 유기체가 환경과 어떻게 상호작용하는지에 대한 관점으로 인간과 생태학의 상호 간의 적응과 이를 위한 변화를 중심으로 설명하고자 하는 이론으로 인간의 적응적 적합성과 환경속의 인간의 개념을 강조하고 있다. 따라서 사회과학에서 지향하는 생태학은 인간과 환경과의 관계를 설명하기 위하여 도입한 것으로 인간의 욕구와 문제점들이 환경과의 상호교류에 의하여 발생한다고 보는 개념으로 인간과 사회의 변화와 적응이 심리적, 사회적, 문화적인 요인에 반영된다고 보고 있다. 따라서 생태학적 관점에서의 인간의 발달은 인간이 자신이 속한 환경에서 얼마나 조화를 이룰 수 있는가 하는 관점에서 평가될 수 있다.

▣ 브론펜 브루너(Bronfenbrenner)가 제시한 인간발달의 생태학적 관점

① 개인은 단순히 환경의 영향을 받는 존재가 아니라 환경을 재구성하면서 영향을 주고받으며 성장하는 역동적 존재이다.

② 생태학적인 환경도 상호조절 과정을 통하여 상호 영향력을 주고받으므로 개인과 환경 간의 상호작용은 상호 호혜성의 특징을 지니고 있다고 할 수 있다.

③ 생태학적 환경의 개념은 개인이 참여하는 것 뿐 아니라 개인이 직접 참여하지 않는 맥락으로 개인이 직접적으로 속해 있지 않은 거시적인 외부환경으로부터 오는 영향도 상호관계에 포함이 된다. 따라서 생태학적 관점은 '환경 속의 인간'이라는 총체적 인간관을 견지하고 있다. 이에 따라 다음과 같은 개념이 중시된다.

1) 적응적 적합성 및 유능성

(1) 적합성(goodness of fit)

생태학적 관점에서 볼 때 개인의 적응적 욕구와 환경의 질이 어느 정도 부합하는가와 관련된 개념이라 할 수 있으며 따라서 인간과 환경 간의 상호교류를 통하여 개인의 생애를 통해서 성취되어가는 연결적인 과정이다. 또한 인간과 환경 사이의 상호 교류적인 측면에서 서로에게 유익한 효과를 통하여 적합성이 평가되는 일방적인 희생은 적응적 부적합성에 해당될 수 있다.

(2) 적응성(adaptation)

생태학적 관점에서 인간이 환경에 대한 적응수준을 유지하고 높이고자 하는 노력은 변화 지향적인 과정으로 이것은 인간의 인지적, 감각적, 지각적, 행동적 과정이며 환경에 적응하고 환경을 지배하고자 하는 노력에서 비롯된다. 따라서 이에 대하여 환경에 대한 적응성은 인간이 환경의 변화에 적응하면서 환경이 자신의 욕구에 적합하도록 변화시키는 과정을 동시에 포함한다고 보는 개념이다.

(3) 유능성(competence)

유능성이란 개인이 환경과 효과적으로 상호작용할 수 있는 능력이며 이러한 개념은 생태학적 이론에서 유능성의 발달이 인간발달의 필수적인 요소로 간주되어 환경과 성공적인 상호작용을 경험하는데서 인간의 성장과 발달이 가능하다고 본다.

2) 상호교류(tansaction)

생태학적 관점에서의 상호교류란 개인과 환경이 상호영향을 미치면서 개인과 환경이 조화를 이루는 것이다. 즉, 개인과 환경 사이의 상호교환은 개인-환경 내에서 변화를 일으킬 수 있으며 '개인과 환경'이라는 상호작용적이고 축적적인 효과를 나타나는 것을 포함하고 있다. 그러므로 상호교류는 개인과 환경이 상호 간에 영향을 미치고 있는 상호작용을 중요하게 본다.

3) 스트레스와 대처

(1) 스트레스(stress)

스트레스의 개념은 개인과 환경의 상호교류 과정에서 스트레스가 야기될 수 있음을 뜻한다.

인간이 경험하는 스트레스란 주어진 환경 속에서 개인이 지각한 요구에 따라 이러한 요구를 충족시킬 수 있는 자원을 활용할 수 있도록 하는 능력 사이에 불균형을 이룰 때 발생하기 쉽다. 그러나 현대사회에서 개인의 성장과 발전을 도모하는 기제로 긍정적으로 평가받기도 하며 모든 스트레스가 부정적인 것은 아니고 환경의 요구와 개인의 능력 사이의 균형이 심각하게 손상될 경우에는 개입이 필요한 것으로 보고 있다.

(2) 대처(coping)

대처란 인간이 처한 환경에서 어려움에 부딪혔을 때 이를 해결해 나가는 방법이나 과정을 의미한다. 이에 대하여 개인은 대처과정을 통하여 동기, 자존감 회복, 정신적 안정, 문제해결 능력, 자율성 등 내적 자원 및 가족과 사회적 관계, 자원의 동원 등 외적 자원을 활용할 수 있어야 한다. 또한 성공적 대처의 개념에서 인간과 환경 간의 적응적 질을 향상시키고 보다 높은 수준의 사회적 관계를 형성하여 적응적 능력을 향상시키는 것이 필요하다.

4 생태체계적 관점이 상담에 미친 영향

체계이론과 생태학이론을 통합하고 상호 보완하는 개념으로 체계이론에서의 체계들의 조직화, 에너지의 교류, 상호 의존성 등의 개념을 취하고 생태학 이론에서는 적응성과 같은 체계와 환경과의 구체적인 상호교류 현상을 설명하는 이론으로 설명하고자 하였다. 이러한 관점이 상담학에 미친 영향은 다음과 같다.

1) 관점의 전환

생태체계학적 관점의 도입은 과거 인간이 처하는 문제나 과제가 유전적, 정신적, 환경적 요소에 의하여 결정된다고 보았던 결정주의적 관점의 성향이나 인간 내부에 치우쳐 해석하던 단선적인 관점의 의료 및 진단적 모델과 비교할 때 인간과 환경을 포괄하여 설명하며 인간의 발전과 성장이 그 생활주기의 반영과 함께 환경과의 지속적인 상호작용으로 이루어진다는 견해를 제공하면서 상담에 있어서 새로운 관점을 제공하였다.

생태학적 이론의 도입은 다양한 순환적 인과론을 지향하며 그 가능성을 인정하여 기존의 직선적 인과론(linear causality)에서 벗어나 여러 원인에 의하여 문제행동이 일어난다고 보는 순환적 인과론(circular causality)을 지향하게 되어 인간의 행동을 보다 통합적으로 상호작용을 함께 보면서 다양한 관점을 적용할 수 있게 되었다.

2) 인간과 환경의 통합적 관점의 지향

인간과 환경의 통합적 관점의 지향으로 개인과 사회체계 사이의 새로운 관계, 기존의 관점에서 나누어져 있던 개인 및 환경을 다양한 각도에서 개입할 수 있는 이론적 기반을 구축하여 인간과 환경의 복합체에 대한 다중적 초점을 유지할 수 있게 된 것에 의의가 있다. 상담과정에서 클라이언트의 심리내적 생활과 환경적인 조건을 개선하는데 목표를 두고 실시하는 상담은 직접적 서비스와 간접적 서비스를 통합할 수 있는 방법을 제공하게 하였다.

CHAPTER

4

주요 이론의 개념

1 에릭슨의 인간발달론

상담에 있어서 인간의 심리적 발달과정을 이해하는 것은 매우 중요하다. 에릭슨은 인간의 발달이 평생에 걸쳐 일어난다고 하는 관점을 가지고 있었다. 에릭슨은 정신분석 이론의 결정론적 시각에서 벗어나 인간의 발달을 노인기까지 연결하여 점증적인 점성원리를 통하여 설명하고 자아의 성장 가능성을 제시하였고 이를 통하여 인간의 건강한 발달에 관한 새로운 통찰력을 부여하였다는 것에 의의가 있다. 따라서 에릭슨의 심리사회적 관점은 인간 발달의 각 단계에서 개인은 자신과 사회와의 조화를 유지하기 위한 발달과제에 직면한다고 보았다. 또한 인간의 생애 전체를 각기 그 단계에서 해결되어야 할 위기(crisis)로 나누어 기술하였다. 이를 살펴보면 다음과 같다.

〈표 4-1〉 에릭슨의 심리사회적인 인간 발달 8단계와 당면 과제(점성원리)

노년기								통합 대 절망: 지혜
중년기							생산성 대 침체성: 보호	
청년기						친밀 대 고립: 사랑		
청소년기					자아정체감 대 자아정체감 혼란: 성실성			
학령기				근면성 대 열등감: 능력				
학령전기			솔선성 대 죄의식: 목적					
유아기		자율성 대 수치심과 회의: 의지						
영아기	기본적 신뢰 대 불신: 희망							

1) 영아기(기본적인 신뢰감 대 불신감–희망)

에릭슨은 기본적인 신뢰감을 쌓으며 성취과제로 희망으로 본 시기가 출생에서 ~1세경까지이며, 영아의 기본 과제는 신뢰감을 발달시키는 것이라 할 수 있다. 신뢰감은 보호받고 사랑받는 데서 주 양육자로부터 학습된다. 따라서 어린 시절의 중요한 타인들이 필요한 사랑을 주면 영아의 신뢰감이 발달되며, 자신이 수용된다고 느끼게 되는데 적절한 돌봄을 받지 못하는 영아보다 이후에 경험하는 발달적 과제에 보다 성공적으로 대처하게 된다고 보았다.

2) 유아기(자율성 대 수치감과 회의–의지력)

1~3세 시간의 유아기의 단계에서 해결해야 할 과제는 독립심으로 이때 자신의 능력, 자립심, 자율성을 확립하는 시기이다. 이때는 배설훈련이라는 통제훈련을 경험한다. 이 시기에 배설훈련의 방법과 자녀에 대한 부모의 온정, 태도, 그리고 반응은 유아의 성격형성에 영향을 미친다. 이 시기를 통하여 자주성을 발달시키며 자기통제의 과제나 외부세계에 대처하는 능력을 기르지 못한 유아는 스스로의 자아에 대하여 또는 자신의 능력에 대해 수치(shame)나 회의(doubt)의 감정이 형성된다. 유아에게 지나치게 간섭하는 부모는 유아의 독립성을 저해하게 된다.

3) 학령전기(솔선 대 죄의식–목적)

4세에서 학령기 이전까지이며, 취학 이전의 갈등은 주도성 대 죄의식으로 개념화하였다. 에릭슨은 프로이드와 달리 성욕에 대한 관심보다 사회적 발달을 중시하였다. 이 시기에 아동은 심리적으로 그들이 선택한 행동을 하고자 하여 의미 있는 행동을 선택하도록 자유가 허용된다면 인간은 주도성으로 특징지워지는 성향을 발달시키게 된다고 보았다.

4) 학령기(근면성 대 열등감–능력)

6~11세까지의 시기이며, 인간의 건강한 발달이 이루어진다면 이 시기에서 개인이 접하게 되는 심리 및 사회적 과제는 자신의 신체와 사회에 대한 이해를 보다 확장하는 것이다. 즉, 적절한 성역할에 의한 동일시를 발달시키고 가치감각을 계속 발달시키면서 사회적 과제에 참여하게 되는 것이다. 에릭슨에 의하면 아동 중기의 중심과제는 근면성을 달성하는 것으로 보았다.

5) 청소년기(자아정체감 대 자아정체성 혼란–성실성)

이 시기는 12~20세이며 청소년기의 주요한 발달적 갈등은 자아정체감의 발달을 중요한 발달과업으로 보았다. 청소년은 자신이 누구이며 어디로 가고 있으며 어떻게 그곳에 가는가를 알기 위해 자아정체감을 발달시킨다. 만약 정체감을 얻는 데 실패한다면 "역할혼미(role confusion)"가 온다. 이 시기에는 부모, 동료, 사회로부터 다양한 압력을 받기 때문에 명료한 정체감을 얻기 어렵다는 것을 발견하기도 하여 정체감의 유예를 경험하기도 한다. 청소년은 자신의 삶을 방향지어 줄 가치체계를 통합해야 하는 과제를 갖고 있다고 볼 수 있다. 개인의 정체감을 형성할 때 모델이 중요한 역할을 하기도 하는 시기이다.

6) 청년기(친밀 대 고립–사랑)

이 시기는 20~24세로 에릭슨은 성인기를 세 단계로 나누었다. 즉, 성인 전기, 성인 중기, 그리고 노년이다. 성인 전기에는 친근감 대 고립감으로 에릭슨의 관점에서 보면 성인 전기에 정체감은 다시 “친근감 대 고립감(intimacy versus isolation)”의 도전을 받게 된다. 다른 사람과 먼저 친근한 관계를 맺는 것은 정체감이 확립되었다는 것으로 해석하였다.

7) 중년기(생산성 대 침체-배려)

이 시기는 비교적 장시간으로 25~65세이며 이 시기는 자신과 남을 위해 창조적으로 사는 방법을 학습하는 시기이다. 한편으로 생에서 가장 생산적인 시기이기도 하며 다른 한편으로는 젊은 시절의 비전과 현재 이루어 놓은 것과의 불일치로 인해서 고통스런 경험을 하는 시기이기도 하다. 생에서 가장 생산적인 시기로 에릭슨은 “생산성”의 위기(침체성)로써 중년기의 성장을 강조하고 있다. 그는 생산성을 직업, 가족, 여가활동 등을 통하여 창조적인 감각을 확산시키는 시기로 본 것이다.

8) 노년기(통합 대 절망-지혜)

65세에서 사망기 전까지의 시기를 노년기로 보았으며 이 시기는 자아통합을 위하여 중요한 시기로 이 시기의 위기는 “자아통합 대 절망감(integrity versus despair)”이다. 자아통합을 얻은 사람은 자신의 삶의 대해 일평생 잘 살았다는 느낌을 받는다. 그들은 생산적이고 가치 있게 살았으며 성공 뿐만 아니라 실패에도 잘 대처해 왔음을 느낀다. 또한 삶에서 자신이 해놓은 일에서 만족감을 얻으며 그들은 죽음도 삶의 한 과정으로 생각하여 현재의 삶에서 의미를 발견한다. 그러나 자아통합을 얻는 데 실패하면 절망감, 좌절감, 죄의식, 후회, 자기 경멸 등의 감정을 가질 수 있게 된다. 삶을 낭비했다는 인식은 절망감을 갖게 하는 것이다.

2 역할이론과 생활모델

1) 역할이론

역할이론[1)]은 사회적 행위의 분석과 개인적 행위가 사회환경의 영향을 직 · 간접적으로 받는 방식을 설명하는 것으로 인간과 환경 간의 교류에 대하여 이론 및 경험적으로 지지하는 체계이다. 따라서 역할은 개인적 표현수단인 동시에 사회적인 행위에 대한 의미를 동시에 지닌다고 할 수 있다.

생태학적 이론에서는 역할이론의 개념을 도입하여 문화적 영향과 환경적 영향에 따라서 개인 및 대인관계적 역할이 어떻게 달라지는가를 설명하고 있다. 역할이론은 인간의 사회적 발달을 사회 및 조직의 시각에서 이해할 수 있게 해준다. 역할(role)은 특정사회의 특정한 지위를 갖고 있는 개인이 타인에게 어떻게 행동해야 하는 것에 대한 기대 뿐 아니라 타인의 기대까지도 포함하고 있다. 따라서 역할은 기대되는 행동유형 뿐만 아니라 상호적 요구와 의미를 지니고 있다. 이에 따라 공동체 구성원의 감정, 정서, 지각 혹은 신념은 역할의 수행과 연관이 있다. 역할이론의 영역을 규정하는 것이 어려움에도 불구하고 전통적인 구조적 시각이나 유기체적인 시각에서 볼 때에, 가정 및 사회에서 각 지위마다 기대되는 역할은 분명히 있다. 따라서 가족치료의 분야에 있어서도 내면의 의식이 중요하기는 하나, 각 구성원의 역할에 대한 건강한 기능을 회복하는 것에 중점을 두어 체계에 개입하는 방식도 활용되고 있다. 다음 개략적으로 역할에 대한 학문적 분야에 따른 접근방식에 대하여 알아보자.

---

1) 역할이론(role theory)의 의미는 인간이 집단 속에서 수행하는 역할을 통해 설명하려는 이론으로 인간의 행동에 대한 내재적인 소질, 재능 등의 표현으로서보다는 사회적으로 기대되는 수행행동에 관련한 것이라고 할 수 있다. 따라서 역할이론은 인간행동을 사회구조와 연관하여 설명할 수 있는 것이기도 하다. 이러한 역할이론은 비들(B. J. Biddle)과 토머스(E. J. Thomas)에 의해 재정립되었다.

(1) 역할이론의 학문적 분야의 접근방식

첫째, 심리학의 개념에서의 역할은 개인의 각종 행위에 영향을 주는 사회적으로 부여된 역할의 성격에 관심을 둔다. 즉, 개인의 기대되는 행동은 조직 및 집단 혹은 사회적으로 부여된 지위에 따라 달라질 수 있음에 주목한 것이다. 이때 심리학에서 개인의 자아감각은 그가 담당하는 다양한 역할에 대한 내면화로 인하여 형성된다.

둘째, 사회심리학자의 개념에서 역할을 본다면 각 개인의 역할행위로 인하여 사회화되는 과정을 통하여 다양한 역할을 수행해야 하는 사회 및 조직에 의하여 개인에게 주어지는 규범적 역할로 인한 제재의 영향 및 상호 보완적 위치에 놓인 사람들 사이의 역할기대로 구조화된 행동양식과 사람들 사이의 상호작용의 방식들을 의미하며 이는 사회와 개인의 상호작용 속에 발견되는 양식이다. 최근 사회학의 관심은 개인에게 기대되는 역할과 일치하지 않는 외부의 시각 간의 불균형으로 인한 갈등의 발생과 중재와 같은 것에 사회 심리학적 관심이 높아지고 있다.

셋째, 사회학자의 개념에서 볼 때 역할은 사회의 구조나 문화에 의하여 형성되는 보다 거시적인 쟁점을 중심으로 적응과 일탈 및 조직의 통제와 같은 개념을 통하여 조직이나 집단이 개인이 보다 사회로부터 주어진 역할을 잘 감당할 수 있도록 동기부여하는 과정과 결과에 관심을 두는 경향이 있으며 이는 조직을 연구하는 행정이나 경영학 쪽에서도 보다 활발히 연구되었다.

역할이론이 가족치료 및 상담학에서는 어떻게 적용될 수 있을지 생각해보자.

가족 역시 미시적 조직의 하나로 가정 내에서 인지되는 범주 안에서 개인 간의 심리와 규범 및 경제적인 역할이 기대된다. 또한 가정 내에서도 보이지 않은 지위나 개인에 따른 성격과 역할이 있으며 이에 대한 것은 병리적인 역할부터 건강하고 창조적인 역할까지 가족의 체계 안에서 다양하게 존재한다.

가족 내의 역할은 사회의 통념 속에 심어지기도 하며, 예를 들어 여자, 남자와 같은 성별지위, 연령별 지위 등이 있으며, 가족신화로 인한 가족 내에서 형성된 가족의 규범적 지위도 있다. 이처럼 가족은 사회의 기본 단위로서 사회화의 기초를 형성하며 기능하고 있다. 따라서 건강한 가족은 가족의 구성원에 대한 성취적 지위를 서로 지지하고 현실과 이상을 적절히 조화시켜 나가는 가족이라 할 수 있다. 또한 일시적으로 가족의 한 구성원이 그 역할을 다하지 못하더라도 응집력있게 어려움을 이겨나가기도 한다.

(2) 역할과 관련한 용어

역할과 관련한 개념에는 무엇이 있을까? 첫째, 역할의 상보성이 있다. 역할의 상보성이란 대인관계 체계에서 역할 행위와 타인의 역할 기대가 조화를 이룰 때 나타나며 상호의 행위가 서로 잘 맞고 상대의 욕구를 상호 완성시키는 상태라고 할 수 있다. 따라서 역할의 상보성은 상호 만족스러운 역할관계가 되기도 하지만 상보성의 부족이 일어날 때에는 불만족스러운 관계로 사람 간의 스트레스를 유발할 수 있다. 이를 역할갈등이라고 하며 이 개념은 역할을 수행하는 개인이 경험하는 것으로 양립할 수 없는 요구를 경험하는 경우 발생하며 내적으로만 경험될 수도 있고 대인관계에서 영향을 주면서 표출될 수도 있다. 그 밖에 역할 모호의 개념은 주어진 지위에 따라 적절한 역할 수행이 불분명하거나 불완전할 때 발생하게 된다. 반대로 복잡한 역할을 동시에 수행해야 하는 현대사회에서는 역할과중이 빈번히 발생하기도 한다. 한편 생애의 주기에 따라 퇴직 이후에 자녀의 양육을 마치는 경우 빈둥지 증후군과 함께 역할이 단절되는 경우도 있다. 따라서 개인의 인생주기에 따른 다양한 단계에 따라 개인의 역할은 달라질 수 있음을 알 수 있다. 한편 일탈적 역할은 각종 중독자, 정신이상자, 범죄자 등이 있을 수 있고 사회로부터 주어진 정체성을 부여받기도 한다.

(3) 역할이론의 치료 및 상담의 적용

역할이론의 접근방식은 사회적 요인을 보다 강조하며 현재의 갈등요인에 초점을 맞추고 있으므로 사회적 관계에 대한 의식적 측면을 강조한다는 측면에서 정신분석학의 이론과 다르다. 따라서 치료 및 상담에서는 인간의 무의식을 탐구하는 방식으로 접근되기보다는 구성원의 역할에 대하여 바람직한 행위에 대한 모델링, 강화와 같은 학습을 통하여 바람직한 역할에 대한 행동을 내면화하게 된다. 따라서 이러한 경우에는 학습에 대한 내면화와 그에 대한 동기 등을 다루게 되므로 행동주의적인 시각이나 반두라의 동기의 부여와 같은 방식이 활용될 수 있다. 즉, '행위의 목적 및 동기'를 인식과 감정과 조화를 이루며 내면화하는 것을 돕는다. 이에 대하여 가족치료 및 상담에서는 사람들 사이의 일상적 상호작용의 선순환적 측면을 돕고 집단 내에서 적절한 지위에 따른 역할을 감당하는 것에 관심이 있다고 할 것이다.

(4) 각종 상담 및 사정에 있어서 역할이론의 적용

개인의 사정으로는 다음과 같은 것이 적용될 수 있다. 예를 들면, 사회구조의 변화에 따라서 결혼 해체로 위기를 경험하고 역할변화로 인하여 고통을 받는 사람들이 증가하였으며 이로 인하여 한부모 가족이 증가하게 되었다. 둘째, 비전통적인 가족이 증가하였으며 그 다양성으로 인하여 각 가족의 유형에 따른 새로운 역할 행동의 학습이 필요하게 되었다. 이때 역할기대에 대한 충분한 지식과 역할행위의 수행이 어려운 경우에 가족 치료 및 상담에서는 앞으로 배우게 되는 다양한 이론 및 기법을 적용하여 이들에게 개입하게 된다. 그 방법은 매우 다양하며 클라이언트가 인지하지 못하는 다양한 영역을 탐색하고 올바른 역할을 수행하도록 도우며 한 사람의 문제를 개별적으로 접근하기보다는 가족이라는 전체성에 대하여 개입하게 된다.

이때 새로운 역할행위를 학습하기 위해서는 원조집단의 기법이 활용되는데 이는 역할 바꾸기를 통하여 타인의 관점에서 상황을 보고 공감을 높일 수 있도록 하거나 사이코 드라마를 통하여 내면의 감정을 분출하고 카타르시스를 경험하는 빈 의자 기법과 즉흥극, 일인극 등을 통하여 자신을 보는 다양한 방식을 적용할 수 있다. 그 밖에도 가족조각[2])을 이용하거나 거울기법, 기적질문 등을 통하여 가족의 올바른 역할을 인식하도록 한다.

(5) 치료자의 역할

심리치료자는 인간의 역기능적 역할에 대하여 상호 교환적 본질에 초점을 두고 개입한다. 또한 정해진 역할 외에도 가족구성원들이 은근히 혹은 명백하게 '비합리적 역할'이 요구되지는 않는지 살펴볼 필요가 있다. 이것은 비합리적이며 역기능적인 현상으로 흔히 발생하게 되는데, 집단의 구성원 중 한 명이 '희생양'이라는 증상으로 나타나게 된다. 이는 가족 내의 갈등을 무의식적으로 해소하려는 시도이기도 하다. 따라서 가족치료자들은 전문적인 방법 및 전략을 통해 가족구성원의 희생으로 안정이 유지되는 역기능적 가족관계에서 불합리한 관계의 결탁이나 삼각관계를 분화시키는 작업을 하게 된다.

역할이론은 클라이언트로 하여금 그들의 행위가 대인관계 뿐 아니라 자신의 내면화에 대한 정체성에 대한 시사점을 제공하고 있다. 또한 자기주장훈련을 통하여 공격적 행동을 수정할 수 있는데, 즉 공격적 행동은 타인에게 불안을 느끼는 경우에 발생하는 경우가 많으므로 자기의 견해를 솔직하고 부드럽게 강조할 수 있는 바람직한 능력을 함양하는 것이 필요하다. 즉, 불안해하지 않고 정서를 표현하며

2) 조각기법이란 공간적 은유의 방식으로 일정한 시점에서의 인간관계 및 타인에 대한 느낌이나 감정을 동작을 이용하여 표현하는 비언어적인 기법이다. 가족구성원의 한 명이 신체적 표현을 통하여 가족관계를 동작표현으로 나타내며 자세나 표정을 사용하여 특정한 대인관계에 관하여 인식하는 감정을 나타낸다. 이때에 웃거나 말을 하지 않도록 함으로써 감정을 왜곡하지 않는 것을 규칙으로 한다.

사회적으로 수용되는 방식으로 자신의 권리와 정서를 표현하는 훈련을 가족 치료사가 모델링을 통하여 전수할 수 있다.

2) 생활모델

생활모델은 기터맨과 저매인(Gitterman & Germain, 1996)에 의하여 언급되었다. 가족상담학의 실천가들이 노숙자, 약물중독, 만성 인격장애, 아동학대 및 가정폭력 등에 직면하였을 무렵, 생활모델[3)]은 다음의 4가지 주요 영역에 대한 정교화를 통하여 심각한 사회문제에 대응하고자 하였다(Germain & Gitterman, 1996).

첫째, 억압에 적절하게 대처하기 위해 실천가는 직접적 실천 뿐 아니라 지역사회, 조직 및 입법과정에 영향을 미치며 변화를 가져올 수 있는 능력을 개발해야만 한다. 둘째, 실천가는 사람들의 다양한 욕구에 효과적으로 대응하기 위해 특정 상황의 시작과 진행의 각 단계에 개입해야 한다. 셋째, 사람들은 억압과 희생양이 되는 것에 관해 다양한 방법으로 대처하는 것이 필요하다. 이때 사람들의 대처방식, 강점 및 저항력을 이해하면서 지지해야 한다. 넷째, 실천가는 사람들의 다양한 배경에 민감하여야 한다.

이를 위하여 사회 및 정서적 발달과정이 순차적이며 공통적인 단계로서의 전통적 생활주기의 모델 대신에 '생활과정'의 모델을 제시하고 있다. 이와 같은 모델의 특징은 생태체계적 관점에서 개발한 실천모델로 다양한 수준에서의 연구와 개입을 활용하므로 각 수준에서의 임파워먼트의 전문화된 사정과 개입방법들이 생활모델의 범주에 통합되고 있다. 생활모델의 목적은 인간에게 주어진 적응능력을 향상

3) '생활모델'이라는 용어는 실천은 생활 자체를 토대로 하여 그 모델이 이루어져야 한다고 제시한 Bandler로부터 영감을 얻은 것이다(Bandler, 1936).

시키고 환경 내에서 기능하고 있는 모든 인간들을 위해서 환경을 개선하고 인간과 환경 간의 상호성을 증진시키는 것을 지향하고 있다. 즉, 사람과 환경을 통합적으로 보는 가운데 인간이 가지고 있는 성장 가능성과 창조적 적응능력을 개발하고 이에 대한 환경적 장애요인을 제거하여 개인과 환경의 두 가지를 모두 변화시키는 것을 지향한다. 이때 실천가는 클라이언트를 상호 교류하는 동등한 위치의 관계로 보고 클라이언트의 의사결정과 자율성을 존중하며 다양한 기술을 활용하게 된다.

(1) 인간 생태학의 개념 적용

생태학의 핵심개념은 유기체가 환경과 적응적 균형을 이루는 과정을 강조하면서 순환적이며 적응적인 관점을 가지고 있다. 이러한 생태학이론은 생활모델의 실천에 이론적 기초가 된다. 따라서 개인과 환경 간의 적합성을 중요시 하는데 생활과정을 통하여 개인이 처한 환경과의 적합성을 향상시켜 개인이 처한 환경과 상호 간의 조화와 적응력을 향상시키고 긍정적 에너지의 교환을 통해 개인이 갖고 있는 잠재력을 발휘하도록 한다. 그러나 반대로 억압적인 사회환경에서는 개인의 기능손상과 해체 등의 현상이 일어날 수 있으므로 이에 대한 개입이 필요하다. 그러므로 유해한 환경에 대처하기 위해서 때로는 환경에 대항하고 임파워먼트 하여 내적 힘을 기르고 개인과 환경 간의 건강한 상호적 교류가 이루어질 수 있는 방안을 모색하여야 한다.

(2) 생태학 속의 개인, 가족, 집단

생태학 속에서 개인, 가족 및 집단은 생활과정을 거치면서 고유한 발달과정을 경험하게 된다. 그 안에는 적응적 상황과 스트레스적 상황이 있는데, 스트레스 상황은 생활과정 속에서 발생하게 된다. 생활 스트레스는 인간의 삶을 통해서 발생할 수 있는데, 실직, 이혼이나 별거, 죽음, 질병, 대인 및 노사 갈등 등으로 발생하게 되며 집단 뿐 아니라 개인에 대한 욕구의 충돌을 야기하게 된다. 이때 개인은 스트레스 요인을 이겨나가는 자원이 있는 경우에는 위협으로 느끼지 않으나 스트레스 요인에 대한 대처에 대하여 문제해결 기술, 신념체계, 자존감 등이나 사회적 지지 등이 취약한 경우에는 생리 및 정서적 긴장감이 극대화될 수 있다. 따라서 생활모델에 기반한 전문적 실천에는 다음과 같은 것이 있다.

① 사정

실천가는 접근방식에서 개인 및 환경 영역에서 개입을 시작하게 되는데 목적과 과업의 실천, 방법 및 시간의 선택, 초점이 되는 생활 스트레스 요인 등에 관하여 결정을 내려야 한다. 이를 위한 조직화에는 생활 스트레스 요인의 정확한 파악과 이를 조직화하고 대응할 수 있는 능력을 배양하도록 돕는다. 이를 위한 첫 단계로 문제정의의 단계가 있는데, 이 단계를 통해 개인과 환경 간의 교환관계를 살펴본다. 문제의 정의는 문제의 대응에 대한 전적인 단서를 제공하게 되며 제공되는 서비스는 클라이언트의 욕구가 고려되어야 한다. 그런데 가족이나 집단의 내부의 관계나 의사소통 유형의 문제는 기존의 스트레스를 심화시키는 요인이 되므로 역기능적 가족의 동맹관계, 희생양, 적대감이나 철회 등의 행동패턴을 잘 관찰하여 개인 및 집단이 환경에 잘 적응할 수 있도록 하는 것이 중요하다. 따라서 생활모델의 다음과 같은 특성이 활용될 수 있다. 첫째, 사정과정에서 클라이언트의 참여를 이끌어 내어 상호이해를 촉진시킨다. 둘째, 개인과 환경 간의 교환의 특성과 개인의 욕구가 환경적 자원 사이에서 적합성 수준을 유지하는지에 대하여 살펴보는 것이 사정의 핵심이다. 셋째, 클라이언트에 대한 다양한 정보를 조직화하고 사정에 생활스트레스 요인인 쉐마[4]를 이해한다. 넷째, 매 순간 이루어지는 사정의 중요성을 강조한다.

4) 생의 일대기의 충격적 사건이나 트라우마로 자리할 수 있는 일련의 사건들

② 직접적 실천수준

직접적 실천에 있어서 생활모델에서 정의하는 전문적 기능의 정의는 사람들이 지각하는 욕구, 능력 및 환경적 지지와 자원 간의 적합수준을 향상시키는 것이다. 이를 위하여 가족치료사는 효과적인 개인의 상황 평가와 행동기술의 습득을 통해 가족 내 스트레스의 요인을 다룰 수 있도록 하고 개인적이나 집단적인 능력을 향상시킨다. 이를 통하여 개인과 환경 간 교환의 질을 향상시키며 개인의 지각, 인지, 감정, 행동이 변화할 수 있도록 자원에의 접근 및 자신의 삶에 대한 통제력을 향상시키는 것을 돕는다.

③ 지역사회, 조직 및 정치적 수준

생활모델에서 전문적 기능의 실천은 지역사회와 조직 및 정치적 수준과 연관되어야 한다. 따라서 생활모델의 실천에서 전문적 기능에는 지역사회 자원을 동원하기와 적절한 정책과 서비스 개발에 있어서 조직에 영향력 행사하기 및 지방과 정부의 법과 규정에 관하여 자원 활용하기 등의 활동이 포함된다.

④ 가족 상담 및 치료의 위기개입

삶에 있어서 스트레스가 극심한 사건들(stressful life events)은 위기의 촉발을 일으키며 이러한 위기사건은 외상적(traumatic)인 경험으로 이어지거나 역기능적 행동, 사회적 기능의 손상 및 정서장애의 주요 요인이 될 수 있다. 위기의 상황에 대한 성공적 대처는 자존감의 향상과 대처능력의 경험이 될 수 있으나 그렇지 않은 경우에는 부정적인 후유증을 남기게 된다. 따라서 가족 상담 및 치료의 목적은 가족의 구성원이 위기를 극복하는 과정을 원조할 뿐 아니라 위기의 상황에 대하여 부정적 결과를 예방하기 위해 환경적 원조를 통하여 자원 및 정보 등을 제공하도록 한다. 위기의 촉발요인은 다음과 같으며 이러한 양상이 위기를 촉발시키게 된다.

첫째, 상황적 위기는 심각한 질병이나, 외상, 사랑하는 사람과의 이별, 자연재해나 인재, 범죄 등 갑자기 발생하는 외부사건으로부터 위기가 발생할 수 있다. 둘째, 발달적 위기로 발달단계에서 예를 들면 청소년의 성숙과정이나 결혼, 자녀의 출생이나 노화와 같이 생활 사건의 발달단계에서 발달과업에 의하여 새로운 대처자원이 요구되는 경우에 위기가 발생할 수 있다. 셋째, 실존적 위기는 목적, 자유 및 독립성, 책임 등 인간에게 중요한 이슈를 동반하는 내적 갈등이나 불안이 있는 경우 발생할 수 있다.

가족 스트레스나 가족에 대한 개입은 세계대전 이후 발생한 가족 해체나 트라우마 등에 대하여 가족 상담과 치료의 필요성이 크게 대두되어 전쟁 이후의 이별이나 재결합을 경험할 수밖에 없는 가족에게 치료 및 심리적 개입이 본격화되었다. 위기는 개인의 스트레스의 지각 및 인내와 대처능력을 요구하며 이때 균형감각을 잃을 때 자아의 손상을 가져올 수 있으므로 심리, 사회, 물리적 영역에서 효과적인 대처가 필요하다. 특히 외상 후 스트레스장애[5]는 최근 정신건강영역에 있어서 중요하게 대두되었다. 외상형 스트레스는 단기간인 경우도 있으나 지속적으로 반복되는 경우도 있으며 이러한 경우에는 지각의 장애, 제한되고 분리된 정서, 약물남용과 같은 자기방어기제를 사용하게 되기도 한다. 위기반응은 위기를 해결하고자 하는 보편적 단계이나 위기는 반드시 부적응과 같은 부정적 결과를 가져오는 것은

---

5) 외상 후 스트레스장애(PTSD : Post-Traumatic Stress Disorder)는 DSM-IV의 정의에 따르면 외상 후 장애는 죽음, 심각한 상해나 신체적 위협, 특정 사건의 목격, 가족이나 가까운 사람의 외상 경험을 포함한 개인적 경험으로 극도의 외상적 스트레스에 노출됨에 따라 생기는 특징적인 증상이 발생하는 시기는 개인에 따라 다르나 충격 후 나타날 수 있다. 증상이 1개월 이상 지속되는 경우에 외상 후 스트레스장애라고 하며 지속빈도(1개월)와 지속기간(2~3개월)에 따라 급성 외상 후 스트레스로 나타나기도 하며, 환경에 대한 지각의 감소, 현실감 상실, 해리적 기억상실, 사건에 대한 지속적 재경험, 극심한 불안, 이인화 증상 등이 3이상 나타난다면 이는 급성 외상후 스트레스로 분류된다.

아니고 성장과 발전의 기회가 되기도 한다. 또한 외상 후 스트레스장애는 17가지 증상의 특징을 가지고 있으며(DSM-IV, 1994), 3가지 영역으로 악몽이나 플래시 백과 같은 외상적 사건을 재경험하거나 회피와 마비 및 분리, 심한 각성으로 불면이나 과민신경증의 세 부분으로 구분된다. 따라서 가족 치료와 상담에서는 이러한 장애에 대하여 최면이나, 사이코 드라마 등의 다양한 방법을 활용하여 개입하게 되며 다른 가족구성원의 지지도 절대적으로 필요하다.

가족 상담가는 위기의 개입에 있어서 개인의 고통이나 무기력감을 감소시키고 지지자원을 활성화하기 위하여 심리 · 교육 · 환경적 개입 및 약물요법을 활용하기도 한다. 이때 문제해결모델과 위기개입모델과의 차이점으로 문제해결모델은 일상적인 상황을 통하여 클라이언트의 문제해결 능력이나 기능을 회복시키고자 하는 것이며, 위기개입모델은 일상적이기보다 급격한 위기적 상황에서 일어난 사건에 대하여 클라이언트의 균형상태를 비교적 단기간 적시에 개입하고자 하는 것으로 다음과 같은 단계를 거친다.

첫째, 사정단계로는 위기사건에 대한 인식과 대처에 도움이 되는 자원의 탐색 그리고 유사사례에 대한 대처방식이 있다. 둘째, 계획단계로는 손상 정도와 일상생활의 회복 가능성에 대한 개입계획, 문제해결을 위한 탐색과 대처전략을 세우기 위하여 클라이언트와 관계를 형성하고 위기의 실체 여부와 위기상황을 파악한 이후에 이에 대한 대처계획을 세운다. 셋째, 개입의 단계는 위기사건에 대한 객관적인 이해를 돕고 상처에 대한 감정표현을 도우며 대처방식의 유용성 및 활동의 성과 점검과 지지의 단계이다. 따라서 문제해결을 위해 계획된 과업을 확인하고 실행 및 수정하며 새로운 대처방안을 학습하게 된다. 마지막 종결단계에서는 새로운 자원과의 결속 강화와 개발된 대처유형의 성취의 확인을 통한 평가 및 추수상담(사후관리)을 실시한다.

이와 같은 과정은 내담자의 능력개발과 사회적 적응력과 성장에 초점을 두는 것이다.

3 반두라의 사회학습 이론

반두라(A. Bandura)는 인간행동의 주원인이 환경의 자극이라고 주장하며 관찰 가능한 행동에 초점을 두고 과학적 연구를 통해 인간의 학습적인 중요한 본성을 설명할 수 있다고 보았다. 또한 인간행동은 변할 수 있다고 보았다. 반두라는 인간의 능동성을 기반으로 한 행동적인 측면을 강조하였다. 그러나 행동주의에 국한하지 않고 인간은 누군가의 강화계획에 따라 움직이는 것이 아니라 스스로 관찰학습, 대리학습, 모방, 모델링 등을 통해 보다 나은 행동을 할 수 있어 자기효능감과 자기효율성을 토대로 성장하는 존재라고 보았다.

반두라의 새로운 행동을 학습하는 과정에서 '인지'의 역할을 다른 기능보다 강조하였고 인지학습이론(사회학습이론)의 특징은 스키너나 파브르의 이론으로부터 보다 확장된 것이라 할 수 있다.

1) 반두라의 성격이론

반두라는 전통적 행동주의 관점에 인지적 접근을 추가하여 자아효능감의 형성을 통한 행동이 내적 과정과 환경적 영향 간의 복잡한 상호작용의 결과로 발생된다고 주장하면서 행동의 실제적 원인으로서 인지적 역할의 중요성을 매우 강조하였다. 즉, 인간의 모방과 대리학습의 영역은 인지를 통한 관찰학습과 수행 간에 있어서 매우 중요하다고 본 것이다. 이때 자기효능감이란 성공, 문제해결, 적응을 위해 필요한 주요 심리적 변인이라고 주장하였다. 그에 대한 주요 상담에 활용되는 인간의 능력은 다음과 같은 것들이 있음을 주장하였다.

내담자는 다음과 같은 모방 · 인지 · 자기조정을 통하여 원한다면 스스로 변화할 수 있는 존재임을 상담자가 인식하는 것이 중요하다.

(1) 모방

인간은 다른 사람이 행동한 것을 관찰하고 그 행동을 따라하는 것이 인지적 활동을 통해서 형성되며 공격 행동, 이타 행동, 불쾌감을 주는 행동, 사회적으로 용인된 행동 등은 인간이 타인의 행동을 주로 보고 학습하는 경향이 있음을 발견하였다.

(2) 인지

학습된 반응을 수행할 의지는 인지의 통제 아래 있으므로 사회적 학습은 인지적 학습이라고 할 수 있다. 인간은 심상, 사고, 계획 등을 할 수 있는 사고하고 인식하는 존재이므로 장래를 계획하고 내적 표준에 근거해서 자신의 행동을 조정하며 모델의 향방을 보고 자신의 행동결과를 예측할 수 있다.

(3) 자기조정

자기조정의 과정은 수행과정, 판단과정, 자기반응과정으로 구성되어 성과를 평가하는 기준에 따라 자기평가적 반응과 관계가 있는데 활동의 가치는 자기조정 판단요소 중 하나로 중요한 기제라고 주장하였다. 사람들은 자신에게 중요한 타인들이 자기 행동에 부과한 보상과 처벌을 통해 학습한 내적 기준에 따라 활동의 가치를 판단하게 된다는 것이다.

(4) 자기강화와 자기효능감

자기강화는 자신에게 스스로 자신이 통제할 수 있는 보상을 주는 것으로 자기 행동을 유지하거나 바꾸는 과정에서 자기효율성은 어떤 행동을 잘 수행할 수 있다는 개인적인 믿음과 개인의 신념으로 할 수 있다는 효능감을 형성한다.

자아효능감

자아효능감은 자신이 바라는 목적을 위해 특정 행동을 성공적으로 수행할 수 있다는 개인적 신념이다. 이때 자아존중감은 자기가치에 대한 판단을 포함하지만 자기효능감은 개인의 능력이나 수행에 대한 판단을 수반한다. 반두라는 인간은 바로 자기효능감에 의해 스스로 행동을 수행하며, 자기효능감 평가가 자아존중감을 형성하며 상호 영향을 주면서 동기의 수준에 강력한 영향을 발휘한다고 믿었다

자아효능감의 요인

자아효능감의 요인으로는 성취경험으로 목표를 달성하기 위하여 시도한 결과, 성공, 실패를 얼마나 했느냐에 따라 자기효능감이 달라진다고 보았다. 이에는 대리경험으로 타인의 성공, 실패를 목격했느냐에 따라 달라진다. 또한 언어적 설득으로 타인으로부터 무엇인가를 잘 해낼 수 있는지 아니면 잘 해낼 수 없는지에 대해 간접적으로 경험하는 것은 자기효능감을 증가, 감소시킬 수 있다고 보았다. 그 밖에 정서적 각성으로 불안, 좌절 등과 같은 정서적 반응을 적절히 조절하는 정도와 질에 영향을 받게 된다.

(5) 모델링

반두라의 중요한 개념 중에서 대부분의 인간행동은 모델에 의해서 관찰학습이 가능하다는 것이다. 사람들은 실제행동을 하기 이전에 본보기를 모델 삼아서 행동하는 방법을 배우기 때문에 불필요한 시행착오를 범하지 않는다. 또한 사회적으로 용인되거나 인정받는 행동을 간접적으로 경험한다. 그렇기 때문에 관찰학습에는 관찰할 대상인 모델이 필요하다. 대상이 없을 때는 대리경험을 관찰할 수가 없기 때문이다. 그러므로 모델링은 행동을 형성하는 강력한 수단이다. 모델 제시의 효과는 관찰자가 이전 학습한 행동의 억제를 강화시키거나 약화시키는 것에 작용한

다. 이때 모델의 성별 또는 연령 등에서 관찰자와 비슷할 때, 존경을 받을 때, 지위가 높을 때, 매력적일 때 특히 청소년기에 모델링은 더욱 활발하게 일어난다.

2) 반두라 이론의 특징

반두라의 이론은 자극, 반응이라는 유형을 넘어서서 인간의 복합적인 사회적 상호작용의 중요성을 모방과 효능감 등을 통하여 설명하였다. 따라서 상담에 적용할 시 사정과정에는 스키너의 행동적 평가를 포함할 뿐 아니라 사건의 목적, 동기, 의미에 대한 개인의 인지와 사고나 신념을 포함하고 있다는 측면이 다른 행동주의 이론과 다른 차이이며 인간을 낙관적으로 바라보며, 과거보다는 '여기 그리고 지금', 또는 미래를 강조한다는 점에서 현상학과 맞닿는 부분이 있다.

(1) 특징

인간의 행동은 개인과 사회 안에서의 행동에 있어서 환경의 상호작용을 기반으로 발달한다는 상호결정론을 주장한다. 사회학습이란 인간은 어떤 모델의 행동을 관찰하고 모방함으로써 학습하게 되며 습관화된다는 것이다.

(2) 모델링

모델링을 통한 관찰학습과 모방학습을 강조하며 학습은 모델의 행동을 모방하거나 대리적 조건형성을 통해 이루어지므로 상담에 있어서 올바른 행동에 대한 모델링과 시연이 적용되었다.

모델링은 행동이론에 기반하여 학습능력에 초점을 두고 있다.

(3) 주요 개념

주요 개념으로는 모방(Imitation) 또는 모델링(Modeling)이 있는데 이것은 다른 사람이 행동하는 것을 보고 들으며 그 행동을 모방하는 것이며 이러한 과정은 인지적인 사회적 학습을 통하여 이루어진다. 또한 그는 자기강화, 자기효율성, 자기조절의 개념을 강조하였다.

① 자기강화(Self-reinforcement) : 인간 자신이 통제할 수 있는 보상을 스스로에게 주어 자신의 행동을 유지하거나 변화하도록 하는 기제이다.

② 자기효율성 또는 자기효능감(Self-efficacy) : 인간이 어떤 행동을 성공적으로 수행할 수 있다는 신념이다. 자기효능감에 영향을 미치는 요인으로는 성취경험이 중요한데 실제적 성취경험은 자기효율성의 가장 강력한 요인이다. 그 밖에 대리경험 혹은 대리학습은 관찰학습으로 다른 사람의 수행에 대한 정보 수집을 통하여 효능감을 증대시키기도 한다. 그 밖의 다른 사람의 칭찬이나 확신을 주는 말로 언어적 설득이 있다.

③ 자기조절(Self-regulation) : 인간이 수행과정, 판단과정, 자기반응과정을 통해 자신의 행동을 스스로 평가하며 조절할 수 있다는 것이다.

4 로저스의 현상학적 이론

칼 로저스(Carl Rogers)의 현상학적 이론은 인간의 주관적 경험(현상학적 장)의 이론을 통하여 자기를 강조는 자기이론이라고도 하고 구성주의에 영향을 주기도 하였다. 인간은 삶을 통하여 경험과 자기가 일치되는 삶을 완전하게 기능하는 창조적인 삶을 사는 긍정적인 존재로 정의하였다. 인간은 긍정적인 관심을 통해 무조건적인 수용으로 개인의 존엄성과 가치를 받아들이는 것이 중요하다고 보았다. 현상학 이론의 특징과 완전하게 기능하는 사람의 특성으로 개방, 실존, 신뢰, 창조, 자유의 개념이 중요하다.

로저스는 현재의 모습안에 감추어진 인간의 성장욕구를 경청의 방법으로 조심스럽게 이끌어가는데, 그 안에는 인간 내면의 잠재능력에 초점을 두고 있다.

1) 주요 개념

(1) 현상학

인간의 경험적인 세계 또는 주관적인 경험을 의미한다. 인간은 과거사건 그 자체가 아니라, 과거 경험에 관해 과거의 사건보다는 현재 어떻게 해석하는지가 바로 현재의 행동을 결정한다고 보았다. 따라서 어떤 사람을 이해하기 위해서는 그가 자신의 길과 현실에 대하여 어떻게 체험하고 있는지 알아야 한다.

(2) 자기

인간은 현재 자신이 어떤 사람인지에 대한 개념, 자신의 자아상을 의미하는 '현재의 나'라는 존재를 인식하는 것, 내가 할 수 있는 것의 기능을 인식하는 것을 포함하여 스스로 생각하는 지기의 인식을 중요하게 보았다. 따라서 인간은 자기의 행동에 대해 타인이 어떻게 반응하는지 지각하면서 삶에 있어서 일관성 있는 자아상을 만들어 나간다. 이러한 자기개념은 현재 자기 모습 뿐만 아니라 이상적 자기까지 포함하며 성장하게 된다.

(3) 자기실현

모든 인간은 생물학적 잠재능력을 성취하는 것 뿐만 아니라 심리적인 잠재능력도 실현해야 하는 존재로 강점과 긍정성을 가지고 창조를 실현해 나갈 수 있는 전인적이면서 완전한 존재라는 기본 개념을 가지고 있다. 이를 위한 인간의 성향으로 다음과 같은 것을 설명한다.

상담자는 상담을 통해 내담자가 원하는 모습과 어떻게 하면 이에 도달할 수 있는가 하는 문제를 함께 탐색하게 된다.

■ 인간은 성장하기 위하여 끊임없이 노력하는 존재이다.

"충분히 기능하는 사람(fully functioning person)"의 특성은 다음과 같다. 즉, 인간은 현재 진행되는 자신의 자아를 완전히 자각할 수 있는 사람이다. 로저스는 "충분히 기능하는 사람은 심리적 적응, 심리적 성숙, 완전한 일치, 경험에 개방되어 있는 사람이라고 보았다. 이러한 사람의 특성은 과정 지향적이며 성취지향적이나 실패로 인하여 성장이 단절되지 않는다. 즉, 충분히 기능하는 사람은 계속적으로 변화하는 사람으로 과정 중에 있는 사람이다."라고 언급하였다.

■ 충분히 기능하는 사람의 특성

충분히 기능하는 사람의 특성을 정리하면 다음과 같다. 즉, 삶을 통한 경험을 개방하는 사람으로 그 자신의 목소리에 귀를 기울이며 내면의 목소리를 들을 수 있으며, 자신의 내부에서 무엇이 일어나고 있는가를 경험할 수 있다. 또한 감정에 민감하지만 충분하게 합리적으로 자신의 감정을 인식하며 상황에 적절하게 반응한다. 이러한 사람은 실존적이며 유기체적인 경험을 통하여 선택하며 창조적인 삶을 살게 된다.

① 실존적인 삶은 인간이 존재에 대하여 매 순간을 충분히 만끽하며 사는 것을 의미한다.

② 자신의 유기체적 경험은 인간으로 자신이 해야 할 것과 하지 말아야 할 것을 결정하는 능동적인 존재라는 것이다.

③ 창조적 존재라는 것은 자신이 존재하는 모든 영역에서 창의적인 자세와 삶에 대하여 스스로 인식하고 표현한다는 것을 의미한다.

④ 선택의 자유란 인간이 삶에 대해 통제하며 일시적인 생각이나 환경, 사건들에 의해 결정되는 것이 아니라 자기 자신의 선택에 달려있다고 믿는 것이다.

(4) 주관적 경험과 그에 따른 행동

인간이 경험과 인간의 행동 간의 관계를 이해하는 것은 칼 로저스의 현상학적 이론의 바탕이 되는 중요한 주제이다. 이는 인간의 행위를 지배하는 것은 자극상황에 대한 주관적인 해석과 그것에 대한 개인적 의미가 중요하므로 상담에 있어서 경청의 과정은 매우 중요하다. 어느 누구도 자기의 현실을 타인에게 강요할 권리를 가지고 있지 않으며 상대방의 마음안에 있는 완벽성과 인지를 이끌어내는 역할을 상담가가 담당하게 된다.

(5) 칼 로저스의 무조건적인 긍정적 관심

칼 로저스는 인간에 대하여 조건 없이 있는 그대로 수용하거나 존경하는 것을 중요하게 보아 어떤 경우에서든지 주어지는 진실된 사랑과 존중이 중요하며 이러한 것이 참 만남을 형성한다고 보았다. 인간이 그 존재 자체로서, 귀중한 한 인간으로서 평가받고 사랑받고 있다는 것을 깨달을 그때 자신을 가치있는 존재로 판단하며, 자신의 욕구와 자아개념에 따라 행동하므로 최대한으로 기능하면서 성장할 수 있다.

2) 칼 로저스 이론의 평가

칼 로저스의 이론은 내담자를 중심으로 한 이론에 많은 영향을 미치며 이를 통하여 클라이언트 중심의 비지시적 치료방법과 치료기법에 영향을 미치게 되었다. 이는 현상학적 장을 통하여 선입견을 내려놓고 상대방의 존중에 대한 지평을 열었으며 오늘날 상담학에 많은 영향을 미치고 있다.

▣ 현상학적 성격이론의 적용

칼 로저스의 현상학적 이론은 개인의 존엄성과 가치, 자기결정권, 사회적 책임과 상호성을 강조하고 있다. 여기에서 치료적 관계를 통해서, 인간은 자기를 이해하고 성장할 수 있으며, 필요한 자원은 인간 스스로 이미 갖고 있다고 가정한다. 또한 진실성, 일관성, 클라이언트에 대한 무조건적인 긍정적 관심, 클라이언트의 세계관에 공감해야 한다는 현재 우리가 알고 있는 치료적 관계 원칙은 상담에 많은 기여했다. 특히 '지금 여기(here and now)'를 강조하므로 현상학적 성격이론이라고 하며 이에 따라 인간은 완전히 통합된 유기체로서 행동하기 때문에 전체론적 관점에서 접근해야 한다는 입장을 견지하고 있고 인간의 의식과 자아인식이 격을 설명한다고 보았다. 행동을 이해하기 위해서는 경청을 통해 개인의 내적 준거 틀의 이해가 필요하다는 것이다. 나아가 인간 본성의 핵심이 근본적으로 합목적적이고 전진적이며 건설적이고 현실적이며 신뢰할 수 있다고 칼 로저스는 주장하였다.

3) 칼 로저스 이론과 인간의 성장 그리고 생태체계이론의 적용

모든 사회 및 인간의 문제는 생태학적인 측면에서 이해될 수 있다. 가족학도 인간이 가진 문제는 그들을 둘러싸고 있는 환경적인 측면을 통한 통합적 접근이 중요하다. 즉, 생태학적 환경의 미시 및 중간 체계의 이해는 중요하며 이는 각종 가족복지프로그램이나 각종 개입방안의 접근에 있어서, 문제에만 국한하여 접근할 것이 아니며 '생태학적 체계에서의 접근방법'이 선행되어 고려되어야 함을 의미한다. 사회복지실천의 목적은 "개인과 환경 간의 상호작용의 증진을 통해서 사회구성원 모두의 삶의 질을 향상시키는 것"이라고 하였다(엄명용, 2009).[6] 이것은 개개인의 입장 뿐 아니라 환경의 구조적인 문제를 함께 고려하고자 하는 움직임에서 비롯된 것이다. 그리고 이것은 기존의 개인적 수준의 문제를 다원화 차원에서 인식하고자 하는 움직임으로 개인의 문제를 '사회와 인간 양자 간의 상호관계성'에 주목하여 접근하는 것이다. 상호주의 접근은 인간 상호작용과 개인의 역동성에 있어, 환경을 고려하여 주목하는 것이다. 즉, "문제의 원인을 사정하고 문제해결을 시도하려고 할 때 문제해결방안을 개인적인 변화에서만 찾을 것이 아니라 그 개인의 문제에 영향을 미치는 주변 사회환경의 변화 또는 개선에서도 찾아야 한다는 것"을 강조하는 개념이다(엄명용, 2009). 이것은 가족의 개념도 포함되는 것이다. 따라서 인간이 가지는 문제의 다양성과 개입방법을 통한 변화양식의 역동성 및 문제는 가족을 포함한 생태학적 차원에서 바라보아 환경과 조화되는 모습을 지향해 나갈 수 있다.

(1) 인간과 임파워먼트-창조적인 인간관

이에 대하여 Judith Lee는 개인의 역량강화의 개념으로 임파워먼트 접근 역시 전문적인 목적이 '인간과 환경의 두 측면 모두에 관심을 갖는 것'이라고 하였다(Judith, 2001).[7] 이것은 현대사회에서 문제시되는 다양한 문제가 개인적 문제로만이 아니라 생태학적인 고려 및 상호작용으로 바라보아야 한다는 것이다. 이것은 엄명

6) 엄명용, 김성천, 오혜경, 윤혜미(2009). 사회복지실천의 이해. 학지사. 155-189.

7) Lee, Judith.(2001). *The Empowerment Approach to Social Work Practice-Building beloved Community*. Columbia University Press 2nd edition. 1-48.

용(2009)의 생태체계적 이론에서 언급된 환경에 대한 관점으로 본다면 생태체계를 미시와 중간 및 거시체계로 분류할 수 있으며 인간의 심리와 행동을 이해하는 것에 앞서서, 인간에게 영향을 미치고 있는 생태체계적인 요소에 대한 영향력을 고려하는 것이 중요하게 고려되어야 한다는 의식에서 출발하였다.

(2) 체계

체계란 결국 인간을 포함하여 근본적으로 상호 새로운 특성을 지니는 구성을 형성하는 방식으로 서로 연관되어 전체를 구성하는 요소 간의 집합체이다. 그것은 사회적 체계로 상호 연관되고 한 부분의 변화는 모든 체계에 영향을 주는 방식으로 상호의존적인 구성단위로 경계가 유지되는 단위이다.[8] 이때 개방되고 투과성 높은 경계는 체계로의 에너지 흐름을 좀 더 용이하게 한다. 또한 체계의 활력을 위해 환경과의 상호교환은 중요하다. 한편 체계이론에서와 같이 생태학에 있어서도 피드백은 중요한데 피드백은 각 구성원의 반응이 다른 사람의 행동에 영향을 주는 것으로 이러한 피드백의 고리는 구성원 간의 말과 행동 등에 영향을 미친다.

(3) 생태체계학

생태학과 체계학의 합성어인 생태체계학은 체계적 관점과 생태적 관점이 합성어로 사용되는 용어라고 할 수 있다. 생태학은 유기체와 환경 상호 간의 관계를 연구하며, 환경과 유기체가 상호 균형을 이루며 성장하는 과정 자체를 중요하게 간주한다. 이에 대하여 엄명용(2009)은 인간과 인간의 주변 환경 간의 상호작용 또는 역동적 교류와 적응에 초점을 두어, 개인과 환경은 특정상황 속에 양자가 끊임

8) 가족은 세대, 젠더, 관심 혹은 역할과 기능에 의해 형성된 하위단위를 가지고 있음을 알 수 있다. 가족 내에서 가장 지속적인 하위체계는 부부(가장 기본적인 하위체계), 부모-자녀, 그리고 형제자매의 하위체계로 구성될 수 있다.

없이 영향을 주고받는 관계적인 측면에서 관찰되고 파악되어야만 충분히 이해될 수 있다고 하였다. 그리고 Zimmerman(1990)[9]은 '인간을 환경 안에서의 개념'으로 보고 있으며, '생태학적이며 문화적인 영향' 등이 고려되어야 한다고 하였다. 인간과 가족은 '환경속의 인간'이라는 개념으로 지역사회에서의 적극적인 참여와 사회정치학적 환경에 대한 이해를 포함한다고 보고 있다.

(4) 순환적 인과성

순환적 인과성 대 단선적 인과성의 개념을 비교해 보면, 체계 내에서는 각각의 행동들이 상호영향을 미치게 되는 상호순환적인 인과성을 지님을 알 수 있다. 즉, 한 가지 행동이 다른 행동에 영향을 미치는 경우는 단선적인 인과성이라고 할 수 있으며 이들의 원인과 결과가 상호 순환되는 경우에 이를 순환적 인과성이라고 할 수 있다. 체계 내에서는 다양한 요인들이 영향을 미치게 되는 원인이 되고 상호관계를 촉진하는 경우가 많으므로, 단선적인 인과관계의 논의는 의미가 없다. 따라서 현대사회의 인간의 상호 관련한 문제는 명백한 시작과 끝이 있기보다, 지속적인 순환이 있으므로 발생한 원인보다는 발생한 일에 대한 책임을 상호 측면에서 나누는 것이 중요하다.

결론적으로 여러 환경의 상호작용 뿐 아니라 미시체계에 일어나는 사건들은 다른 미시체계에서 발생하는 행동과 발달에 영향을 미친다. 그 밖의 외적 체계는 개인이 직접적인 관련은 없으나 개인에게 영향을 미치는 사회구조인 환경요인으로 가족의 외적인 직장, 이웃, 학교와 지역사회와의 관계, 각종 위원회, 대중매체나 기관 등이 포함되며 거시체계로 문화나 경제 등이 있다. 체계이론의 옹호자들은 이러한 체계이론이 어려운 목적에 적절하며 유용하게 쓰일 수 있다. 이에 대한 반

9) Zimmerman M. A.(1990). Toward Theory of Learned Hopefulness. *Journal of Research in Personality, 24*, 71-86.

론으로는 다양성으로 인하여, 자연과 사회세계 사이의 관계를 구체화하는 것 자체가 어렵다는 것에 있다.

(5) 환경 속의 인간

오늘날 체계이론은 사회의 역동을 설명하는 것에 유용하게 쓰이고 있다. 따라서 한 사람을 이해하고 효율적으로 지원하기 위해서는 그들의 행동에 영향을 미칠 수 있는 환경에 대한 이해가 필수적이다(홍봉선, 남미애, 2010). 그리고 모든 인간은 가정에서 태어나고 영향을 받으며 성장하므로, 성장기 삶의 제1차 사회화기관인 가정의 영향을 크게 받을 수 있다(홍봉선, 남미애, 2010). '가정생활건강'의 구성요인으로는 유대감, 시간공유, 의사소통, 위기대처능력이 있으며 이것은 인간의 성장과 문제에 영향을 미치고 있다. 이때 인간이 가지는 심리적 안녕감은 인간의 긍정적 발달에 주요한 지표로 작용하므로 그 자체로도 중요하다고 할 수 있으나, 이는 다른 결과에 공헌하게 되므로 더욱 중요하다(Park, 2004).[10]

(6) 심리적 안녕감과 위기대처

인간의 심리적 안녕은 중요한데, 일상생활의 사건에 사람들이 적응하면서 느끼는 정서로 환경의 자극이나 개인의 반응 사이의 상호작용의 결과로써 개인이 지각하는 총체적 감정이다(Ryff & Keyes, 1995).[11] 그 밖에는 경제 등의 문제가 있을 수 있다. 그런데 가정이란 공동의 주거, 경제적인 협력 및 생식 등의 특성을 갖는 사회조직으로, 초기 사회화의 바탕이 이루어지며 정서적인 안정과 인격의 기초가 형성되는 곳이다(김경아, 2002). 가정은 개인생활의 기초로 많은 시간을 보내는 곳이며

---

10) Park, N.(2004). The Role of Subjective Well-being in Positive Youth Development.

11) Ryff, C. D. & Keyes, C. L. M.(1995). The structure of psychological well-being revised. *Journal of Personality and Social Psychology, 69*, 719-727.

인생과 사회생활의 출발점이기도 하다. 인간의 각종 효능감의 경험은 성장기 가족으로부터 얻어질 수 있으며 가족의 건강은 개인의 심리적 건강과도 관련이 있다. 생태학적 차원에서 건강한 가정은, Pratt(1976)에 의하면 가족구성원들이 다양하고 규칙적인 상호작용을 하며 각 가족원에게 개별성과 자율성을 부여함으로써 문제상황에 적극적으로 대처할 수 있는 가족이다(김경아, 2002 재인용). 즉, 건강가정은 가족의 화목 및 서로에 대한 충실, 친근감 등을 질문하는 '가족유대감'과 가족단위의 여가생활과 공동의 관심사 및 함께 보내는 시간의 유익성, '시간공유' 및 상대방의 이야기에 경청하는 정도, 수용과 타협의 정도, 솔직성의 정도의 '의사소통' 및 위기문제에 당면한 상황에서의 태도, 인내심, 해결노력, 자원공유 등을 다루는 '위기대처능력'이 높다. 사회복지의 실천은 한 개인의 당사자에 대한 개입과 지원은 물론, 개인을 둘러싼 환경이 제대로 기능과 역할을 할 수 있도록 환경적 개입이 절대적으로 필요하다(홍봉선, 남미애, 2010). 이렇게 환경을 고려하는 가족복지의 실천은 궁극적으로는 환경 속에서 클라이언트의 자립을 도모하는 목적이 강조되면서 효과적인 잠재자원의 개발과 자원의 연계를 위한 네트워크 이론 등이 중시되어 활용되고 있다. 이러한 것을 칼 로저스의 전인적 인간관에 상호 영향을 주고받게 된다.

CHAPTER

5

상담과 가족의 이해

1 다양한 가족문제 발생의 원인

가족의 건강성은 매우 중요한 개념이다. 그러나 가족이 건강함을 유지하지 못했을 경우에 문제의 발생배경은 다양하다.

첫째, 인구사회학적인 구조적 가족문제로 결손가족이나 가족의 구성원상의 문제가 발생하는 경우에 구조적으로 가족의 문제가 발생할 수 있다. 둘째, 기능적인 시각에서 볼 때 부부체계, 부모자녀관계, 형제관계 등으로 인하여 가족의 문제가 발생할 수 있다. 셋째, 사회환경적인 가족의 문제로는 신빈곤 문제로 워킹푸어(working poor) 혹은 신빈곤의 문제가 일어날 수 있으며 사회적 분위기에 따라 교육적 가치관의 문제로 인한 가족 내 갈등이 발생될 수도 있다. 특히 이상성격이나 중독 및 경제적 문제는 가족의 해체와 연결될 수 있으므로 이에 대한 세심한 가족복지학적인 개입이 필요하다. 그리고 상호작용주의적 관점에서는 가족의 가치관적 접근이나 의사소통의 역기능적 순환으로 인하여 갈등과 부정적 거부감 등이 고착화될 수 있다. 특히 한국은 급격한 산업화로 인하여 가부장적인 문화에서 여권신장의 문화로 이행함에 있어 부부역할 등에 갈등이 발생할 가능성이 높다. 즉, 여성의 경제활동 참여의 증가와 도시화 이후의 개인주의적 관점은 전통적 가족역할과 상충하는 부분이 있어 각종 가족문제에 대한 이해가 필요하다. 특히 이혼 등으로 인한 결손가정의 증가 문제에 따른 가족구성원의 심리 및 정서적 소외 문제 등이 발생하고 있다.

가족문제 상담자는 가족구성원이 가족의 문제에 대한 관점을 새로이 하고 건설적인 의사소통과 해결방법을 모색할 수 있도록 한다.

2 가족의 주요 기능

1) 건강한 가족의 특성

가족의 건강한 기능의 수행에 있어서 중요한 것은 건강한 가족으로서의 가족 역동성(Family Dynamics)이다. 가족 역동성은 가족관계를 이해할 수 있는 가정의 구조 및 심리적 환경과 영향력, 부모가 보이는 특징적 양육행동, 가족구성원 간의 심리적 거리감, 가족 내에서의 갈등상황의 대처방식, 자녀의 위치와 담당하는 역할 등의 총체적인 영향관계를 의미한다. 그러므로 가족 응집력(Family Cohesion)은 매우 중요한 개념이다. 가족 응집력이란 결국 가족의 구성원 간의 결속의 정도로 상호성을 바탕으로 하는 지지와 공감 및 공동체 참여 등이 이에 해당할 것이다. 여기에는 심리 및 정서적 유대감이 포함된다. 또한 가족의 외부환경과 하위체계들 간의 경계의 정도나 연합, 공동으로 보내는 시간 및 의사소통의 결정 및 개인의 자율성의 존중 정도 등이 포함되며 가족 및 개인의 활동의 조화가 전제되어야 할 것이다.

이때 가족 응집력이 높은 가족일수록 가족 공동체 인식이 높다고 할 수 있으나 이것이 자아분화가 건강한 상태에서의 응집인가 하는 부분에서는 점검이 필요하다. 가족의 정서적 유대감이나 반응 또한 높아서 서로 지지하고 도와주는 가족은 행복한 가정을 가꿀 수 있게 된다. 그런데 건강한 가족의 역동과 가족 응집력은 결국 가족의 원할한 의사소통(Family Commuication)에 기반한다고도 볼 수 있다. 의사소통은 개인의 심리 및 태도, 생각을 전달하는 인간관계의 기본 도구로 가족관계에서 의사소통 관계의 관찰은 가족의 특성과 위계 및 문제의 진단에 있어서도 많이 활용되고 있을 만큼 중요한 부분이다.

2) 가족 내의 상호작용

가족 내에서 상호 지지적인 건강한 가족의식은 핵심적 요인으로 매우 중요하며 반면 가족 내에서 이중적 의사전달 이중 메시지 등은 가족구성원의 심리 및 정신건강에 매우 부정적인 영향을 미칠 수 있다. 예를 들면, 상호 부정적인 피드백을 형성하는 가족의 역기능적인 의사소통 체계나 자녀에 대한 비난과 순종만을 요구하는 부모의 의사소통 방식 등은 건강하지 못한 체계를 형성하도록 영향을 미치는 관계는 궁극적으로 성장기의 아동 및 청소년의 정서교육에 많은 심리적 병리현상에 영향을 주게 된다. 많은 경우 가족의 갈등문제나 부모-자식의 문제 혹은 청소년들의 학교부적응 문제는 가족문제에 기인하는 경우가 많으며 그러므로 가족의 기능회복의 근간은 건강한 의사소통에 있다고 해도 과언이 아닐 만큼 상호관계를 통한 신뢰관계가 형성될 필요가 있다. 신뢰가 형성된 가족은 일시적으로 어려움에 처하는 상황에서도 가족 유연성(Family Flexibility)을 통하여 위기를 극복하는 데 커다란 도움이 된다. 가족 유연성은 한편으로는 "적응성"의 개념과 연관이 있다고 볼 수 있는데, 적응성이란 가족체계가 각종 상황에 적합하게 적응하는 것으로 환경에 적절히 대응하여 탄력적이고 건강한 적응기제를 가지고 있는 경우를 의미한다. 따라서 가족생활건강성은 매우 중요한 개념이다. 가족생활건강성은 다양한 방식으로 점검될 수 있는데, 여기에는 의사소통과 시간의 공유 등 다양한 부분이 포함됨을 알 수 있을 것이다.[1] 건강한 가족이라면 가족구성원의 갈등이나 분노의 상황에서도 상호 간의 합의와 협의에 도달하는 방법과 시간에 있어 효과적이고 생산적임을 알 수 있다. 그러므로 건강한 가족은 가족이 건강할 때나 그렇지 않을 때나 기본

1) 가정생활건강성이란, Pratt(1976)에 의하면 '가족구성원들이 다양하고 규칙적인 상호작용을 하며 가족원의 개별성과 자율성을 부여하여 문제상황에 적극적으로 대처할 수 있는 가족'이라고 정의하였다. 가정생활건강성을 위한 척도는 이정우와 김경아(2002)의 연구를 참고한 것으로 이는 Stinnett와 DeFrain(1985)의 척도를 기초한 Xie(1994)의 연구와 Randall(1995)의 FAMPRO(Family Profile) 및 어은주(1996)의 척도를 참고로 구성한 것이다.

적인 신뢰를 바탕으로 하는 항상성이 어느 정도 유지되는 가족이라고 할 수 있을 것이다. 이를 위해서는 올바른 가족신화, 위계, 의사소통 등이 필요하며 이를 위한 것은 단시일에 형성되는 것은 아닐 것이다.

따라서 내담자가 가족 안에서 어떤 역동성을 가지는지 상호작용하는지 주목할 필요가 있다.

3 사회에서의 가족의 역할

가족은 사회의 기본 단위이며 사회의 재생산의 기본단위이기도 하다. 가족을 통하여 사회 내에서 경제 및 심리적인 기본 기능을 담당하기도 하므로 사회에서 발생하는 각종 문제의 근원이 되기도 하는 중요한 기능을 담당하게 된다. 바람직한 자아상은 건강한 가족을 통해서 도출된다. "우리아이가 달라졌어요"라는 아동관련 프로에서 볼 수 있듯이 아동의 문제로 찾은 클라이언트의 문제는 결국 부모의 역할에 기인하는 경우가 대부분이었다. 가족을 통한 심리 및 정서 그리고 사회적 관계 형성은 그만큼 중요하다. 그것은 가족을 통한 인간의 경험의 중요성을 의미하는 것이다. 따라서 가정은 가족의 구성원들에게 안정감과 성장을 위한 터전이 되어야 하며 신뢰감을 배우고 기초적인 소속감과 애착, 그리고 자율성과 균형을 배우는 곳이다. 역동적인 가족은 가족체계 내에서의 관계가 건강하다는 것을 의미하며 이것은 부부체계, 부모자녀체계, 형제자매 체계에서 상호 존중받고 독립적인 경우 건강하고 개방적인 의사소통이 가능하다.

현대사회에서의 각종 가족해체 현상은 개인의 가족 내에서의 문제 뿐 아니라 사회적으로도 중요하게 인식되어야 한다. 다음에서는 현대가족의 기본적인 기능으로 현대사회에서 가족이 유지되기 위한 기본적인 기능이 설명되고 있다.

〈표 5-1〉 가족의 기능

구분	가족의 기능
인구의 재생산적 기능	가족은 사회인구학적으로 가족의 기본적인 기능으로 인구를 생산할 수 있는 사회의 기본 단위로 가족의 개념을 정의할 수 있다.
사회화 및 교육의 기능	가족은 사회의 인력제공의 개념에서 인간의 교육의 1차적 기능과 책임이 가족에 있으며 인간의 교육의 기능을 담당하는 기본단위로 보고 있다. 사회의 구성원으로 개인의 사회화의 기능을 가족이 담당하며 가족은 사회의 가장 작은 단위로 1차적 사회화가 일어나는 기본단위이다.
심리적 안정과 보호의 기능	가족관계는 인간이 기본정서를 학습하고 내면화하는 곳이며 성장과정과 일생을 통하여 심리적 희노 애락을 공유하게 되므로 인간의 심리 및 정서에 성장과정 중 가장 큰 영향을 미치게 된다.

전통적으로 가족은 재생산적 기능, 교육기능, 사회화기능, 정서적 안정과 보호의 기능이 있다. 인간은 가정을 통해 가족구성원으로부터 정서적 교류 및 공동체로서의 기능을 학습하게 된다. 이때 상호 보완적이며 긍정적인 가족구성원 간에는 상호 지지적이며 유동적인 경계선을 가지고 하나의 공동체로 서로 연결되어 관여(commitment)하는 기능을 수행하게 된다. 가족과 관련하여 체계이론적 입장, 구조적 입장의 가족의 상호 경계와 위계 및 교류는 매우 중요한 것이며, 이에 후에 배우겠지만 보웬(Bowen)은 탈삼각화를 통해 가족구성원 간의 밀착의 역기능 등을 잘 이해할 필요가 있다고 하였다. 가족도 하나의 작은 사회라 볼 때, 결국 가족구성원 간의 개별적 차이를 인정하여 자율성이 존중되고 상호 지지적인 상태에서 성장과정부터 혹은 가족의 초기형성부터 상호 책임과 의무, 그리고 권한을 균등히 공유하는 관계를 통하여 성장하는 것이 중요하다.

결국 건강한 가족이란 문제나 어려움이 발생 시 효과적으로 이에 대처하고 생산적으로 대처하며 도전과 전환(transition)을 능숙하게 처리하는 기능을 수행할 수 있는 가족이다. 또한 건강한 생활주기(life cycle)를 지니며 감정과 의사소통을 통한 대화에 있어서 열린 대화의 기능을 수행하여 효과적으로 문제를 해결하며 한편 상호

신용을 바탕으로 갈등을 해결해 나가는 것이 중요하게 평가되고 있다. 또한 원가족, 친척과 지역사회라는 사회체계 안에서 가족으로서의 자원의 역할을 다하고 상호 책임 및 보호의 기능을 수행하는 사회의 기본단위가 되어야 할 것이다.

따라서 가족구성원과 가족의 자원을 파악하고 문제해결에 적합한 전략을 수립하는 것은 매우 중요하다.

4 부부의 배우자 형성에 의한 결혼 형태

배우자의 결합에 따른 혼인형태는 통상적으로 성인 남녀의 일대일 결혼인 경우가 많으나 사회에 따라 일대 다수의 형태로 가족이 구성되는 문화권도 존재한다. 이때 전통적으로 각각 성별로 1인씩의 결혼형태는 단혼제에 속하며 이는 일부일처제(monogamy)라 칭하고, 배우자 중 한 사람이 동시에 1인 이상의 배우자와 결혼하는 경우는 복혼제(polygamy)라고 칭한다. 복혼제는 다시 일부다처제(polygyny)와 일처다부제(polyandry)로 구분된다. 일부다처제의 사회는 주로 아랍, 북아시아, 아프리카, 중앙아시아, 미국원주민 사회의 문화에서 찾아볼 수 있으며 고대 동양사회의 축첩(蓄妾)(concubinage)의 풍습에서는 정실과 부실로 아내의 지위를 구별하기도 한다. 그 밖에 일처다부제는 티벳의 하층, 태평양의 마키저스도민, 인도의 일부 소수에서 발견되기도 한다. 또한 가계의 형태에 따라 우리나라나 중국, 일본 등의 친족의 부계혈통에 의한 계승이 이루어질 경우는 부계제(patrilineal system), 인도나 일부 아프리카의 예에서와 같이 모계의 혈통에 의할 때는 모계제(matrilineal system)라 칭한다. 또한 상황에 따른 선택이 가능한 경우에는 양계제(bilineal system)라고 한다. 그 밖에 현대사회에서는 독신가족의 비율도 증가하고 있는데 독신을 선택하게 되는 이유는 경제적 사유도 있으나 부양가족의 부담이 없이 자유로운 여가생활과 직업에 대한 소신있는 결정, 친구 및 취미생활 유지에 있어서의 장점으로 자발적으로 독신을 선택하는 경우도 증가하는 추세이며 다양한 가족이 존재하게 된다.

따라서 상담가는 다양한 가족의 구성원이 기회를 개발하고 문제에 대처하며 결과적으로 의미있는 새로운 행동전략을 가질 수 있도록 문화적 감수성도 지니고 있어야 할 것이다.

5 동남아 세계 속의 가족

1) 가족제도

오늘날 우리사회는 다문화사회의 도래에 따라 다양한 민족이 가지고 있는 각각의 문화적 배경을 이해하는 것이 중요하며 특히 우리나라와 인접한 동남아 각국으로부터의 인구유입으로 인하여 각 나라의 독특한 가족과 종교에 대하여 이해할 필요가 있다. 각각의 국가는 자국의 독특한 사회구조적인 특징과 역사적 배경의 산물임을 이해해야 하며 각국의 사회제도의 이해를 위해서 배경요인을 먼저 이해하는 것이 다문화가족의 이해에 선행되어야 한다. 동남아의 인도네시아, 말레이시아, 필리핀, 싱가포르, 태국 등의 5개국은 지리적으로 인접하여 동남아 국가연합(ASEAN)을 구성하고 있으며 역사와 사회 및 문화적으로 다양한 모습이다. 이들 국가들은 민족적 지리적 위치나 식민지 경험의 유무 및 경제발전의 정도에 있어서 차이가 있는데, 이러한 차이는 가족과 사회의 변화에 영향을 주고 있다.

(1) 동남아 가족제도의 특징

가족제도를 살펴보면 말레이시아, 필리핀, 싱가포르의 경우는 원주민이 말레이족이라는 점에서 공통점 이외에도 제도적으로 유사점이 많다. 싱가포르의 경우는 말레이 반도의 끝에 위치하여 40년 전만 해도 말레이의 일부였다. 그러나 말레이인들의 가족제도는 우리나라나 중국의 가족제도와 매우 다르다. 말레이 가족은 양계(bilinear)로 양친의 친척을 구분하지 않고 똑같이 중요하게 여긴다. 그리고 말레이인들은 조혼의 특징으로 여자는 16세 이전에 결혼을 하며 남자는 이슬람 법에 의하여 4명의 부인과 결혼할 수 있는 것으로 되어있다. 전통적 차원에서 보면 이혼은 남편의 권리로 받아들여져서 이러한 결혼관습 때문에 이혼율이 높으며 일부 지방은 결혼 1~2년 내에 이혼하는 비율이 전체 결혼의 1/3에 이른 적도 있었다. 그러나 말레이족의 가족제도는 최근 변화를 겪고 있는데 핵가족화되는 추세로 평균 가구원수도 감소하여 싱가포르의 말레이 가족은 핵가족이 80%를 넘어섰고 말레이시아의 말레이 가족도 핵가족을 선호하고 있는 추세이다. 말레이시아에서는 도시보다 농촌이 핵가족의 비율이 높은데, 농촌이 가옥구조가 단순하여 신혼부부가 살림을 차리기 쉬운 반면 도시는 주거비용이 높아 여러 사람이 함께 사는 경우가 많다.

또한 싱가포르는 말레이인의 경우는 무슬림법에 따라 여성은 16세가 되면 결혼이 가능하나 실제로 여성 혼인 연령이 1981년도에는 24세였으며 1991년에는 26세로 증가하고 있으며 이는 우리나라와 같이 점차 초혼 연령이 늦어지고 있다. 또한 일부다처의 관습도 불법은 아니지만 현대 산업사회의 생활에 맞지 않아 일반적 현상은 아니다. 따라서 일부다처는 극히 제한적으로 이혼율도 크게 감소하였다. 싱가포르의 경우는 이슬람교도들의 경우에 남편이 일방적으로 이혼을 성립시키던 전통에서 법적으로 정당한 사유가 있을 경우만 이혼을 허용하고 있어, 극단적인 경우를 제외하고는 결혼한 지 3년 내에 이혼신청을 할 수 없도록 함으로써 말레이인들의 이혼율을 사회적으로 낮추었다. 그러나 이런 여러 조치로 1990년대까지 이혼율이 줄었으나 현대사회에서는 다시 싱가포르 사회가 선진산업사회로 변화하면서 여성의 지위가 향상되고 결혼에 대한 태도가 변화하여 이혼율이 증가하고 있기도 하다.

(2) 중국의 가족제도

중국의 가족제도는 우리나라와 비슷하다. 중국의 이상적인 가족형태는 확대가족이며, 가계를 중요시하고 우리나라처럼 가부장적 권위를 존중한다. 즉, 결혼한 아들이 부모 집에 거주하면서 가계를 잇는 부계의 주거형태가 결혼의 이상적인 형태이다. 또한 중국인의 관습도 일부다처제를 허용하고 있어 일부 부유층에서는 첩을 거느린 경우도 있으나 중국의 가족은 구성원 간의 결속력이 강하고 안정되어 이혼율이 낮은 편이다. 그러나 싱가포르와 말레이시아에 이민 온 중국인은 이민 초기부터 농촌의 가난을 벗어나고자 고무농장이나 부두의 막노동자로 이민 온 중국이민자 1세들의 경우는 젊은 독신 남성이 많다. 그들은 미혼도 있고 결혼한 가족을 고향에 두고 혼자 온 사람도 있다. 이들은 경제적인 어려움으로 고향의 가족을 데려올 수도 없거나, 남아선호사상으로 성비율의 불균형으로 결혼하지 못한 경우도 많다.

(3) 인도 및 필리핀의 가족제도

인도사회의 특징인 카스트제도는 인도인을 엄격한 신분집단으로 구분하여 가족제도에 영향을 주는데 이는 식사규칙과 결혼규칙 등에서 하나의 힌두교 절을 중심으로 공동체를 이루어 같은 절에 소속되어 같은 신을 믿는 구성원들은 친척으로 간주되므로 통혼하지 않는다. 이들 말레이시아와 싱가포르에 이주한 인도인들은 사정이 중국인들과 비슷하여 이민초기는 독신가구가 많고 그 후는 핵가족이 전형적인 가족형태이다.

필리핀의 가족제도도 기본적으로 핵가족을 단위로 민다나오 섬 남단의 이슬람교도들은 일부다처제를 허용하기도 하지만 인구의 90% 이상이 기독교도들로 일부일처제의 관습과 핵가족을 선호한다. 또한 친족범위도 결혼한 부부를 중심으로 양쪽의 종교적인 대부(Godfather)와 대모(Godmather)도 포함되어 비교적 넓다. 필리핀은 피임이나 임신중절을 반대하는 가톨릭의 영향으로 평균 가구 수가 많은데 필리핀인들의 전통적인 조혼관습도 출산율을 높이는 원인이다. 그 밖의 문화와 전통도 우리나라와 다른 면이 많아 그에 대한 이해가 필요하다. 세부적으로는 어떠한 차이가 있는지 살펴보는 것도 다문화가정을 이해하는 데 도움이 된다.

2) 동남아 국가의 종교제도

종교제도로 인도네시아는 헌법상에서는 종교의 자유를 인정하나 인구의 90%가 이슬람교를 믿으며, 불교, 힌두교, 기독교 등이 형성되어 있으나 이슬람교의 사회적 영향력은 크다. 인도네시아의 경우는 외래의 종교문화를 그대로 수용하기보다 자국에서 독특한 문화양식을 형성하였다. 필리핀은 인구의 90% 이상이 기독교도이고, 이슬람교도도 5% 정도이다. 기독교는 스페인 통치시대에 국내로 들어온 로마 가톨릭교가 지배적이다. 이에 반해 태국은 불교왕국이라 불리는 만큼 불교가 차지하는 비중이 커서 전체인구의 95%가 불교이다. 태국의 불교는 중국이나 우리나라의 대승불교가 아닌 소승불교로 남자는 일정기간 절에서 승려로 지내기도 한다. 이에 20세 미만의 남자는 일정기간 동안 수련 승려로 지내거나 전체 성인남자의 2/3 정도가 승려기간을 거친다. 말레이시아와 싱가포르는 모두 다민족 사회이자 다종교 사회다. 말레이시아는 전체인구 가운데 이슬람교 50%, 불교 20%, 유교 10%, 힌두교 10%, 기타 10% 정도로 구성된다. 싱가포르의 다수 민족은 중국인으로, 중국의 종교는 유교, 불교, 도교 및 토속신앙의 성격을 수용한다. 따라서 이미 알고 있듯이 유교는 가족관계를 중시하며, 도교는 사회적 제약으로부터 벗어나 수양과 덕을 쌓을 것을 강조하며, 불교는 인간의 삶이 윤회와 업보의 개념을 통해 설명되며 극락에 갈 수 있는 방법을 제시하고자 한다. 그리고 말레이시아와 싱가포르에서 소수자 인도인들의 종교는 힌두교이다. 힌두교는 여러 신을 동시에 가지므로 교리나 의식이 다양하다. 이들 종교는 민족의 유형에 따라 그 사회의 문화와 사회제도에 녹아들어 많은 영향을 주고 있으므로 이들을 이해하는 것이 필요하며 그 밖에도 다양한 민간풍습이 있다.

6 가족상담 및 치료의 기본모델

1) 정신분석과 자아심리학

인간의 심리는 크게 의식과 무의식으로 나눌 수 있으며 무의식의 중요성을 강조한 프로이드와 이후 자아의 환경과 일생을 반영하는 에릭슨의 관점과 자율적 자아의 기능을 강조한 아들러를 기점으로 하여, 행동주의를 비롯한 무수한 이론이 발표되었고 심리학 분야가 발전하게 된다. 현대시대에는 더욱 개인의 자아의 자율적 측면과 강점 및 긍정성을 인정해주는 추세로 가고 있으며, 많은 귀감이 되었던 칼로저스나 긍정심리학의 마틴 셀리그만의 등장으로 개인이 가진 장점을 존중하고 강화하고자 하는 움직임이 강하게 일어나게 되었다.

그럼 먼저 가족치료상담에 있어서 기본적이며 기초적인 심리의 메커니즘을 제시한 프로이드와 에릭슨, 아들러에 대하여 살펴보고자 한다. 프로이드(Freud, 1923)[2]는 어린시절에 결정되는 결정론적 시각에서 무의식을 강조하였으며 이러한 현상은 오늘날 경영학의 광고나 상담학에서 최면치료의 방법으로 활용되고 있다. 이후 허트만(Hartman, 1964)을 통하여 자아의 자율성에 관한 개념이 창안되었고, 프로이드의 제자였던 에릭슨(Erikson, 1975)에 의하여 발달하였다.

자아심리학의 견해에서 볼 때 허트만(Hartman, 1964)은 자아는 독립적으로 형성하

2) 심리학자 프로이드(Freud)는 인간의 자아가 인간행동의 동기를 제공하는 집행자로 규정하며 자율성보다는 정신내적인 갈등의 산물인 원초아를 기점으로 행동하는 보조적 개념으로 보았다. 이후 학자들은 프로이드의 이러한 입장과 달리 인간이 사회적 존재이며 문화적인 환경의 영향을 받는 자아의 자율성을 확립하는 것에 성공하였다.

며 환경에 부응하여 지속적으로 발달하면서 외부환경에 대한 적응력을 지니며 지각, 기억, 사고의 인지적 과정에 대하여 자율성을 가지고 있다고 보았다. 이러한 개념을 더욱 발전시켰던 에릭슨(Erikson, 1975)은 심리적 현상이 생물학적, 행동적, 경험적, 사회적 요인 간의 상호작용으로 성장한다고 보고하였다. 주요사항을 정리해 보면 다음과 같다.

(1) 초기심리학의 발달

① 초기 정신분석은 주로 욕망, 본능 무의식, 갈등, 공격성 등에 초점을 두었다.

② 프로이드(Freud)의 정신분석학의 초점은 자아심리학으로 옮겨졌으며, 융(Jung) 그리고 하트만(Hartmann)은 자아의 기능 및 역할에 대하여 관점을 달리하여 정교화하였다.

③ 자아심리이론의 초점은 인간이 일생에 걸쳐서 각 단계마다 환경에 대한 지배감을 획득하기 위해 노력하는 자아를 설명하면서 이에 대한 인간의 노력에 대한 포커스가 어디에 있는지를 설명하고 있다. 여기에서 가장 중요한 것은 인생에 있어서의 발달과업이 초점이다.

④ 에릭슨(Erikson)은 인간의 전 생애에 걸친 발달의 과정과 변화 가능성에 있어서 프로이드가 가진 병리적 측면의 이론을 극복하고 보다 건강한 측면을 강조하였다. 따라서 이때의 자아는 개인이 통제할 수 없는 자아가 아니라 보다 자율성을 지니는 자아정체감 확립을 중요하게 보았으며 아들러 등과 함께 환경의 특성으로 가족력이나 문화 등의 요인의 관련성을 보다 강조하였다. 자아심리학자들의 업적은 인간의 자아의 역할에 대하여 자율성을 부여하며 강화하고 분석가가 주체가 되어 클라이언트의 문제를 해석하기보다는 질문을 통하여 사회적 상호성과의 관계에 있어서 인간을 돕고자 하였다. 이러한 관점은 칼 로저스를 통하여 인간이 가지고 있는 타고난 능력을 인정하며 질문

과 대답을 통하여 클라이언트가 자신의 내면에 있는 문제를 탐색하고 발견하고 돕는 과정의 기반이 되었다고도 할 수 있을 것이다. 자아심리학의 기본가정은 다음과 같다.

(2) 자아심리학의 기본과정

① 인간은 환경에 대하여 적응적으로 기능하는 선천적 능력을 가지고 태어나는 것을 전제로 하며 이러한 이론은 현대시대의 강점관점에 영향을 주었다.
② 자아는 개인의 내적 욕구 뿐만 아니라 사회적 존재로서의 환경에 대한 외부세계 간의 통제 및 자율적 능력을 가진 존재로 인간을 이해하기 위해서는 내적 요소와 외적 요소가 모두 고려되어야 한다.
③ 자아는 개인이 환경에 성공적으로 적응하기 위하여 연속적인 인간의 발달단계를 통하여 성장하게 된다.
④ 자아의 발달은 환경적 조건과 자원들 간의 적합성 등 다양한 관점에서 검토되는 것이 바람직하다.
⑤ 자아심리학의 주요 개념은 자아의 기능, 자아강점, 자아의 숙달 등 다양한 차원에서 접근된다.

(3) 자아의 기능

자아의 기능은 Bellak과 그의 동료들(1973)에 의하여 정리되었으며 자아기능을 다음의 12가지로 제시하고 있다.

① 현실검증의 기능 : 자아는 마음 안에서 일어나는 자극, 상상, 환상, 생각 등을 외부에서 오는 자극이나 사건과 구별함으로써 현실을 검증한다. 이에 대

한 가장 심각한 실패의 징후가 환청과 환각 증상이다.

② 판단의 기능 : 자아는 자신의 행동이 어떤 결과를 가져올지 예측할 수 있는 능력을 갖추고 있으며, 논리적으로 사건의 원인과 결과를 통하여 종합적인 결론을 내릴 수 있는 기능을 가지고 있다.

③ 현실감각의 기능 : 자아는 자신과 남을 항상성과 응집성을 가진 존재로 체험할 수 있다. 따라서 비현실감이나 이인화 현상과 같은 해리 현상 없이 바깥 사건들과 자신의 신체적 행동을 구분하여 판단할 수 있다.

④ 감정, 충동의 규제 및 통제의 기능 : 자아는 충동적 감정의 표현을 완곡히 처리하며 좌절을 인내하여 욕망을 연기하고 자아의 소망을 현실상황에 적응하여 포기하거나 무리하지 않고 실현할 수 있는 능력이 있다.

⑤ 대상관계의 형성 : 자아는 타인과의 관심과 관계의 성질에 대하여 인지하고 타인에 대한 관심과 관계방식 및 타인과의 관계의 항상성에 대한 정도와 모습을 통하여 대상관계를 형성한다.

⑥ 사고과정의 기능 : 원초적인 사고과정은 쾌락원칙에 의하여 즉각적이며 본능적으로 충족되기 소원하는 환상 및 욕구가 특징이나, 이차적 사고과정은 현실원칙에 따라서 본능적 충족과 해소가 가능한 조건이 될 때까지 지연할 수 있는 능력을 지닌다.

⑦ 적응적 퇴행의 기능 : 이것은 무의식에서 창의력과 삶의 활기를 이끌어내어 현실 생활에 적용하는 능력으로 의미를 지닌다. 즉, 창의적인 퇴행을 통하여 인지력을 통제하는 능력으로 함의가 있다. (예) 예술의 승화 등

⑧ 방어기제의 기능 : 인간은 갈등을 처리하기 위하여 불안과 긴장의 상황에서 자신을 보호하고자 하는 심리적 메커니즘이 있으며 이를 통하여 일상생활에 대하여 대처하는 기능을 가진다. 단, 적응적 방어는 대처능력을 길러주며 긴장으로부터 개인을 보호해 주지만(승화 등), 부적응적 방어는 최적의 기능을 희생할 수 있다(투사와 직면의 차이).

⑨ 자극차단 기제의 기능 : 자아는 심리내적인 자극과 외부 자극에 대처하여 얼마나 민감하게 반응할지 혹은 어떤 것을 격리시켜야 할지를 선택적으로 조절하는 능력이 있다.

⑩ 자율적 기능 : 자아의 일차적인 자율기능은 인식, 주의력, 지능, 의도, 기억, 언어, 감각, 행동표출 등이 있다. 일차적인 자율기능의 양상으로는 갈등의 상황에서 승화나 중화를 통하여 자율적 기능을 회복하는 이차적인 자율기능을 가지고 있다.

⑪ 숙달-유능함 : 능력에 대하여 자기 자신의 주관적 느낌을 유능성이라고 한다. 즉, 어려움을 극복하고 견딜 수 있는 용기나 이를 체험하는 주관적인 자기감정을 말한다. 회피를 통해서는 발달의 기회를 상실할 수 있으나, 도전을 통한 획득은 인생의 발달을 촉진하게 된다. (예) 반두라의 성취경험, 신념, 동기 등의 개념과 연결하여 생각할 수 있다.

⑫ 종합 및 통합의 기능 : 인간은 다양한 욕망, 경향성과 기능을 인격 안에 종합하고, 통합하며 조직하는 자아의 역량을 가지고 있다. 이것은 자신 스스로 조직화되고 조절된 방식을 느끼고 생각하고, 행동할 수 있도록 하는 기능이다. 이러한 기능은 자아의 흥미, 사회적 요구 등을 조화로운 방식으로 충족한다. 또한 다양한 상황에서 최선의 해결책을 도출하기도 한다. 이때에 자아의 강점적 인식은 타인과 사회와의 상호작용에서 자아의 기능을 더 잘 기능하도록 지원하는 역할을 하게 될 것이다.

그 밖에도 자아는 앞서 설명한 것과 같이 환경의 영향을 받으며 환경과 자극 및 자원에 대한 선택 및 유보를 결정함으로써 환경을 조작하고 탐색하는 독립성을 가지고 있다. 자아심리학의 특징은 자아의 독립적 활동이 프로이드의 수동적인 결정론이 아니라 적극성과 자율성을 지니며 사회 및 환경과 소통하는 것이라고 할 수 있을 것이다.

2) 가족치료상담가의 개입과 최면치료

(1) 가족치료상담가의 자세

가족치료상담가의 개입 및 치료의 목표는 내담자 가족구성원의 내적 능력을 탐색하고 지지하며 바람직한 행동의 모델링을 통한 항상성의 형성을 목표로 한다. 이를 위하여 환경적 조건을 형성하여 변화를 촉진한다. 이것은 내적 능력과 외적 상황 사이에서의 적응능력을 향상시키는 것이다. 이를 위하여 촉진해야 할 것은 첫째, 자율적 자아기능을 위한 훈련이다. 둘째, 자신의 행동의 영향에 대한 이해를 증진시키는 성찰적 활동을 증진시킨다. 셋째, 고착화되지 않은 새로운 행동 및 문제해결의 능력을 강화시키기 위하여 관계와 경험을 사용하여 자아기능을 통한 환경의 통제 훈련을 돕는다.

이는 자아가 손상된 가족의 정서장애 및 환경에 대한 상황대처에 문제를 보이는 개인 및 가족에 활용될 수 있으며 개입의 기간은 단기 및 장기의 개입에 활용될 수 있다. 가족은 상호 유기적인 관계에 있으며 가족의 구성원은 각기 발달상의 단계를 공유하며 각기의 욕구와 기대역할이 있으므로 이에 대한 원조요인과 방해요인을 탐색하여 조율하는 역할을 가족치료상담사가 담당할 수 있다. 이때 자아심리학은 치료 뿐 아니라 문제의 예방에 있어서도 활용될 수 있다.

(2) 최면치료의 활용

자아심리학을 통하여 인간이 전 생애에 걸쳐서 발달과 변화할 수 있다는 가능성을 강조하면서 프로이드(Freud, 1923)와 마찬가지로 에릭슨(Erikson)은 의미 있는 개입계획을 수립하고, 최면요법을 상담학에 적용시켜 치료에 기여하였다. 최면요법은 1889년 프로이드[3)]가 최면이 걸린 동안에 최면자가 암시한 바를 수행하나 최면이

3) 정신분석과의 차이점 - 전통적인 정신분석이론은 증상의 원인 분석에 강조점을 두면서 현재의 문제를

풀린 상태에서 기억하지 못하는 현상을 관찰하였다. 1925년에 프로이드는 이러한 현상이 무의식적 과정의 가능성을 보여주는 첫 암시라고 하였으나, 정신분석 이론을 개발하면서부터 최면요법보다는 자유연상법과 꿈의 해석을 선택하였다. 프로이드의 이러한 활동은 최면요법에 대한 새로운 관심을 불러일으켰는데, 의과대학생이었던 Erikson은 최면요법을 발달시켰다. Erikson 접근법은 이전의 최면요법 치료자들의 권위주의적 모델과 다르게 클라이언트의 현재 문제와 행동을 활용하는 것으로 간접적 암시방법을 사용하였다는 특징이 있다. 최면요법은 인간의 무의식적인 과정과 힘을 이용하여 무의식적으로 창조적인 변화를 주는 것에 치료의 목적이 있다고 할 것이다.

최면치료가 효과적인 경우는, 자아가 본인도 모르는 사이에 딱딱하게 고착화되어 있어 상담의 효과가 없는 경우에 무의식 속에 자리한 내면의 상처나 경험에 대하여 긍정적이고 창조적인 재해석의 과정을 통해 개입하여 치료를 한다. 이때 내담자는 무엇이 일어났는지 의식하지 못하지만 일상생활에 있어서의 변화를 인지하게 된다. 최면요법은 일반적으로 다음의 3단계를 통하여 실시한다.

(3) 최면요법의 단계

첫번째, 준비단계에서는 최면치료사와 클라이언트 간의 라포를 형성하여 촉진적 의사소통을 한다. 이때 적극적이며 개방형 질문을 통하여 클라이언트의 치료목적에 활용할 수 있는 클라이언트의 경험과 학업, 개인력, 문제, 선호하는 활동, 직장, 대인관계, 지적수준, 심리적 특성, 기질적 특성 등의 정보를 수집하여 치료적 준거틀을 형성한다. 이 단계에서는 라포 형성과 함께 클라이언트가 변화할 수 있다는

초래한 아동기의 발달 과정에서 고착된 원인을 분석하고, 증상이 상징적으로 무엇을 의미하는지를 파악하고 해석하며, 실제 생활에 어떤 영향을 주는지를 통찰하도록 돕는, 근본적으로 인과적인 모델이다. 이에 반해 Erickson은 인간 성격이 유전적으로 혹은 어린 시절에 형성된다고 믿는 성격이론가들과는 달리, 늘 변화한다는 실용적인 입장을 취했다(O'Hanlon, 1987).

기대감을 갖도록 하는 단계라고 할 수 있다.

두 번째, 상담을 위한 최면단계로 상담을 위한 최면단계에서는 최면상태에서 클라이언트가 활용하는 인지 및 감정기술 뿐 아니라 삶의 경험을 활성화하여 클라이언트로 하여금 새로운 준거 틀을 받아들일 수 있는 상태로 문제를 창조적으로 해결할 수 있도록 이끌어주는 치료자의 역량이 나타나는 단계이다.

최면의 역동성을 위하여 먼저 클라이언트의 이완과 함께 내적인 면에 주의를 고정(치료적 암시를 제공하고 편안한 분위기에서 변화주기를 실시하게 된다)하고 공식적인 최면상태에 도달하면 비공식적 최면상태에서 주목하고자 하는 사건이나 일화에 들어가 클라이언트에게 과거 작용하고 있던 습관적인 준거의 틀과 신념에 대하여 개입하게 된다. 이때 클라이언트는 의식 속에서 사용하던 많은 방어기제를 해제하고 상처를 드러내어 공유하며 바람직한 방향으로 과거의 문제를 무의식 속에서 처리하게 된다. 이는 성인의 상처받은 내면의 과거의 트라우마를 치유하는 것에 효과적인 것으로 알려져 있는데, 의식 속에서 사용하는 방어기제를 철회하고 무력화시킴으로써 문제를 치유하게 된다.

최면상담은 최면치료와 다르게 트랜스 상태나 깊은 최면상태의 유도가 목적이 아니며 상담의 정체성을 유지하면서 치료의 매체로 사용하는 수단으로 활용된다. 그렇기 때문에 다양한 상담의 수단을 병행할 수 있는데 여러 가지 전략들을 혼합하여 게슈탈트치료, 현실치료와 같은 방법과 함께 상담의 효과성 증진을 촉진할 수 있다.

7 가정을 통한 인간의 성장과 생태적 관점 (Ecological Perspective)의 적용

1) 생태학적 관점이 갖는 의미

생태학(Ecology)적 관점은 인간도 결국 생물 혹은 유기체로 보는 것이며 가족도 마찬가지로 환경과 어떻게 조화를 가지는지를 중요하게 보는 관점이다. 즉, 환경 속의 인간을 강조하는 관점으로 환경 속에서의 진화론적인 관점을 견지하고 있다. 그동안 사회과학에서 인간과 사회는 뗄 수 없는 관계성을 가진다는 견해를 가지고 있는 것과 같은 맥락에서 인간은 환경 속에 존재하고 발전한다는 것은 새로운 일은 아니다. 다만 현대사회에서 이와 같은 측면은 더욱 그 중요성이 높아지고 있는 것이 사실이다. 클라이언트의 문제점은 그가 속한 환경과의 상호 부조화의 역기능에서 발생한다고 보며, 인간의 성장과 적응은 사회복지학에서도 중요한 관점이 되어왔다. 이것은 생물학적 측면에 국한되지 않으며 다양한 자원과 인간의 심리내적 요인 및 사회와 문화적인 요인이 포함되어, 인간은 생태학적으로 환경 안에서 자신의 성장을 이끌어가는 존재로서 개인과 환경 간의 상호작용은 결국 환경 속의 인간의 매우 총체적 인간관의 지평을 열게 되었다.

생태체계적 관점이란 생태학 이론에 체계이론이 더하여져서 인간과 환경과의 상호성에 체계적 관점이 도입되어 상호교류하는 측면을 강조하고 있다. 즉, 체계이론에서는 체계를 구성하는 하위체계가 존재하며 이는 명백하게 규명할 수는 없으나 에너지의 교환이 일어나고 있음을 인정하며 각 체계들의 조직화와 에너지의 교류 및 상호연관성 등의 개념을 통하여 전체는 부분의 합 이상이라는 이론으로 설명되며 클라이언트와 자원 간의 상호 연관성을 설명한다. 뿐만 아니라 이것은 기존의 인간을 의료학적 모델의 진단적이고 고정적인 측면에서 바라보았던 결정적이며 단선적 인과론의 입장(linear causality)에서 벗어나, 다원적이며 사회적 차원으로 안목을 넓혀서 인간과 환경을 총체적으로 바라보고 인간의 환경 뿐 아니라 인간의 생활주기 및 다양한 자원과의 교류를 고려하고자 하는 순환적 인과론(circular causality)의 관점을 견지하는 변화이다.

따라서 상담가는 다양한 변인들 간의 상호작용을 이해하고 활용할 수 있는 능력을 가지는 것이 중요함은 물론이다. 이 이론은 인간과 환경, 개인과 체계 간의 이분적 사고에서 통합적 관점으로 변화한 것이 특징이며 개인과 환경을 새로운 관점으로 다각적으로 바라볼 수 있는 이론적인 기반을 구축하여 궁극적으로 인간과 환경의 복합체에 대한 이중적 초점을 유지할 수 있도록 하였다는 특징이 있다. 이는 가족복지의 실천과정에도 영향을 주어 클라이언트를 원조하는 것에 있어서 다원화를 실현하고 환경적 개입을 통하여 문제를 클라이언트에게서만 찾는 것이 아니라, 사회의 구조적 측면과 환경적 차원에서의 분석으로써 간접적 개입의 중요성을 새롭게 조명하였다. 여기에는 다음과 같은 다양한 관점이 적용된다.

2) 에너지의 상호교환 및 교류

에너지의 상호교류(transaction)의 개념은 개인과 환경이 상호영향을 미치고 있으며 인간과 환경을 하나의 단위로 보며 이에 따른 상호 관계성과 에너지의 교환체계로 보는 것이다. 따라서 적응적 적합성(goodness of fit)이란 개인의 적응적 욕구와 환경의 질이 어느 정도 부합되는가와 관련된 개념과 인간과 환경 사이의 상호교류를 통하여 개인의 전 생애를 통해서 성취되어가는 정도를 의미한다. 또한 인간과 환경 사이의 상호교류에서 서로에게 유익한 효과가 발생할 때 적합성이 이루어지는 반면, 일방의 희생을 기본으로 생존과 발달이 이루어질 때 부적합성이 초래된 것으로 볼 수 있다.

이러한 관점에서 볼 때 유능성(competence)이란 개념도 중요하며 이는 개인이 환경과 효과적인 상호작용을 할 수 있는 능력으로 인간의 성장발달단계와 함께 매우 중요한 개념이다. 따라서 환경에 대한 대처(coping)는 중요하며 인간이 환경과의 관계에서 처하게 되는 다양한 대처과정에서 활용하게 되는 각종 동기와 심리적 안녕감,[4] 문제해결능력 및 임파워먼트는 가족 뿐 아니라 사회적 자본의 활용과 대내 및 대외적 자원을 통한 대처능력은 매우 중요한 영향력으로 작용하게 된다. 여기에서 성공적인 대처란 인간과 환경 간의 질을 향상시키는 것이라 할 수 있다.

이러한 차원에서 볼 때 모든 개인은 생태학적 측면 내지는 생태체계학적 측면에서 이해되어야 한다. 즉, 개인의 개념은 그들을 둘러싸고 있는 환경적인 측면을 통한 접근이 중요하다는 것이다. 생태학적 환경의 미시 및 중간 체계로, 가정생활 건강성은 중요하며 이는 각종 사회복지프로그램이나 개입방안의 접근에 있어서, 소단위의 문제에만 국한하여 접근할 것이 아니라 '다양한 체계로부터의 접근방법'이 고려되어야 할 것이다. 사회복지실천의 목적은 "개인과 환경 간의 상호작용의 증진을 통해서 사회구성원 모두의 삶의 질을 향상시키는 것"이다(엄명용, 2009). 이것은 개개인의 입장 뿐 아니라 환경의 구조적인 문제를 함께 고려하고자 하는 움직

4) 심리적 안녕감에 대한 학문적 언급은 '긍정적 정신건강(positive mental health)'이란 용어를 처음으로 사용한 Jahoda(1959)로부터 시작되었다. 그는 이를 구성하는 6가지 하위요인을 다음과 같이 제시하였다. 그것은 자신에 대한 수용, 성장을 향한 노력과 자기실현, 성격의 통합성, 사회적인 압박으로부터의 자율성, 현실의 정확한 지각, 환경의 통제능력이다. 그는 이와 같은 요소들이 이상적인 정신건강의 상태를 구성한다고 보았다. 그 이후 Ryff와 그의 동료들은, Jahoda를 비롯한 여러 학자들(Maslow, Rogers, Jung, Allport & Erikson)의 주장을 통합하여, 심리적 안녕감을 개념적으로 정의하였다(Ryff, 1989; Ryff & Keyes, 1995; Ryff & Singer, 1996). Ryff와 Keyes(1995)는 심리적 안녕감에 대하여 다음과 같이 정의내리고 있다. 즉, 심리적 안녕감이란, 일상생활의 사건에 사람들이 적응하면서 느끼는 정서이며, 환경에 대한 개인의 반응 혹은 환경의 자극 및 개인반응 간의 상호작용의 결과로써, 개인이 지각한 행복감 혹은 총체적 감정을 의미한다. Ruff(1989)는 심리적 안녕감이 다음과 같은 요인들로 구성된다고 하였다. 첫째, 자아수용(self-acceptrance), 둘째, 긍정적인 대인관계(positive relations with others), 셋째, 자율성(autonomy), 넷째, 환경에 대한 통제(environmental mastery), 다섯째, 삶에 대한 목적(purpose in life), 여섯째, 개인적인 성장(personal growth)이다. 이에 따르면 심리적 안녕감이 높은 사람이란, 자기를 있는 그대로 수용하고, 긍정적 대인관계를 유지하며, 자신의 행동에 대한 조절능력과 환경에 대한 통제력 및 삶의 목적을 통하여 스스로 잠재력을 실현시키고자 하는 동기를 지닌 사람을 말한다(김명소, 김혜원, 차경호, 2001). 이러한 심리적 안녕감의 개념은 기존의 주관적 안녕감이 심리학 이론의 배경을 충분히 반영하고 있지 못하며 심리적인 기능의 측면을 간과하고 있다는 비판을 반영한 것이다(류정희, 이명자, 2007).

임에서 비롯된 것이다. 또한 기존의 개인적 수준의 문제를 다원화 차원에서 인식하는 움직임이며 개인의 문제를 '사회와 인간의 양자 간의 상호관계성'에 주목하여 접근하는 것이라 할 수 있을 것이다.

이러한 상호주의 접근은 인간 상호작용과 개인의 역동성에 있어서, 환경을 총체적으로 고려하여 주목하는 것이다. 즉, "문제의 원인을 사정하고 문제해결을 시도하려고 할 때 문제해결방안을 개인의 변화에서만 찾을 것이 아니라 그 개인의 문제에 영향을 미치는 주변 사회환경의 변화 또는 개선에서도 찾아야 한다는 것"을 강조하고 있다(엄명용, 2009). 그러므로 가족의 역동성 및 문제 역시 생태학적 차원에서 바라본다면 환경과 조화되는 모습을 지향해 나갈 수 있다. 이에 대하여 Judith Lee는 임파워먼트 접근 역시 전문적인 목적이 '인간과 환경의 두 측면 모두에 관심을 갖는 것'이라고 하였다(Judith Lee, 2001). 이것은 현대사회에서 문제시되는 청소년들의 문제가 개인의 문제로써만이 아니라 생태학적인 고려 및 상호작용으로 보아야 한다는 것에 그 의의가 있다. 이는 비단 가족의 문제만이 아니다. 가족 내에서 성장하는 청소년의 문제도 가정과 학교 및 여가라는 차원의 환경에서 살펴보아야 한다는 것이다. 이것은 엄명용(2009)의 생태체계적 이론에서 언급된 환경에 대한 관점으로, 인간의 행동은 생태체계적인 요인에 대한 영향력을 고려하는 것이 중요하다는 의식에서 출발한 것이다.

3) 체계와 인간의 이해

1979년에 Broderick과 Smith는 이러한 체계이론의 주요개념을 설명하였고 2002년 White와 Klein이 체계이론과 관련된 용어들로 발전시켰다. 체계란 근본적으로 상호 새로운 개체를 형성하는 방식으로 서로 관련되어 전체를 구성하는 요인들의 집합체이다. 그것은 사회적 체계로 상호 연관되고 한 부분의 변화는 모든 체계에 영향을 주는 방식으로 상호의존적인 구성단위로 경계가 유지되는 단위이다.[5] 이때 개방되고 투과성있는 경계는 체계로의 에너지 흐름을 좀 더 용이하게 하며 환경의 변화에 적절히 대응할 수 있게 된다.

체계의 활력을 위해 환경과의 상호교환은 중요하다. 또한 체계이론에서와 같이 생태학에 있어서 피드백은 중요한데 피드백이란 각 구성원의 반응이 다른 사람의 행동에 영향을 주는 것으로 피드백의 고리는 구성원 간의 말과 행동에 영향을 준다. 생태학과 체계학의 합성어인 생태체계학은 유기체와 환경 상호 간의 관계를 연구하며, 환경과 유기체가 상호 균형을 이루며 성장하는 과정 자체를 중요시 한다. 이에 대하여 엄명용(2009)은 인간과 인간의 주변 환경 간의 상호작용 또는 역동적 교류와 적응에 초점을 두어, 개인과 환경은 특정상황 속에 양자가 끊임없이 영향을 주고받는 관계적인 측면에서 관찰되고 파악되어야만 충분히 이해될 수 있다고 하였다. 또한 Zimmerman(1990)은 '인간을 환경 안에서의 개념'으로 보고 있으며, '생태학적이며 문화적인 영향' 등이 고려되어야 한다고 강조하였다. 그러므로 인간과 가족은 '환경속의 인간'이라는 개념으로 지역사회에서의 적극적인 참여와 사회정치학적 환경에 대한 이해를 포함하여야 한다. 생태적 체계의 개념은 다음의 [그림 5-1]과 같이 나타낼 수 있다.

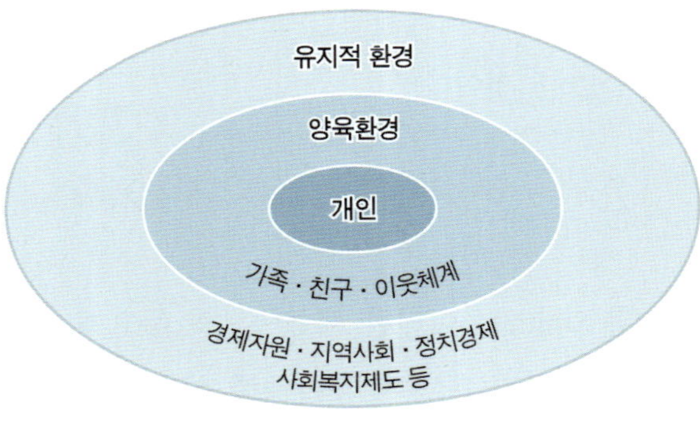

[그림 5-1] Norton, D.(1978). The Dual Perspective. N. Y. CSWE.

5) 가족은 세대, 젠더, 관심 혹은 역할과 기능에 의해 형성된 하위단위를 가지고 있음을 알 수 있다. 가족 내에서 가장 지속적인 하위체계는 부부(가장 기본적인 하위체계), 부모-자녀, 그리고 형제자매의 하위체계로 구성될 수 있다.

상기의 그림은 엄명용(2009)의 생태체계적 환경에 대한 구분을 참고하여, 미시와 중간수준의 환경을 구분하여 나타낸 것이다. 상기의 그림을 통하여 볼 때 순환적 인과성 대 단선적 인과성의 개념은, 체계 내에서는 각각의 행동들이 상호영향을 미치게 되는 상호순환적인 인과성을 지니는 것이 보다 바람직한 해석임을 알 수 있다. 여기에서 한 가지 행동이 다른 행동에 영향을 미치는 경우에는 단선적인 인과성이라고 할 수 있으며 이들의 원인과 결과가 상호 순환되는 경우에 이를 순환적 인과성이라고 할 수 있다. 그러나 체계 내에서는 다양한 요인들이 영향을 미치는 원인이 되고 상호관계를 촉진하는 경우가 많으므로, 단선적인 인과관계에 관한 논의는 의미가 없다고 할 수 있다. 따라서 가족체계에서는 명백한 시작과 끝이 있기보다는, 지속적인 순환이 있게 되므로 발생한 원인보다는 발생한 일에 대한 책임을 상호가 나누는 것이 중요하다.

미시체계란 가정, 학교, 또래집단 등과 같이 성장발달에 직접적 영향을 미치는 환경체계로 부모, 친구, 선생님들은 아동과 밀접하게 상호작용하면서 영향력을 행사한다. 따라서 가족복지학의 개입자는 이러한 부분의 상호작용에 대한 고려가 필요하다. 또한 중간체계는 미시체계들을 연결시켜주며 미시체계들이 중복되어서 생기는 관계를 의미한다. 이것은 두 개 또는 더 많은 환경들 간의 상호관계를 의미하는데 아동의 경우 가정과 학교관계, 가정과 또래집단의 관계가 대표적이다. 하나의 미시체계에 일어나는 사건들은 다른 미시체계에서 일어나는 행동과 발달에 영향을 미친다. 그 밖의 외체계는 개인이 직접적인 관련은 없으나 개인에게 영향을 미치는 사회구조인 환경요인으로 부모의 직장, 이웃, 학교와 지역사회와의 관계, 각종 위원회, 대중매체나 기관 등이 다양하게 포함된다. 그 밖에도 거시체계로 문화나 경제 등이 있다. 체계이론의 옹호자들은 이러한 체계이론이 어려운 목적에 적절하며 유용하게 쓰일 수 있음을 주장한다. 그러나 이에 대한 반론으로는 그 다양성으로 인하여, 자연과 사회세계 사이의 관계를 구체화하는 것 자체가 어렵다는 것에 있다.

이것은 체계이론의 한계점으로 체계이론이 하나의 흐름도에 가까우며 이론이 아니라는 지적이 제기됨에도 불구하고 그 중요성을 나타내 주고 있다. 즉, 체계이론이 너무 일반적이고 추상적이어서 중요하게 가치있는 탁월함을 만들지 못한다는 주장에도 불구하고 분명 사회의 역동을 설명하는 것에 유용하게 쓰이고 있다. 그러므로 한 사람을 이해하고 효율적으로 지원하기 위해서는 성장기의 특성에 대한 이해 뿐 아니라 그들의 행동에 영향을 미칠 수 있는 환경에 대한 이해가 필수적이다(홍봉선, 남미애, 2010).

이에 인간에게 가장 밀접한 환경이라고 할 수 있는 미시체계를 중심으로 가정생활건강성에 관한 개입은 매우 중요하다. 모든 인간은 가정에서 태어나고 영향을 받으며 성장하므로, 성장기 삶의 제 1차 사회화기관인 가정의 영향을 크게 받을 수 있다(홍봉선, 남미애, 2010).

가족의 화목에는 서로에 대한 충실, 친근감을 뜻하는 '가족유대감'과 가족단위의 여가생활과 공동의 관심사 및 함께 보내는 시간의 유익성 등의 '시간공유', 그리고 상대방의 이야기에 경청하는 정도, 수용 및 타협의 정도, 솔직성의 정도의 '의사소통'과 위기문제에 당면한 상황에서의 태도, 인내심, 해결노력, 자원공유 등을 다루는 '위기대처능력' 등 다양한 요인이 포괄적으로 요구된다.

따라서 각종 이론과 상담 및 개입은 원가족을 비롯한 환경을 고려해야 함을 알 수 있다. 이러한 체계를 고려한 이론은 현대사회의 많은 개입이론과 상담에서 광범위하게 활용되고 있음을 알 수 있다.

이를 위하여 상담가는 체계의 재구성을 통하여 사람들이 어떻게 변화할 수 있는지까지 예측하는 것이 중요하다 할 것이다. 이를 위해서는 사회적 지지망 등의 활용도 필요하다. 가장 중요한 것은 내담자의 변화를 위한 의지일 것이다.

8 상담 및 치료의 특성

1) 의사소통이론과 가족치료의 개입

(1) 의사소통이론

의사소통이론은 가족치료 및 상담의 영역에 있어서 매우 중요한 영역이다. 병리적 가족의 이중구속(double-bind)의 의사소통은 정신분열 뿐 아니라 각종 임상적인 병리현상에 좋지 않은 영향을 미치는 것으로 알려져 있다. 가족치료상담사는 클라이언트의 반복적이며 역기능적인 의사소통 패턴을 기술적 개입으로 중단시킬 수 있는 방법을 적절히 활용할 수 있어야 한다. 즉, 의사소통이론에 있어서는 전략적 치료를 비롯하여 다양한 기법과 기술이 활용되는데 전문적인 훈련을 요하게 된다. 즉, 긍정적 재정의를 하며 변화의 규제, 전략적 기법의 증상에 대한 처방 등을 통하여 각종 임상적 치료에 적용하게 된다. 그에 대한 실천적 기법으로 사용되는 기술과 전략의 단계는 다음과 같다. 첫째, 재정의의 단계를 통하여 클라이언트가 제시하는 문제의 상황이나 사실에 대해 대안적 의미를 부여하여 인식의 긍정성을 회복하는 단계를 거친다. 이러한 단계는 성찰의 단계로 재명명은 임파워먼트의 시작이기도 한데, 관계의 재정립에 영향을 줄 수 있다. 둘째, 변화에 대한 규제의 단계로 이는 클라이언트 자신이 스스로에게나 타인의 변화에 높은 기대를 가지고 있을 때 이에 대하여 일정 정도의 전문적 통제와 개입을 하게 된다. 셋째, 입장취하기의 단계에서는 보다 전략적인 입장을 통하여 가족치료상담사가 의도된 임상가의 비관을 낙관으로 대응하여 도전하도록 하여 반항적인 클라이언트가 스스로 문제를 해결해나가는 실마리를 터득해나가도록 유도하기도 한다. 넷째, 본격적인 처방으로 역설적 지시나 조언 및 정보의 제공 등으로 클라이언트에게 개입하게 된다.

(2) 가족치료상담의 개입

가족치료의 연구를 통하여 개입하는 재정의 및 역설적 처방은 단기상담의 한 형태에 접목되어 각종 불면증, 강박증, 우울증, 물질 및 알코올중독의 치료에 효과적인 것으로 보고되었다. 특히 행동주의적 관점에서 강화 및 소거의 방법을 적용하는 병행적 방법이 효과적인 임상보고도 있다. 일반적으로 가족치료상담사는 가족 간의 병리적인 의사소통에 있어서 '구두점 찍기'와 같은 중요한 개입을 통하여 가족의 의사소통의 체계에 관여하게 된다.

상호 비난적인 관계의 본질은 의사소통 진행과정의 끝없는 순환고리와 함께 이어지는 경우가 많다. 촉발요인에 의한 비난의 순환고리는 매우 반복적이며 상대방에 대한 비난의 메시지를 담고 있다. 따라서 적절한 지점에서 순환고리를 끊어주는 역할을 가족치료 및 상담가가 하게 된다. 이러한 원리는 관계 내의 원인과 진행 및 비난의 이슈에 대한 것들을 포함하고 있다. 의사소통이론은 직선이 아니라 순환적 인과관계를 통하여 끊임없이 지속되는 연속선상에 있다.

예 의사소통의 연속성의 패턴을 보이는 일반적 현상

친구들과의 모임에서 술을 먹은 뒤에 늘 늦게 귀가하는 청소년은 부모가 잔소리를 많이 해서 더 술을 마신다고 주장하고 부모는 자식인 청소년이 술을 마시니까 잔소리를 계속하게 된다고 반박하는데 이는 원인의 구두점을 서로 다른 곳에 찍고 있는 것을 알 수 있다. 즉, 자식인 청소년은 '잔소리를 하니까 술을 마시고'에 구두점을 찍었으며, 부모는 '술을 마시니까 잔소리를 하게 되고'에 구두점을 찍고 있는 것을 알 수 있다. 이와 같이 연속적인 흐름인 대화는 부분으로 연결되고 각각 자신에게 유리한 방향으로 주장하게 된다. 이것을 구두점의 원리(Principle of punctuation)라고 한다.

(3) 의사소통 방식의 이해

상담가는 개인의 의사소통이 디지털 형식인지 아날로그 형식인지 구분하게 된다. 디지털 방식의 의사소통은 언어의 논리성에 의하여 조절되는 의사소통의 구성인 단어로 이루어지게 된다. 반면 아날로그 의사소통 방식은 비언어적인 의사소통의 방식을 많이 사용하게 되는데 이것은 의사소통의 언어적 전달 뿐 아니라 자세, 표정, 제스처, 목소리의 톤, 억양, 리듬과 같은 다양한 양식이 포함되어 정황까지 함께 전달되는 것이다.

그런데 이러한 아날로그식 의사소통 방식에 있어서 상황의 불유쾌함의 문제를 가진 사람은 그 문제를 해결하거나 증상을 없애기 위해 분노 등의 촉발을 매개로 하여 사회적으로 용인이 되지 않는 부분까지 이르며 자신의 의사를 관철하고자 하는 경우가 종종 있다. 이러한 경우에는 표면적으로는 단순한 의사의 전달이나 자기주장의 형식으로 보여질지라도 그 이면에는 그 사람이 가지고 있는 성장과정에서의 처리되지 못한 감정이 내재되어 있는 경우도 많다. 따라서 상담사는 이러한 부분에 대한 주의깊은 탐색을 요하며 그에 따른 최면요법 등을 통한 무의식의 탐색도 경우에 따라 실시할 수 있다. 이러한 경향은 내재적인 경향으로 인하여 일시적인 상담만으로는 나타나지 않는 경우도 많기 때문이다.

특히 가족상담으로 상담사를 찾는 사람들은 가족으로부터의 적절한 지원을 받기보다 때로 자신이 섬과 같은 조직으로 자신의 입장만을 항변하는 경우도 많기 때문에 이러한 각각의 구성원을 하나의 이해단위의 조직으로 다시 묶어주기 위해서는 다양한 각도에서의 은유적인 활동도 상담에 활용되게 된다.

즉, 가족 내에서 바람직한 변화를 위한 노력이 일정기간 지속되면 과거의 습관적 문제에 관련된 가족구성원은 차츰 문제의 현상이 보이게 되며 문제의 해결을 위해 스스로 노력하게 된다.

(4) 이중구속

이중구속이란 두 가지 메시지를 함께 주는 것으로 사랑한다고 하면서 보이는 표정이나 행동은 그렇지 않은 경우, 상대방에 대하여 간섭하는 방향이 두 가지 방향인 경우, 이러한 의사소통에 늘 노출되어 있는 대상자는 무기력을 느끼며 현실에 적응장애현상을 보이게 된다. 대표적인 예로 자녀양육에 있어서 성적이 다가 아니라고 하면서 성적을 가지고 자녀를 야단치거나 하는 등의 이중구속의 예는 무수히 많다.

이러한 이중메시지는 자신의 주관적 판단의 기회를 상실하고 눈치보는 인간으로 성장하도록 하는 역기능으로 작용하게 된다.

그런데 상호 관계상의 어려움은 이중구속에서 일어나는 경우가 많다. 일관적이지 않은 상대방의 태도에 혼란을 느끼면 그 대상자는 상대방에게 대한 관심을 점점 철회하며 다른 대상이나 대상자에게 관심을 가지고 몰두하는 현상을 보이게 된다. 자녀의 게임중독이나 각종 알코올중독 등은 관계 속에 표출되는 은밀한 이중구속의 모순적 상황에 노출되는 경우에 만성적이거나 심각한 상황으로 발전하게 된다. 이중구속이나 이중메시지를 자주 보이는 상대방과의 진정한 관계는 성립되기 어려우며 의사에 있어서 감정의 반영이나 변동 혹은 철회가 빈번한 경우에는 특히 관계의 형성이 어렵게 되며 상대방의 정신건강에 영향을 미치게 된다. 특히 이중구속의 효과는 관계에 있어서 지위가 다른 경우 낮은 지위에 있는 사람이 메시지의 해석에서 혼란을 느끼는 경우, 동시에 수신되는 메시지의 상충되는 내용 속에서 어느 한 부분을 취하여 행동해야 하므로 대상자가 어린 자녀인 경우에는 정신적으로 매우 심각한 결과를 초래할 수 있다. 이중구속의 상황은 언어적 메시지와 표정이나 태도 등의 비언어적인 메시지와 함께 전달되는 경우도 많으므로 매우 혼란스럽고 불안이나 분노 등을 경험하게 될 수 있으므로 신뢰관계를 기반으로 하는 의사소통이 이루어지기 어렵다.

상담가의 개입

① 클라이언트 체계의 합류

치료상담사는 개입초기에 클라이언트에 대한 정확한 사정을 위하여 정보를 수집하게 되는데 여기에는 언어적 의사소통 뿐 아니라 비언어적 의사소통이 포함된다. 이 단계에서는 클라이언트와의 충분한 라포 형성이 필요하며 이를 토대로 하여 가족치료상담사의 감정이입, 수용, 지지, 공감 및 자기노출을 통하여 클라이언트와 협력하여 문제에 전문적으로 개입하게 된다. 개입의 단계는 다음과 같다.

② 증상의 정의

증상은 여러 가지로 분류될 수 있는데 자신이나 타인과의 관련문제나 직장 및 사회환경의 문제가 될 수 있으며, 가치, 규범 및 법의 문제도 될 수 있다. 그러나 어떠한 문제이든지 명확하고 구체적으로 파악되고 정의되는 것이 중요하며 이러한 정의는 문제의 개입방법에 영향을 미친다.

③ 목표의 설정 및 계획

개입에 따른 목표를 설정하는 것에 있어서 라포의 형성과 증상의 정의의 단계가 이루어지면 그 다음에는 클라이언트와 함께 목표를 설정하고 그에 대한 세부목표, 회기, 상담기간, 방문시간 등을 정하여 구체적으로 동의된 목표를 달성하기 위한 구체적인 계획을 세운다.

④ 변화전략의 개발과 적용

변화에 대한 전략을 적용하여 목표달성을 위한 해결책의 효과성을 분석한 뒤에 이를 생활 속에서 안정화할 수 있도록 하는 이차적 변화전략의 단계가 도입되어야 하는데 이때에는 해결책의 확인으로 클라이언트와 주변사람들이 문제를 해결하며 원하는 목표에 도달하기 위해서 어떤 개입을 했으며 어떠한 성과를 거두었는지에 대하여 상호 의논하고 확인하여야 한다.

⑤ 종결 및 추수상담

치료상담사와 클라이언트가 상호 합의한 목표를 달성하고 증상의 문제를 해결하였다면 치료를 통하여 결과 목표에 도달하였다면 이를 클라이언트에게 확인해주는 단계가 필요하다. 이 시기는 치료를 종결하게 되는 단계이다. 이러한 단계에서 추수상담에 대한 논의도 함께 할 수 있다.

(5) 사례의 현장적용

가족치료 및 상담을 통하여 접근된 부분은 사례의 축적을 통하여 실천적으로나 이론적으로 기여할 수 있으며 그 대상이 되는 개인, 부부, 가족 및 특수한 가족의 상황에 다양하게 접목될 수 있다. 또한 다양한 전략적 접근방법은 클라이언트의 다양한 문제(우울증, 자살충동, 약물중독, 섭식장애, 부부문제, 학교문제, 분노조절 등)에 대하여 단기간에 효과적이며 성공적으로 적용될 수 있다. 이러한 전략적 치료는 진단을 통하여 질병을 치료하는 것에 초점을 두기보다는 문제에 고착화되고 유지 패턴의 순환고리를 중단하는 데 중점을 두고 적용되는 것이 특징이다. 따라서 다양한 전략적 기법을 적용하여 전략적 치료방법을 선택하기 위해서는 문제의 정확한 진단과 함께 다양한 기법의 적용과 기술에 대한 지식 및 실천기술이 필요하다. 그 밖에도 해결중심치료, 이야기 치료 및 구성주의를 적용한 내담자 치료, 역설적 인지 및 행동주의적 과제중심 치료 등이 접목되어 활용될 수 있다. 이것은 클라이언트의 바람직한 변화를 가장 효과적으로 촉진하는 것에 그 목적이 있다.

CHAPTER

6

가족치료의 발달

1 보웬(Bowen)[1]의 가족치료

상담에 있어서 가족치료의 발달은 한 개인의 분석과 치료에 주목하였던 프로이드의 정신분석학으로부터 시작하며 그는 어린 시절의 가족관계에 관심을 가졌다. 이후 보웬의 가족치료는 개인의 자아분화의 수준과 가족력에 대한 가계도를 통하여 개인의 탈삼각화를 통해 가족치료의 문제에 접근하고자 하였다.

보웬은 어머니로부터의 이중구속(double binding)의 대화형태가 정신분열을 유발할 수 있으며 부부간의 불균형이나 가짜 친밀성 혹은 고무울타리[2]의 경계가 정신분열증을 유발한다고 발표하였다. 보웬은 분화(differentiation)의 정도가 가족들의 삼각관계를 유발하게 되며 가족구성원 중 한 사람이 희생양이 되어 정신분열증이 유발된다고 하였다.

한편 보웨치료기법은 가족성원 중 한 사람(IP)을 치료함이 전체 가족체계를 변화시킬 수 있다는 생각으로 치료대상의 폭은 상당히 넓었으나 그 접근법은 다른 가족구성원과의 상호작용 등 가족을 통하여 접근하고자 하였다. 가계도 작성법[3]은 가족구조를 도식화하여 가족성원에 관한 정보와 가족관계를 기록한다. 이러한 가계도의 활용은 가족 진단의 도구로 가족에 대한 정보를 한눈에 살펴볼 수 있도록

---

1) 보웬은 미국에서 출생하여 대가족의 장남으로 태어나 정신과 의사가 되었고 정신분석가로 활동하면서 정신분열증 환자를 치료하였으며, 모자 공생애의 가설을 통하여 보웬은 1954년 국립보건원에서 그의 이론과 기초를 확립하였다. 그는 환자들은 엄마와 불안정한 애착관계가 개인의 분화수준과 삼각관계에 영향을 준다고 하였다. 모자의 애착관계는 정서적으로 불안한 마음에 의해 이루어지며 이것은 스스로의 통제에 영향을 주는 불안정한 애착관계로 나타나는데 이것은 불안정한 애착관계를 통하여 자신을 지탱하기 위해 다른 사람들과 일정한 관계를 가지고 삼각관계를 형성하며 올바른 자아분화에도 영향을 주게 된다.

2) 고무울타리는 적당한 경계선을 긋지 못하도록 심리적으로 연결되어 가족과 자신을 구별하지 못하는 상태를 은유적으로 표현한 것이다.

3) 가계도(Genograms)는 Bowen(1978)의 가족체계이론에 근거한 사정도구로 2~3세대에 걸친 다세대를 통하여 가족구성원에 관한 정보와 관계를 도표로 기록 및 작성하는 방법으로, 가족 내 역동성을 이해하고 가족이 여러 세대에 걸쳐 발달시켜 온 가족의 역할, 유형 및 관계 등의 상호작용을 살펴보기 위해 고안되었다.

하였으며 복잡한 가족 유형을 쉽게 파악하게 하고 가족의 맥락에서 어떻게 개입할 것인지에 대하여 임상적 문제와 시간적 경과에 대한 자료를 제공할 수 있도록 하였다.

1) 주요 개념 및 원리

(1) 분화(differentiation of self)[4]

분화의 개념[5]은 보웬의 가족치료이론에서 대표적인 개념으로, 가족 내에서의 유일한 문제가 지적체계와 정서체계와의 분화의 불균형이라 보았다. 자기분화의 개념은 정신내적이며 인간관계적 개념으로 자신과 타인 간의 구분, 정서과정과 지적과정의 구분능력이다.[6] 이러한 분화는 자아의 형성을 통해 형성될 수 있는데, 어린 시절 부모나 중요한 사람들 간의 상호작용을 통해 자아가 형성되는데, 예를 들어 타인과의 관계에 의해 변하지 않는 진짜 자아와 타인과의 관계에 의해 형성되는 가짜 자아가 있다고 가정한다면 진짜 자신이 많은 경우에는 타인의 영향에 의한 감정반사행동이 적게 된다. 분화지수가 낮은 경우에는 지적반응보다 감정반응이 주를 이루며 분화지수가 높은 75~100의 수준에서는 불안이 아주 높은 관계 속에서도 자신의 목표를 잃어버리지 않고 유지할 수 있다. 분화의 정도를 알 수 있는 지표로는 가족의 의견이나 감정적 힘에 의존하지 않고 스스로 주관적으로 의사결정을 할 수 있으면서도 가족에게 민감하게 반응할 수 있는 정도로, 진짜 자신의 감정과 지각을 유지하면서도 가족의 일원으로서의 생활을 영위하는 정도를 의

4) 보웬은 자아분화를 타인으로부터 자기의 분리와 지적 과정으로부터 감정적 분리라는 두 가지 측면으로 미분화된 가족 자아집합체 또는 융합으로 확대하여 설명하였다.
5) 보웬은 핵가족 감정체제로 가족원들이 융해되거나 감정적으로 하나가 되는 상태를 표현하기 위해 '미분화된 가족의 자아 덩어리'라는 용어를 사용하여 핵가족 감정체제를 통해 가족들이 감정적으로 연결되어 있는 감정상태와 질을 설명하고자 하였다. 즉, 가족의 성원들이 가지고 있는 감정적 연결의 강도를 나타내는 개념이 핵가족 감정체제라고 할 수 있다.
6) 감정반사행동의 빈도에 따라서도 일정 정도 짐작이 가능하다.

미한다. 즉, 다른 사람과 건강한 경계를 유지하면서도 상호 책임과 균형을 이루는 정도라고 할 수 있다. 이를 위해서 때로 불일치나 적대감에 직면할 때에도 정직하게 진짜의 자신으로 남아 타인과의 관계에서 자신을 잃지 않으면서도 그들과 건강한 관계를 유지하면서 반사행동을 하지 않고 지적인 반응을 할 수 있는 정도라고 할 수 있다.[7] 이와 같이 보웬이 언급한 자아분화의 개념은 정신내적인 개념과 동시에 대인관계적인 개념으로 정신내적 측면의 분화란 자신의 사고와 감정을 분리시킬 수 있는 능력으로 주위 사람들의 감정의 지배를 받기보다는 사고와 감정이 균형을 이루며 객관성을 가지고 있다. 자아분화가 낮은 경우는 부부체계에서 감정반사행동이 증가하며 부부 중 한 사람이 신체나 감정적인 역기능 상태에 처하기 쉽고 부부간의 문제를 자녀에게 투사할 수 있을 가능성이 있다. 이와 같은 가족의 투사과정은 핵가족 감정체계에 따른 미분화로 감정적 불안정을 다루기 어렵거나 혹은 인지의 과정을 통해서 처리하지 못하는 경우는 자신의 불안을 다른 가족구성원에게 투사하게 되는데, 이러한 현상이 부모와 자녀 간에 나타날 때 가족투사과정(family projection process)이라 한다. 이는 가족의 구성원이 자신의 미성숙함과 분화의 부족을 다른 구성원에게 전가하는 경우이다. 투사의 대상은 자녀로 볼 때에 장남이나 장녀가 되는 경우가 많으며 이때 자녀는 부모와의 삼각관계로 분화의 수준이 낮은 상태로 성장하게 될 가능성이 높게 된다.

그런데 심각한 것은 이러한 가족투사현상이나 삼각관계의 행동양식은 다음세대를 통하여 다세대로 전이될 수 있는데, 예를 들면 화를 많이 내는 감정반사행동의 양상을 많이 보이는 부모 아래 성장한 아이는 부모의 행동이 내면화되어 같은 방식

---

7) 보웬은 자신과 타인의 구분으로 정서적 과정과 지적 과정을 구분할 수 있는 능력으로 표현되는 확고한 자기(solid self)와 거짓자기(pseudo self)로 구분하여 제시할 수 있다고 하였다. 그는 분화의 종류로 정신내적 측면의 분화와 지적 기능이 정서적 기능과 얼마나 분화되어 있는가를 살펴보았고, 대인관계적 측면의 분화로 다른 사람과 구별되는 확고한 자아발달과 자신의 신념에 의해 자주적이고 독립적인 행동이 가능한가 하는 두 가지 측면을 관찰하였다. 분화가 이루어지지 않은 사람은 미분화된 가족자아(undifferentiated family ego self)의 상태로 남아 혼합된 감정상태로 독자적인 정체감을 형성하기 어렵다.

으로 다른 사람과 관계를 맺을 가능성이 높아진다. 이와 같은 현상은 삼각관계의 형성이나 가족투사를 통하여 세대 간 전수, 즉 다세대전수과정(multigenerational transmission process)이 되며 이러한 환경에서 자라는 자녀의 분화수준은 높아지기 어렵다. 이러한 차원에서 부모세대의 핵가족 감정체제는 자녀세대의 감정분화수준을 일정 정도 예견할 수 있게 한다.[8)]

한편 보웬이 주장한 바로는 자녀의 출생순위, 즉 자녀의 위치(sibling position)가 분화수준과 관련이 있다. 이것은 부모들의 기대수준과 관련이 있는 것으로 장남과 장녀의 경우는 부모의 기대수준에 의하여 분화수준이 떨어질 가능성이 있으며, 부모의 기대수준이 낮은 자녀의 위치는 자녀가 독립된 생각에 의하여 행동할 가능성이 높아지며 독립된 생각의 정도에 따라 분화수준은 올라가게 된다. 이에 대한 반사적 행동으로 부모와의 관계에서 해결되지 못한 정서적 애착의 처리로 과거로부터 자신의 삶을 위해 자신을 분화시키고자 멀리 떠나 생활하거나 부모에 대한 거부의 표현 등의 표출은, 실상 불안이 높고 정서적 의존이 높은 경우의 단절로 나타나는 현상이 많으며 물리적 단절과 감정적 단절의 형태로 나타나나 실제로 이러한 감정 단절(emotional cutoff)은 융해관계에서 오는 경우가 많다. 따라서 가족 간의 외로움과 오해가 있다면 이러한 부분을 살펴볼 필요가 있음을 점검해보아야 한다.

(2) 핵가족 정서과정

핵가족 정서과정(nuclear family emotional process)[9)]은 과거 해소되지 못한 불안이 가족에게 투사되는 것으로 분화되지 못한 불안과 스트레스에 대한 대처능력의 저하는 각종 역기능으로 나타나기 쉬우며 결혼은 같은 자아분화의 수준의 사람 간의

---

8) 보웬은 정신분열을 연구하였는데 이러한 역기능의 문제는 가족체계의 누적된 미분화와 융합의 결과로 보았다.

9) 보웬은 핵가족 정서과정이 다음과 같은 현상으로 나타날 수 있다고 보았다. 정서적 거리(emotional distance), 부부갈등(marital conflict), 자녀에게 전이(transmission of the problem to a child), 배우자 역기능(dysfunction in one spouse)으로 나타날 수 있다.

선택에 의한 만남이 되기 쉬우므로 결혼 후의 부부 융화나 부부갈등은 이러한 문제의 점검을 요하게 된다. 또한 자녀의 이러한 미발달은 양육자인 어머니로 하여금 통제의 구실을 제공하게 되며 일종의 병리현상을 사용하여 부모로 하여금 더욱 관심을 쏟게 하는 기제로 작용하여 기존의 미발달적 가족 유대를 굳히는 결과가 된다.

따라서 보웬의 치료의 목표는 개인보다는 체계 내에서 불안을 경감시키고 자신에게 초점을 맞추어 자아분화를 촉진하는 것으로, 합리적인 객관성을 통하여 분화를 성취하여 감정과 사고를 분리할 수 있도록 하고 핵가족 및 확대가족과 유대를 끊지 않으면서도 독립성을 발달시키도록 하는 것이 초점이라고 할 수 있다. 따라서 동기가 높은 개인을 변화시키는 것이 전체 가족집단의 변화에 영향을 주며 치료과정이 다시 다른 구성원에게 영향을 미치게 되어 순환을 이룬다고 보았다.

(3) 삼각관계(triangular relation/ emotional triangles)

삼각관계란 두 사람이 불안정한 관계를 형성하는 경우에 다른 사람이 그 관계에 들어오면 상대적으로 보다 안정된 관계를 만들고자 하는 것이다. 세 사람으로 형성된 삼각관계는 불안을 낮추는 역할을 하게 되는데 그 근원은 불안의 전이현상으로 해석될 수 있다. 예를 들어 남편과 아내의 갈등관계에 아이가 개입되어 완화되거나 전이시키는 관계 등이다. 이때 삼각관계가 고착된 형태로 지속되면 자녀가 증상을 일으킬 수 있다. 그런데 이러한 삼각관계는 사람이 아닌 대상이 될 수도 있으며 일중독, 알코올중독, 기타 취미가 될 수 있다. 이러한 삼각관계는 불안이나 긴장과 같은 위기상황에서 일시적인 도움을 줄 수는 있으나 가족 간의 갈등문제에 무감각하게 하고 가족 간의 감정을 혼란스럽게 하기 쉽다.

문제는 이러한 병리적인 현상이 사회 정서적 과정(societal emotional process)으로 나타날 수 있는데 이러한 사회 정서적 과정은 가족의 기본 이론이 사회로 확대된다는 것으로 예를 들어 부모가 10대 자녀들을 다루는 낮은 수준은 부모들이 명확한 원리 없이 자녀들을 달래기 위해 상황에 도움이 되지 않는 경직되거나 가혹한 반응은 자녀의 일탈과 달래기, 억압 등의 악순환으로 이어져 사회의 하위집단끼리 융합되기 시작하는 경우 사회적으로 폭력과 불신이나 비행을 비롯한 범죄율이 높아질 수 있다고 보았다.

2 미누친(Salvador Minuchin)[10]의 구조적 가족치료 (Structural Family Therapy)

1) 하위체계와 경계선

1970년대 이후 구조적 가족치료는 앞서 잠시 설명한 체계론적 관점을 근거로 발전된 것으로 미누친을 주축으로 개발되었다. 이 이론은 증상을 병리적으로 보지 않고 역기능적인 구조로 보기 때문에 과거력을 위주로 하여 진단하지 않는다. 주요 개념은 경계선(Boundary)의 건강성을 통하여 진단하며 경계를 통하여 개인과 하위체계를 둘러싸고 있는 체계 간의 역동성을 살펴보게 된다. 미누친은 가족의 건강한 기능은 하위체계의 경계선[11]이 분명한 경우로 보았다. 또한 구조주의적 입장에서 미누친이 본 것은 하위체계(subsystem)의 개념으로 가족의 역할수행을 위해 가

---

10) 미누친(Salvador Minuchin)은 구조적 가족치료의 선구자로 아르헨티나 출생으로 2차 세계대전 이후 미국에서 아동정신과 의사 활동을 하는 가운데 1952년에 버려진 아이들의 치료를 위한 이스라엘의 방문에서 가족의 중요성을 깨닫게 되었다. 이후 1954년 미국에서 정신분석훈련을 받고 뉴욕 근교에서 비행청소년과 빈곤가족에 관심을 가지게 되었고 이후 「가족들과 가족치료(Families & Family Therapy)」(1974)를 저술하였으며 1981년에는 가족학연구소(현 미누친 가족연구소)를 설립하고 구조적 가족치료(Structural Family Therapy)에 대한 연구를 하였다.

11) 미누친은 가족의 경계를 다음과 같이 구분하였다. 즉, 이는 분명한 경계(Clear Boundary), 애매한 경계(Diffused Boundary), 경직된 경계(Rigid Boundary)이다.

족구성원 간의 일정한 형태의 상호작용이 있으며 이는 부부하위체계, 부모하위체계, 형제하위체계 등으로 구성되며 이들에 대한 제휴(Alignments)[12] 등을 살펴보았으며 건강한 경계와 하위체계의 개입을 통한 재구조화로 가족을 치유하고자 하였다.

첫째, 부부하위체계(spouse subsystem)로 부부하위체계의 정서적 안정과 원활한 기능이 가족체계에서 중요하다고 보았다.

둘째, 부모하위체계(parental subsystem)로 적절한 부모와 자녀의 위계안에 자녀는 부모의 보호 또는 권위 및 지도에 의하여 성장한다.

셋째, 형제하위체계(sibling subsystem)로 자녀들 간의 협동, 경쟁, 협상, 지지를 통해 가족관계 및 사회에서의 동료관계를 학습할 수 있다.

구조적 가족치료의 개념은 구조주의의 이론적인 전제를 기반으로 체계의 전체와 부분은 부분 간의 관계를 통해서 설명될 수 있다고 보므로 사회관계나 인간관계의 규칙을 이해하기 위해서 가족 간의 지배적인 규칙을 살펴보고자 하였다. 이를 통하여 가족구성원의 상대적인 위치, 가족관계, 기능 및 문제 등에 관한 관점을 구조화하는 것에 기여하였다. 여기에 활용되는 개념은 다음과 같은 것이 있다.

2) 경계선의 종류

(1) 모호한 경계선

모호한 경계선이란 가족원 사이에 정보는 공유하지만 필요 이상의 밀착된 관계를 형성하게 된다. 지나치게 친밀하거나 깊이 관여하는 상황은 각자의 개인적 자

12) 가족성원 간에 형성하는 정서 및 심리적 연결에 관한 것을 뜻하며 치료적 차원에서 병리적인 가족의 경우는 제휴의 재구조화에 개입하게 된다.

아분화가 덜 이루어져 있다는 것을 의미한다.

(2) 경직된 경계선

경직된 경계선이란 가족구성원 사이의 생각이나 감정 등을 공유하지 못하고 유리된 관계로 고립되고 친밀감이 부족하여 가족 외의 다른 집단에 강한 연합을 형성하기도 한다. 경직된 경계의 가족체계는 지역사회, 이웃과의 관계에서의 상호작용이 제한된다.

(3) 분명한 경계선

분명한 경계선이란 경계가 적절히 투과적이고 유동성 및 융통성이 있는 경계선으로 바람직한 상호작용에서 설명된다. 대부분 가족문제의 발생은 하위체계 간의 경계가 모호하거나 경직되어 있는 경우에 발생하게 된다.

구조주의의 가족치료의 기법으로는 가족이 보다 기능적인 교류유형을 발달시킬 수 있도록 돕는 맥락을 만드는 것이 중요하다는 이론에 근거하여 다음과 같은 기법이 상호보완되어 활동된다. 첫째는 교류의 창조(creation of transaction)기법으로 치료적인 효과가 연결될 수 있도록 가족구성원 간의 교류를 치료자가 이끌어낸다. 이를 위해서 활용되는 기법으로는 구조화(structuralization)와 실연화(enactment inducement)가 있다. 구조화란 가족구성원 간의 체계적 관점에서의 개입을 의미하며 실연화는 역기능적인 상호작용에 개입하여 순환성의 체계를 수정해주기 위하여 모델링 뿐 아니라 가족 내의 과제설정(task setting within the family) 등이 활용되어 실시된다. 뿐만 아니라 상호 교류와의 합류(joining with the transaction)를 통하여 가족의 체계가 순기능적인 순환에 적응(accomodation)을 유지할 수 있도록 한다. 이를 통하여 교류를 재구성화(restructuring the transaction)함으로써 보다 기능적인 가족구조에 있어서 가족구성원 간의 교류체계를 재편성(system recomposition)하고 가족구성원의 구조를 수정

(structural modification)하는 것을 가능하게 할 수 있다. 구조적 가족치료의 특징은 가족의 교류유형에서의 경계선, 제휴, 위계를 움직여 변화를 도모하는 기법이라고 할 수 있다.

3 구조적 가족치료

1) 구조적 가족치료의 적용

가족치료는 가족구성원들 사이의 의사소통이나 행동의 관계를 규명하는 전문직으로 발돋움하고 있는데 사회적인 위기나 전쟁 등으로 그 필요성에 대한 공감이 더욱 확대되었으며 부부위기 상담 등을 다루며 심리 분석 영역을 활용하여 부부와 아동문제에 대한 개입을 통하여 현재까지 이르고 있다. 미국에서는 1950년대를 전후 가족의 기능이나 역기능 등이 가족학자 등을 중심으로 연구되었고 가족 결속력을 위한 상담이나 프로그램이 실시되었으며 가족치료 등이 시도되었다. 가족치료의 발달과정을 살펴보면 다음과 같다. 먼저 1920년대에서 1940년대에는 정신분석학 위주의 진단이 실시되어 가족의 심리의 분석과 개입이 실시되었다. 특히 세계대전이나 대공황으로 인한 가족문제가 사회화되자 이에 대한 개입의 필요성이 부각되었다. 이때 가족의 상호작용이나 의사소통의 불일치, 이중구속 등의 개념이 활발히 연구되기 시작하였다. 1950년대에는 보웬이 정신분열병 환자와 어머니와의 관계에 관심을 두고 여러 세대에 걸쳐 전수되는 병리적 현상과 정서적 융합의 현상을 연구하였다. 이후 1960년대와 1970년대에는 MRI(Marital research institute)를 중심으로 미누친이 도시빈곤가족과 비행청소년의 가족을 중심으로 구조적 가족치료를 시도하였다. 이후 현대사회에서는 기존의 구조주의적인 관점에서의 성역할에 따른 부부역할의 경계가 다원화되고 경제적 효율성에 있어서 남녀의 성역할의 구분이 완화되어 보다 유연하고 합리적인 사고를 지향하고 있다. 그러나 전통적인 구조주의의 개념은 아직도 가족의 기본 틀을 형성하고 있다.

2) 전통적 개념으로의 구조주의

(1) 가족신념과 가족의 유형

생각해 보기

희성과 수연은 20년 동안 결혼생활을 유지해왔다. 그런데 처음에는 전통적 핵가족에서의 부부 역할을 각자 충실히 이행하고 문제가 없는 듯 보였다. 그러나 생애주기에서 볼 때 수현의 결혼만족도는 떨어지고 그녀는 소비생활을 컨트롤하기 위해 파트타임의 일을 하고 싶어 했으며, 아이들이 자라 출가한 이후 수현은 과거보다 더 많아진 자유 시간을 그녀만의 흥미있는 일들에 집중하고자 했다. 이에 희성은 여성의 가사를 돕는 일보다는 수리 등의 집안일은 사람을 고용하며 그를 통한 자유 시간을 TV를 보는데 할애했다. 그들은 남자가 공급자의 역할을 여자가 그를 돌보는 역할을 해야 한다는 전통적인 생각을 하고 있다. 이들은 구조적인 이론에 입각한 가족에 대한 사고방식을 가지고 있는 커플이다.

구조적 가족치료로 유명한 미누친(Minuchin)은 아르헨티나에서 출생한 아동정신과 의사로 하류계층의 가족에게 전통적 가족기법 적용이 어려움을 알고 연구한 끝에 정립한 가족치료의 한 접근법으로 가족 내의 병리적인 제휴와 분열을 변화시키고자 하는 접근법을 개발하였다. 이는 대인관계이론의 영향을 받았으며 이후 1960년대 뉴욕에서 비행청소년을 교정하기도 하였다.

(2) 가족구조(family structure)

미누친(Minuchin)은 가족의 구성원들이 상호작용하는 고착화된 패턴의 발견을 중요하게 생각하였다. 그는 같은 행동들의 반복을 통해 가족들은 지속적인 패턴을 파악한다. 이렇게 반복되는 패턴들을 통하여 가족의 상호관계를 지배하는 일련의 은밀한 규칙(covert rule)를 발견할 수 있다. 이러한 양상은 가족의 반복된 행동으로 나타나는 결과는 구조적 패턴을 보여준다. 그런데 가족 내에서 어느 한 사람이 주도권을 가지고 모든 의사결정을 하는 경우 상대 배우자는 가족 외부에서 감정적인 지원을 얻으려는 심리로 가족의 외부로 주의를 돌리며 다른 하나의 구조를 만드는데, 이것이 취미이든 다른 인간관계이든 무엇이든 그 결과는 상황에 저항하여 자기영속성(self-perpetuating)을 유지하기 위한 경향이다. 또한 부부하위체계나 부모 하위체계를 통하여 설명되는 병리적 밀착현상은 인간이 자신을 보호하기 위한 심리적 방어이기도 한다. 예를 들어 부부가 너무 엄격한 경우 자녀관계가 부부관계보다 밀착될 수 있으며 따라서 각자 분화된 자아와 권위가 필요하며 상호 건강한 방식으로 협상하는 방법을 익히는 것이 치료의 한 기술이 된다. 부부하위체계의 경우는 적당한 권위를 가지면서도 과도하지 않은 통제력을 통하여 부모로서의 역할을 아동의 성장과 발달 및 자율적인 권리에 사용할 수 있어야 한다.

반면 구성원 간의 밀착된 관계는 미분화성을 형성하게 되며 혹은 반대의 경우로 유리나 방임 등의 경향을 보이기도 하므로 가족학에서는 명확한 경계(clear boundary)를 중요시하게 된다. 또한 부부가 체계를 이루면 원가족들로부터 그들을 건강하게 분리시키는 경계를 분명히 하는 것도 중요한 적응과제이며 자녀의 출생 이후 아내와 남편으로서의 기능적 역할은 전통과 함께 상호작용하며 적절한 관계성을 가지고 성장해나가야 하는 과제를 안고 있다. 이것은 각각의 역할에 따른 정체감과 소속감 및 분화를 촉진시킨다.

그러나 병리적인 가족의 특색은 상황의 변화에 수정되지 않고 경직된 구조에 고착된다. 그에 따른 예는 부부갈등을 직접적으로 해결하기 어려운 경우 이를 직면하지 않고 자녀에 초점을 맞추고 자녀에 지나치게 애착을 가지는 경우, 오히려 자녀의 장애를 불러올 수 있다. 그런데 부모 중 한 사람, 특히 어머니의 경우 자녀와 연합관계를 형성하여 부부관계나 부모관계의 긴장관계에서 이를 회피하는 경우가 발생되기 쉽다. 따라서 가족구조를 통한 치료는 병리적인 가족구조의 변화에 초점이 있으며 이때 상담자는 가족의 경계선을 변화시키고 가족구성원 간의 체계를 재정립하여 가족구성원의 행동과 경험을 변화시킨다. 이를 위해 사용될 수 있는 방법은 재현(enactment)으로 경우에 따라 상담자는 특수한 상황에서 가족의 문제를 재현시키고 그에 따른 역할제안과 모델링을 통해 가족의 상호작용을 수정할 수 있도록 지도한다.

이때 상담자는 가족구성원의 어느 쪽이 공격적이며 어느 쪽이 방어적이며 누구와 심리적으로 밀착되어 행동하고 있는가 등을 관찰하여 개입하도록 한다. 이때 상담자는 가족 간의 관계에서 숨겨진 문제와 메시지를 발견하고 도움을 줄 수 있어야 한다. 역기능적인 가족은 지나치게 경직되어 있거나 산만하거나 유리된 방임적 상태를 유발하는 경계선을 가지며 이는 오랫동안 학습된 경우가 많으므로 가족치료에서는 변화의 방향을 제시하기 위해 실용적인 허구적 구조를 제안하고 모델링하도록 시도한다. 이와 같이 다른 구조 및 경험된 행동을 통해 가족구성원의 느낌을 공유하도록 하고 바람직한 행동을 구축하도록 한다. 한국의 가부장적인 가족제도는 엄한 전통적 규율 속에서 억압을 배우는 역기능적 형태로 스트레스를 유발하거나 억지행동을 가장하기 쉽다. 따라서 미누친의 구조적 가족치료가 심리치료와 함께 병행된다면 보다 효과적일 것으로 생각된다.

(3) 가족의 기능들(Family Functions)

역사적인 분석은 가족이 사회에 많은 중요한 기능을 공급해 왔음을 증명했다.

그러나 현대에서는 가족의 많은 기능들[13]이 다른 기관에 넘겨져 수행되어왔고 가족은 그 자신의 주요 기능에 주안점을 두고 있다. 머독(1949)은 가족이 4가지 기능을 사회에 제공한다고 하였는데 그것은 다음과 같다.

① 성적인 기능(sexual) : 모든 사회는 혼란을 피하기 위해 이 추진력이 억제되는 것이 필요하다는 것을 발견했다. 그러나 이것이 과도하게 억제되거나 개인적 문제에 국한한다면 결과적으로 인구는 충분하지 않을 것이다. 그에 대한 타협이 바로 결혼이다. 대부분의 성적 표현은 결혼제도 안에서 이루어지며 이것이 사회적으로 용인되는 행위이다.

② 번성(reproduction) : 번식은 모든 사회에서 결혼의 성적 결과로 자연스럽게 이루어진다. 많은 아이들이 혼외 성관계에 의하여 탄생하지만 대다수는 사회적 선호대로 가족 내에서 태어나게 된다. 이러한 아이들은 가족 내에서 수용되어 여러 혜택을 누리는 특권이 주어진다.

③ 사회화(socialization) : 자녀출산에 더하여 가족은 아이들을 물리적으로 보살피며, 이들이 성인으로써의 업무를 수행[14]할 수 있도록 돕고 그들 특정 문화에 의해 적절하다고 판단되는 가치를 수용하게 된다.

④ 경제적 요소(economic) : 이것은 비단 가족이 '산출'이라는 경제적인 단위만을 의미하는 것은 아니다. 머독은 성에 의한 노동의 분리를 언급하면서, 고유한 그들만의 성별의 장점에 의해 남자와 여자가 매우 효율적으로 협동하는 단위라고 하였다. 즉, 인간사회는 남자는 육체적으로 힘이 세며 여자는 아이를 양육하며, 성별 간의 생물학적으로 결정된 라인에 따라 전문화되고 협동해왔다고 말한다.[15] 또한 모든 문화는 출산이나 부양, 성적 금기 등에서 그들 고

13) 종교, 건강관리, 보호, 교육과 오락, 경찰, 학교, 영화 등등 필요한 것들

14) Lee(1982)는 이것이 단순히 직업적인 기술들을 배우는 것만을 의미하는 것은 아니며 언어적 기술과 문화적 전달 등을 포함한다고 하였다. 모든 사회들은 그들을 사회화하기 위해 그들의 아이들을 사랑하고 양육하는 가족에 의지한다고 하였다.

유한 접근방식을 가지고 있다. 이러한 가족규칙을 잘 이해하는 방법은 가족과 사회가 각각 어떠한 기능을 수행하는지 충분히 연구하는 것이다.

이에 대해 머독(1949)은 핵가족이 보편적이며 인간의 사회적 삶을 위해 필요하다고 하면서, 어느 사회도 핵가족을 대신하는 적당한 대체물이 없다고 주장하였다.

(4) 결혼구조

학생들은 종종 역사적으로 일부다처제가 결혼구조로써 선호된다는 것을 배우고 놀라곤 했다.[16] 이것은 농업이나 낙농업 분야에서 선호되는 경향이 있는데, 여자와 아이들이 노동을 하여 부를 축적하는 경우에 1처 다부제보다 선호된다. 이와 대조적으로 환경적인 어려움으로 인하여 1처 다부제는 드물다. 일찍이 기능주의자들은 일하는 엄마들이 불안정하고 아이양육의 질을 위협한다는 것을 발견하였다.[17] 중산층은 그들의 생활 및 적절한 교육을 유지하기 위하여, 사회적으로 맞벌이가 요구된다. 이것은 이러한 사회적인 압력에 가족이 적응하고 가족의 균형있는 상태를 재설립하는 것을 설명하고, 가족의 변화를 요구하게 되는 요소들이 될 수 있음을 알 수 있다.

① 가족의 2가지 중요한 가정

ⓐ **가족의 기능은 번식하는 것과 자녀를 사회화하는 것이다.**

이는 구조기능주의에서 사회의 유지 및 생존을 위한 기본명제이자 최상의 중심기능이다.

---

15) 결혼 커플들은 그들의 행동이 그들이 자신들의 능력에 따라 책임을 나눈다면 자신들의 생존이 강화됨을 발견했다.

16) 이러한 1부 다처제는, 정말로 경제적 확신이 있는 경우라 하더라도 언제나 비난을 받아왔다.

17) 1960년대 이후 미국에서 산업성장과 함께 여성들이 제조업에 종사했던 예를 들고 있다.

ⓑ **모든 체계는 기능을 가진다.**

파슨즈(1951)는 남편과 아내가 특정역할을 수행하는 것이, 상기 기능을 위한 최선의 방법이라는 결론을 내렸다. 즉, 남자는 가족에게 음식과 안식처와 교육과 수입 등의 수단적인 기능을 담당하는 반면, 이와 대조적으로 여성은 감성적 역할로써 구성원들의 양육과 관계 등을 원활하게 하는 역할을 담당한다. 그의 이론에 의하면 이것은 생물학적으로 필수적인 방법으로, 육체적으로 더 강한 남성들은 밖에서의 일을, 여성은 안에서의 일을 담당하는 경향이 있다고 하였다.

② 주요 용어와 개념

ⓐ **구조**(Structure)[18)]

- 가족의 구성원의 구성형태로 이루어짐
- 특정사회 내에서 어떤 구성원이 가족이라는 조직을 만드는가?

ⓑ **기능**(Function)

- 가족이 사회에 무엇을 제공하는가?
- 가족이 이를 제공하기 위한 기능으로 존재하는가? 그것은 더 큰 체계생존을 고양하는가? 우리는 그것의 기능이나 하는 일을 살펴봄으로써 어떤 그룹의 목적을 잘 이해할 수 있다.

ⓒ **도구적인**(Instrumental Function)

물리적인 생존을 위하여 가족 내에서 수행될 필요가 있는 임무들은 선천적으로 도구적인 것이다(전통적으로 남성이 담당해온 역할의 예).

ⓓ **표현적인**(Expressive)

가족구성원들의 만족스러운 관계 및 상호작용을 돕는 것은 선천적으로 표현

18) 구조는 기관이나 사회의 틀을 묘사할 때 사용될 수 있다.

적인 것이다(전통적으로 여성이 담당해온 가사 일에 대한 역할분담의 예에서 찾아볼 수 있다).

ⓔ **조화**(Equilibrium)

가족은 모든 것이 균형상태일 때 가장 잘 기능하는 경향이 있다. 파슨즈(1951)는 가족구성원이 같은 가치와 목표를 가지고 그들이 각각의 역할을 수행할 때 이러한 조화를 가장 잘 성취하는 것으로 보았다(상기의 3)번과 4)번의 예와 같다).

ⓕ **가족의 기준**(The Benchmark Family)

가족의 표준은 상기 예와 같은 전통적인 역할을 담당하는 핵가족을 의미한다. 많은 미국인들이 이를 가장 모범적인 관계로 간주하여 덜 바람직하거나 비정상적인 상태와 비교하였다.

ⓖ **비정상적 행동**(Deviant Behavior)

머튼(1957)은 구조기능주의의 근본원리를 확대하여 어떤 행동들이 사회규범으로 부터 일탈된 바람직하지 않은 행동유형인가 하는 것으로써, 사회에서의 바람직한 역할을 보여주고 있다. 그의 유형학은 상기역할을 포함하여 다음 5가지 카테고리에 기초를 두고 있다.

ⓗ **조화**(순응)(Confirmity)

비일탈은 조화(순응)와 같은 개념이다. 예를 들어 일과 성취에 있어, 아버지에게 승인되는 생활양식, 즉 가족의 생계부양의 규범적 역할에 들어맞는 사회적 역할을 수행해야 한다.

ⓘ **혁명**(Innovation)

혁명의 카테고리는 남자가 물질적 행동의 목표는 달성하지만, 불법적인 혹은 사회적으로 용인되지 않는 방식으로 달성하는 경우로써, 순응과 일탈의 2가지 모두를 의미한다.

(예 : 경제적 수단으로 특권적 정보를 사용하는 특수직 종사자 등)

ⓙ **전례**(liturgy)

전례주의는 남자가 열심히 일하지만 성공적이지 못하는 공급자로써, 아내의 기대에 부응하지 못하는 남자를 예로 든다. 그런데 왜 그는 계속 시도하는 것일까? 그것은 바로 남자의 전례이며 천성이기 때문이다.

ⓚ **회피주의**(retreatism)

회피주의는 규범적인 목적이나 수단을 거부하는 남편을 말한다. 약물중독이나 홈리스 사람들이 이 범주에 속한다. 그들은 사회적 규범을 회피한다.

ⓛ **저항**(Rebellion)

저항이란 새로운 사회구조를 창조하려고 시도하는 사람들을 말하며 이들은 결혼제도를 부패하기 쉬운 것으로 받아들여 정신적인 것이나 다른 목표에 초점을 맞추어 파슨즈(1951)가 하지 못한 방식의 변화와 관계된 기능주의를 따르고 있다.

(5) 조사와 적용의 공동영역

그동안 구조기능주의는 경쟁력 있는 가족연구를 이끄는 가장 유용한 개념이 되어왔다. 이것은 보편적 가족의 삶을 연구하는 인류학자와 사회학자에 의하여 주요하게 수행되었으며 가족과 사회의 문화적 변동을 탐구하는 것에도 사용되어왔다. 이러한 연구는 많은 현대 가족과학이 만들어진 토대를 제공해왔다. 비록 이러한 연구가 1960년대와 70년대 이후로 사용되지 못했다 할지라도 그것은 여전히 가족학 분야에서 많은 영향을 미쳤다. 다음은 구조주의 개념으로부터 도출된 핵심 개념이다.

CHAPTER

7

인지이론 및 행동이론을 적용한 가족치료

1 인지적 접근

심리치료 및 상담에 있어서 인지적 접근은 인간의 인지 및 지각이 감정과 행동의 중요한 결정요인이라는 사고에 기반을 두고 있다. 즉, 인지이론은 인간의 사고가 정서 및 행동의 결정인자라는 것에 착안하여 인지이론을 치료 및 상담에 활용하고 있다. 활용방법으로는 개인 및 집단단위에서 각 구성원에 대한 정서 및 행동과 문제해결에 역기능으로 작용하고 있는 사고패턴의 오류를 확인하고, 클라이언트가 잘못된 신념에 대하여 직면하여 변화를 이끌어내고자 하였다.

1) 인지이론의 이론적 배경

최초의 인지치료자이며 실천가로 아들러(Alfred Adler)는 인성을 하나의 통합된 전체로 보았다. 오늘날 중요시되는 인성은 인지를 바탕으로 하며 아들러는 이러한 인지에 대하여 인간발달의 원동력을 우월을 추구하는 인간의 본질로 열등감을 들면서 사회적 유용성을 함양하는 것이 인간의 발달에서 중요한 요인이라고 하였다. 아들러는 인간의 활동 중에서 사회적 충동에 의한 인간의 행동의 동기화를 중요한 요인으로 보았으며, 따라서 인간이 사회적 유용성의 도전과 경험을 상실할 때 사회적으로 유용하지 않은 부분에 관심을 기울이게 되고 병리적 현상을 보이게 된다고 하였다. 따라서 클라이언트가 가지고 있는 생활양식의 전제들을 적극적으로 검토하는 것이 매우 중요하다고 하였다.

그 밖에도 1960년대의 엘버트 앨리스(Albert Ellis)는 역기능적 정서의 작용이 지나치게 평가적인 유형의 잘못된 신념적 사고에 의한 반응이라는 주장을 하였다. 엘리스에 의하면 역기능적인 정서는 비합리적인 자기대화를 통하여 형성되는 것이며, 효과적인 정신치료와 상담을 위해서는 개인이나 가족구성원의 역기능적 사고와 왜곡된 인지를 확인시켜주며 내담자들이 이에 대하여 도전하고 변화할 수 있도록 도와야 한다고 하였다.

1994년 엘리스는 합리적-정서적 행동치료(rational-emotive behavior therapy)의 모델을 구축하여 인지와 행동치료 사이의 명확한 연관에 대한 가정을 자신의 학문적 견해로 발표하였다. 그 밖에도 인지치료의 연구자인 아론 벡(Aron Beck)도 인지이론을 우울, 불안, 성격장애 등의 치료에 활용하여 성과를 거두었다. 그는 한 개인이 가지고 있는 신념은 자신과 세계에 대한 지각에 있어서 자신의 심리 및 사회적 문제나 행복을 초래하는 것에 있어서 중요한 역할을 한다고 하였다. 따라서 가족치료 상담사는 개인이나 가족의 정서나 행동의 측면도 중요하지만 이들의 인지적 측면의 왜곡을 교정하는 것이 중요하다는 입장을 취하고 있다.

2) 인지이론 특성 및 심리치료의 적용

인지이론의 첫 번째 개념은, 인간이 스스로 가지는 감정의 대부분이 자신의 생각과 판단으로 스스로에게 하는 말과 자신이나 자신의 환경에 관한 믿음 및 가정에서 파생되는 결과라고 하였다. 인지이론의 특징으로 인지이론에 의하면 과거를 중요하게 여기지 않으며 현재에 일어나고 있는 인지의 작용에 대하여 주목하여 설명하고자 한다.

먼저 내담자와 내담자의 타인에게 일어나는 역기능적 정서 및 행동을 발생시키는 것 중에서 현재 활용하고 있는 자기대화 속에서 인지하지 못하고 있는 오류와 인지적 왜곡 그리고 치료의 목적으로 그에 대한 예외적 상황을 탐색한다. 이후 역기능적 정서 및 행동을 개선하기 위해 지금 여기에서 활용될 수 있는 보다 건전한 신념과 자기대화를 이끌어낸다. 치료를 위한 기본단계는 다음과 같다. 첫째, 클라이언트와 클라이언트의 문제가 인지적 용어로 하여 신념 속에 조직화되었다는 것에 기초한다. 현재 중심적이며 문제 중심적이고 목적 지향적 치료과정에 있어서 잘못된 신념을 평가하고 이에 대한 수정작업으로 내담자의 적극적인 협조를 이끌어낸다.

이때 심리치료상담가는 내담자의 사고, 감정을 탐색하여 행동의 수정을 기할 수 있도록 다양한 치료기술을 활용할 수 있다. 이러한 관점에서 본다면 인지치료에는 인지를 통한 행동의 수정이라고 할 수 있을 것이다. 인지이론을 활용한 치료는 개인의 치료 뿐 아니라 집단치료에도 활용되며 정신건강 등 내담자의 넓고 다양한 범위에 활용되고 있다. 치료기법으로는 내적 의사소통의 명료화 → 설명 → 과제(자기주장훈련, 사이코드라마, 모델링을 통한 역할연습)의 수행 등이 있다.

3) 행동적 접근

(1) 행동주의의 이론적 배경

행동주의 이론(behavioral theory)의 접근방법은 인간행동의 대부분이 학습되거나 학습에 의해 수정된다는 기본전제 하에 학습이론(learning theory)이라고도 한다. 즉, 인지이론과 다른 점은 행동주의 이론에서는 인지, 감각, 본능과 같은 개념은 추상적이며 관념적인 것들로 과학적 연구의 대상이 될 수 없으므로 자극과 반응에 의하여 학습되거나 수정될 수 있으며 직접관찰이 가능한 인간의 행동이 연구의 초점이 되어야 한다고 보았다. 행동주의 이론에서 살펴보는 것은 인간의 특정한 행동(behavior)은 선행하는 사건으로 선행요인(antecedents)과 뒤이어 일어나는 사건으로 결과(consequences)에 의하여 일어난다고 보고 있다. 그러므로 행동주의 이론에서는 인간행동과 환경적 사건이 상호 영향을 미치는 부분에 집중한다. 이러한 행동주의 이론[1)]은 파블로브(Pavlov)의 고전적 조건화와 손다이크(Thorndike)의 조작적 조건화

---

1) 고전적 조건화 이론은 파블로브(Pavlov)의 개 실험에서 살펴본 것과 같이 인간이 환경적인 자극에 수동적으로 반응하여 형성되는 반응적 행동이며 반사연구를 통하여 타액분비가 유도되어 무조건 자극(음식)과 무조건 반응(타액분비)의 관계에 주목하였다. 이때 종소리(조건화된 자극)는 타액분비(조건화된 반응)의 반응을 유도한다.
조작적 조건화는 신체적 반응과는 직접적인 관련성이 없으나 개인의 통제 하에 있는 조건의 형성을

등의 개념을 도입한 인간의 학습적 접근방식을 취한다. 이 이론은 정신역동이론들이 공격받기 시작했던 1960년대 말부터 20세기 초 러시아의 과학자인 파블로브(Pavlov)와 손다이크(Thorndike)의 실험에서 발달하였다.

스키너는 인간행동은 관찰 가능한 행동의 측정을 통해서만 실증적으로 조사될 수 있다고 주장하였다. 스키너 이론의 중심은 강화(强化; reinforcement)의 개념이라고 할 수 있다. 이러한 개념은 인간의 치료적 차원에 활용되었는데, 요지는 인간은 자신의 행동에 대한 결과에 따라 자신의 행동을 지속하거나 중단한다는 것이다. 알려진 바와 같이 강화에는 정적강화와 부적강화가 있는데, 개인의 행동은 정적 및 부적으로 강화된 행동에 따라 행동이 증가할 수 있으며 반대로 처벌을 하거나 강화를 유보하여 행동의 빈도가 감소하는 과정의 소거(extinction)를 인간의 행동의 수정 및 심리치료에 적용하였다.

반면 인지적 학습은 인간행동에 영향을 미치게 되는 사고과정, 태도, 가치 등의 요인을 전혀 고려하지 않았던 전통적 행동주의 이론의 제한점을 보완하여 인간의 행동에 미치는 인지적 요인의 역할을 적용하는 방식이다.

(2) 행동주의의 특성 및 심리치료의 적용

행동주의의 특성이 심리치료 및 상담에 적용된다면 그것은 내담자로 하여금 일상생활적인 기능을 개선하기 위하여 바람직한 행동은 증가시키고 바람직하지 못한 행동들은 감소시키는 것에 목적이 있다. 따라서 행동주의 개입은 내담자의 일반적인 문제를 다루는데 효과적인 전략을 제공하고자 한다. 행동사정을 하기 위해서 첫 단계로는 문제행동에 연관된 환경적 요인에 주목하여, 문제의 현실적 성격

연구한다. 이것은 손다이크(Thorndike)의 고양이 실험결과에서 발전된 것으로 이 외에도 비둘기나 생쥐 등이 행동주의의 조작적 조건화의 실험에 활용되었다. 이에 대하여 스키너(Skinner)는 조작적 조건화의 개념을 인간행동을 수정할 수 있는 다양한 행동적 기법을 개발하여 임상적인 상담과 행동의 수정에 활용하였다.

에 초점을 맞추는 것에서부터 출발한다. 이를 위해서는 개입전략이나 과정 및 진척상황을 측정할 수 있는 방법이 구체적으로 제시되어야 한다. 이를 통하여 새로운 기술을 개발하고 지식기반을 확충하기 위하여 내담자와 내담자 개인의 행동의 특성을 파악하고 이를 순기능적으로 혹은 선순환적으로 강화하는 것이 행동주의 개입이 갖는 특징이다.

행동주의의 심리치료 및 상담의 실천영역에 활용되는 부분은 아동 관리를 포함하는 자녀의 양육, 부모교육의 기술습득과 연관되는 것이었다. 따라서 행동주의적인 절차는 다양한 현장에서 활용될 수 있는데, 다양한 문제와 상황 및 사람을 대상으로 그 효과를 거두고 있다. 예를 들면, 사회기술훈련, 공포증이나 과잉행동의 소거, 아동과 성인의 적응적 발달문제, 인간의 이상행동의 조절 분야에서 우수한 효과가 있다.[2] 또한 교육적 현장에서 행동기법을 이용한 훈련이나 임상연구는 교육연구의 과학화의 기반을 구축하는 것에 활용되고 있다. 그 밖에도 행동요법이 적용대상이 되는 아동의 범위와 사용되는 기법이 종류는 확대되고 있다.

현대사회에는 행동주의적 관점은 단순한 행동만을 연구하는 것이 아니라 클라이언트의 욕구와 문화를 고려하여 경험적 효과를 이끌어내야 한다는 문화적 욕구에 대한 관심도 증가하고 있다. 문화적 다양성의 인정은 해당 문화에서 구성원의 개념에 있어서 어떻게 정의되는가를 이해하는 것이 필요하며, 개인이 해당 문화에 근거하여 대안을 선택하도록 돕는 것도 고려되어야 한다는 관점이 대두되었다. 따라서 심리 치료상담사는 내담자의 문화적 태도와 선호에 근거하여 치료적 접근을 설계하여야 한다. 이러한 행동치료적 접근은 발전단계에 있으며 구체적인 개입방식과 측정 가능성의 장점으로 인하여 다양한 실험연구에서 유용하게 활용되고 있는 추세이다.

2) 그 밖에도 행동주의적 관점의 적용은 현대의학에서 통증관리, 공포증, 외상 후 스트레스 장애, 수면장애, 스트레스 관리 등에 효과적이다.

인지행동치료의 활용사례로는 일반적으로 첫째, 인지행동 수정기법으로 인지의 재구조화, 자기암시 훈련, 스트레스의 예방훈련으로 반응대기, 생각 멈추기와 이완훈련 등 다양하다. 두 번째로, 자기주장 훈련을 통한 행동의 수정, 체계적 둔감화 등의 혐오치료 등이 있다. 셋째, 강화의 방법으로 토큰(보상치료, 칭찬)과 자극변별 훈련 등이 실시된다. 이러한 행동치료기법은 개인, 부부, 가족, 집단, 지역사회 및 정책(조건부 자활근로, 희망키움통장)을 통하여 광범위하게 적용될 수 있다.

2 경험적 심리치료

1) 경험적 치료

심리치료에 대한 경험적 접근은 1960년대 개인 심리의 실존 및 인본주의적 접근에 기원을 두고 있다. 이 시기는 인간의 경험, 감수성 훈련 및 인간잠재력의 성취에 관심을 가졌던 시기이다. 이에 대하여 과거나 미래보다 지금-여기에서 경험하는 것에 대한 충실함을 강조하여 심리극, 역할놀이와 같은 전략들을 포함하고 있다. 경험적 심리치료(Experiential Family Therapy)에서는 통찰이나 설명보다는 구성원의 특성에 맞는 경험으로 명료한 표현, 경청, 감정표현, 관찰 등의 경험으로 개인의 성장 기회와 표현 및 기회 등을 제공하려고 노력한다. 그들이 제공하는 경험이란 구성원이 자발적으로 자신을 열어 보일 수 있는 기회, 표현, 자유, 개인의 성장들을 의미한다. 경험주의적 가족치료자로는 휘태커(C. Whitaker)와 사티어(V. Satir)가 알려져 있으며 치료과정에서 내담자의 경험을 중시하고, 치료자의 구성원에 대한 관여가 사람의 변화를 촉진한다는 공통점이 있다. 휘태커(Whitaker)는 개인적인 만남을 강조하고 치료자와 집단구성원 간의 인간 대 인간의 원조관계를 강조하였고 사티어(Satir)는 치료가 성장과정의 경험이라고 주장하며 치료자의 성장을 돕는 역할을 강조하였다.

2) 휘태커(C. Whitaker, 1912-1995)[3)]

휘태커는 치료를 상징적 경험주의 모델(symbolic-experiential model)로 근거하여 내면의 표면화를 통해 자유분방하고 직관적인 접근법을 치료에 사용하였다. 이를 위하여 초기치료에 유용한 특정이론에 근거한 치료보다 자신을 치료에 적극 활용하는 자발성을 주장하였다.

휘태커(Whitaker)에게 건강한 사람은 성취적인 사람이며, 그들이 경험하는 문제들에도 불구하고 성장하는 사람들이라고 하였다. 일상적인 가족은 자신의 심리 내적 차원에 자신의 신화, 언어적인 역사나 이야기를 가진다. 건강한 체계는 자신의 네트워크를 통해 다른 체계와 상호작용이 가능하며 자율적이고 상호존중을 기반으로 개방적이며 협상과정을 통하여 문제를 해결한다. 반면 역기능적 사람은 자기방어적이며 억압적이고 기계적이어서 직면이나 개방된 갈등을 회피함으로써 성장하지 않고 고착된다.

휘태커(Whitaker)는 구성원이 친밀할 수 없고 개별화할 수 없으므로 치료받으러 온다라고 가정하므로 경험에 대한 구성원들의 잠재력 촉진을 통해 집단의 잠재력을 방출하는 방식으로 기능을 회복하도록 하며 성장을 치료의 초점으로 두고 있다. 휘태커는 임상의 경험을 통하여 변화는 특정 기법에 있는 것이 아니라는 사실을 깊이 통찰하게 되었다. 치료자는 가족과 함께 참 만남을 창조하여 방어를 줄이

---

3) 휘태커는 정신분열의 원인 중에 가족의 역할이 크다는 것을 통하여 내적 심리 딜레마와 대인관계의 딜레마로 정신분열증을 개념화하면서 가족을 치료에 참여시켰으며 이론에 의해 억제되지 않는 치료자의 자발적이고 창의적이며 적극적인 치료를 강조하여 이를 통해 치료자와 가족이 모두 성장한다고 보았다.

고 정서적인 자발성을 고취하는 것이 중요하다고 보았으며 경험적 치료과정에서의 깊은 관여로 인하여 전이-역전이 현상이 일어나지 않도록 공동치료의 중요성을 강조하여 치료자들의 상호조언과 확인이 중요하다고 보았다. 이러한 공동치료는 다양한 방법의 시도와 함께 치료자에 대한 보호의 효과도 있다.

3) 사티어(Satir, 1916-1988)의 성장기법[4)]

사티어(Satir)가 바라본 바람직한 인간상의 의미는 조직구성원들이 성장을 돕는 일원으로 보아 상호 가치 있고 사랑 받고 있음을 느끼도록 배려하고 경청하며 의사소통에 있어서 건강한 상태를 유지하는 구성원의 존재라고 보았다. 그러므로 기능적이고 건강한 사람은 융통성이 있으며 문제해결에 적극적이라고 할 수 있다. 경험주의 치료자들은 가정에서의 각종 경험을 지지하고 격려하며 구성원들에게 그 자신이 될 자유와 연대감 뿐 아니라 개인적 사생활도 존중한다. 따라서 이와 반대로 역기능적 사람이란 상호 정서에 무관심하며 냉담하고 강요된 규칙을 적용하는 분위기에서 의사소통하는 사람이라 할 수 있을 것이다. 따라서 성원 간의 우정이나 가치나 창조성보다는 외적인 일에 몰두하는 경향이 있다. 그러나 사티어는 인간은 근본적으로 긍정적으로 성장하기 위한 잠재력과 생명력을 선천적으로 가지고 있으므로 이러한 측면이 적절하게 양육되면 건강한 성인으로 성장할 수 있다고 보아 가족구성원의 성장적 의사소통 방식을 강조하였다.

사티어는 인본주의에 입각한 온정적 태도로 치료자가 제공해야 하는 것은 인간적인 성숙을 위해 민감하고 정확한 의사소통을 위해 노력하였으며 문제해결을 위

4) 사티어의 치료모델은 전통적 의료모델이 아니며 성장모델(Growth Model)이다. 사티어의 경험적 치료에서 사용된 방법으로는 합류(Joining), 추적(tracking), 유지(maintenance), 모방(imitation), 실연(Enactment), 재구조화(Restructuring), 재명명(redefining), 경계선 만들기(boundary making), 재조직화(reframing), 과제(tasks), 장점탐색(search for strength), 상호 보완(complementarity) 등의 방법을 활용하였으며 경험적 가족치료자는 가족 개개인의 경험수준을 증가시켜 정직하며 친밀한 가족 상호작용을 통해 성장할 수 있다고 보았다.

하여 자존감과 긍정적 의도를 확대하여 우호성을 도왔다. 이러한 과정에서 개인의 치료에 대한 기대를 분명히 표현하고 구성원에 따른 개인 차이에 대한 견해와 지각이 다름을 상호 인식하며 의사소통의 불일치를 인정하는 가운데 보다 긍정적으로 상호 구성원의 개별성을 인정하도록 하는 시도를 하였다. 즉, 서로가 다를 수 있음을 충분한 의사소통을 통해서 경청하고 친밀하게 상호 성장할 수 있는 방향을 모색하였다. 이를 위하여 사티어는 치료적 변화가 내면의 과정에서 일어난다고 보아 정서적 경험이 치료의 변화를 일으키므로 치료자와 내담자의 정서적인 교류를 통한 참 만남을 강조하였다.

따라서 경험주의적인 치료는 현상학적 기술, 심리극, 내담자 중심의 만남의 관점을 통하여 자발적인 선택, 자유의지로 자기결정과 자기달성을 위한 인간의 성장능력을 강조하였다. 이를 위하여 각 개인의 개별성을 인정하여 스스로의 잠재력을 깨닫고 이를 개발할 수 있도록 내담자들의 느낌, 감정(감수성), 상상 및 내면적인 경험에 가까워질 수 있는 다양한 방법을 사용하였다. 휘태커는 병리란 인간 성장에 있어서 잠재력을 발휘하지 못하는 상태로 보아 성원들이 가족체계 내에서 상호 어떻게 느끼고 반응하는지에 대한 정서적 수준과 감정수준에 관심을 두고, 인간의 잠재능력에 관심을 가졌다. 따라서 문제는 문제 자체가 아니고, 문제를 어떻게 극복하는가 하는 것이 문제이며 현재를 지배할 수 있는 능력을 함양하는 것이라고 보았다.

참 만남을 통하여 치료자는 전문가의 역할을 유지하면서도 가족과 가까운 거리에서 자신의 영향을 발휘하여 진실한 변화를 촉진할 수 있어야 한다고 보았다. 따라서 사티어는 면담과정에서 가족조각, 안무, 은유, 유머, 접촉, 의사소통, 재정의(부정적인 상황을 긍정적인 것으로 전환), 표현 등을 통하여 정서적인 친밀함을 회복하도록 노력하였다.

4) 사티어의 의사소통 치료

사티어의 의사소통 치료의 주요 개념[5]은 성숙(Maturation)으로 자신에 대하여 충분히 책임을 지며 자신 및 타인에 대한 지각을 기반으로 자신이 내린 선택과 결정에 대해 책임질 수 있다. 자신에 대한 자각은 자신의 의사표현을 타인에게 명확히 전달할 수 있으며 다른 사람의 의견에 대한 차이성(differentness)을 존중하여 실제상황(how it is)의 관점에서 행동하며 자신과 타인 사이의 의사소통에 있어서 상호 자유로운 선택을 존중한다. 이를 위해 사티어는 무엇보다 자아존중감(Self-esteem)[6]을 핵심적인 회복과제로 보았다. 자아존중감이 높은 사람은 타인에 대한 존중과 배려가 가능하며 자신에 대한 사랑, 신뢰, 존중은 다른 사람에게도 적용될 수 있다. 따라서 건강하지 못하거나 합의되지 못한 가족규칙(Family Rule)은 의사소통(Communication)을 통하여 가족 간의 자아존중감을 향상시키는 방향으로 나아가는 것이 필요하다.

사티어는 사람들이 스트레스에 대처하는 방법이 같은 패턴으로 나타난다는 것을 다양한 임상적 경험에서 발견하고 이를 4가지 대표적인 방법으로 유형화하였다. 이것은 회유형, 비난형, 초이성형, 산만형으로 공통적으로 언어적 메시지와 비언어적 메시지의 의미가 불일치한 경우 역기능을 수행하게 되며 이는 이중구속(double bind)의 메시지를 전달하게 되어 상호 구성원 및 자녀의 양육에 더욱 부정적인 영향을 주게 된다. 따라서 사티어는 치료의 목표로 자기가치와 존중감(self-esteem)을 향상시켜 새로운 희망을 가질 수 있도록 하였다.

---

5) 사티어는 자기존중을 통하여 타인의 독특성, 차이 및 유사점을 인정하고 이를 상호 탐색과 협상을 통해 의사결정을 하도록 하고 있다. 이를 위해 적합한 의사소통 능력은 타인과 조화로운 관계를 맺게 하며 '일치형' 의사소통을 통하여 건강한 가족의 통합의 단계(the stage of integration)를 구축하고자 한다.

6) 자기존중감이 낮은 경우는 불확실한 감정과 불안감을 통하여 불신, 외로움, 소외감으로 건강한 의사소통을 하지 못할 가능성이 높아진다. 반대로 자기존중감이 높은 경우는 자기 능력의 신뢰로 원만하고 정직하고 타인을 신뢰하며 가치를 인정하고 일시적으로 낮아진 자존심을 있는 그대로 표현하거나 보다 창의적으로 극복하고자 한다.

사티어는 가족들의 의사소통에서 가족 규칙을 발견하였는데 성원 간의 감정을 표현하는 방법, 거절이나 반대에 관한 표현, 이해하지 못할 때 다시 설명해 줄 것을 요구하거나 하는 과정을 관찰하였다. 이를 통하여 사티어는 가족의 분명한 규칙[7]보다는 감정의 규칙을 중시하였으며 가족구성원에 대한 문제의 원인을 나쁜 사람이 아닌 '나쁜 규칙'에서 찾았다. 즉, 의사소통의 언어 및 비언어적 과정과 메시지의 일치성과 불일치성에 관심을 두었다.

사티어는 이를 위해서 다음과 같이 생각하였다. 만일 구성원이 이미 학습된 듯이 행동한다면 그 상황 속에서 그 사람의 최선이며 모든 행동에는 적절한 동기가 있다. 그러나 모든 사람은 치유될 수 있으며, 치료과정에 치유가 내재되어 있다고 보아 치료를 할 때 인간이 가지고 있는 신체적 활동과 정서 등의 모든 회로를 활용하고자 하였다. 그가 활용한 방식은 첫째, 가족조각, 둘째, 원가족 삼인군, 셋째, 의사소통의 점검 등이 있다. 이에 대하여 살펴보면 다음과 같다.

가족치료에는 다양한 치료방법이 적용되는데 그의 일부로는 재정의(Reframing), **가족 재구조화**(Family Reconstruction), **가족생활 연대기**(Family Fact Chronology), **가족조각**(Family Sculpture), **역할극**(Role Play) **등이 활용된다.**

(1) 가족조각(family sculpture)

가족조각은 가족의 정서적인 가족관계를 언어를 사용하지 않고 신체적으로 상징화하여 은유적으로 사람이나 대상물들을 배열하는 것이다. 이는 특정사건에 적

7) 가족규칙은 명백한 '명시적 규칙(meta-rule)'과 '암묵적 규칙'도 존재한다. 상위규칙은 '규칙을 총괄하는 규칙'이며 가족을 어떻게 유지하며 변화시킬 것인지를 포함한다. 그런데 역기능적 가족의 경우는 중요한 상위규칙을 가지기보다 경직되거나 가족규칙을 변경할 수 없다는 식의 상위규칙을 갖는 경향이 있다.

용될 수도 있다. 이를 통하여 가족구조 내에서 개인이 가지고 있는 위치나 입장을 한눈에 파악할 수 있다. 각 가족성원들이 말없이 웃음 등으로 무마하지 않고 행위와 감정을 몸짓과 공간적 관계를 활용하여 나타낼 수 있다. 이를 통하여 가족구성원 간의 친밀감이나 거리감 및 가족구조 내의 위계질서와 비언어적 의사소통 유형 등을 파악할 수 있다.

이러한 방법은 내담자의 언어적 상담과 관찰로 부족한 측면을 단시간에 파악할 수 있는 장점과 각 구성원이 느끼고 있는 단면적인 것을 파악할 수 있으며 특히 언어적 소통이 어려운 유아들이나 언어적 표현이 부족한 경우에 탁월하다. 또한 이 기법의 장점은 가족구성원들이 가족을 한 단위로서 생각하여 스스로가 필요한 가족구성원임을 자각하게 한다. 또한 자신과 다른 사람의 감정과 생각을 성원 스스로 파악하는 데에도 도움이 되며 개입과 교육에 활용될 수 있다. 가족조각은 과거 어려운 상황을 실연하여 객관적으로 자신을 볼 수 있고, 다른 가족원의 감정과 입장을 이해하고 진정한 지지, 위로, 격려, 사과, 칭찬 등을 나누며 새로운 인식의 경험을 하게 된다.

가족조각의 구체적인 방법은 다음과 같다. 먼저 치료자는 내담자들과 관계를 맺고 적절한 공간에서 가족의 구성원에게 면담의 과정에서 가족에 관하여 보다 서로를 잘 이해하기 위해 색다른 것을 해도 좋은지 동의를 얻은 후에 모두 자리에서 일어나도록 한다. 가족 중 한 명(예를 들면 IP)에게 가족의 몸이나 얼굴을 마음대로 움직여 당신과 가족의 관계를 동작이나 자세 혹은 표정으로 만들어 달라고 요청한다. 그리고 가족의 배치를 마치면 조각을 만든 개인도 가족의 조각의 어느 부분이 되어 역시 동작이나 자세 등으로 보여주도록 한다.[8)]

---

8) 조각을 하는 동안 가족은 서로 이야기하거나 웃지 않는 원칙을 세우는데 이를 통하여 자신을 드러내지 않으려는 방어의식을 갖지 않도록 하기 위함이다. 그 밖에도 가족조각(family sculpture), 연극(drama), 은유(metaphor), 재정의(reframing), 유머(humor), 접촉(touch), '나'의 표현('I' statement), 모의 가족(simulated family), 관계 해부(anatomy of relationship), 그리고 관계의 상호성을 나타내는 치료도구의 밧줄(rope as therapeutic tools) 등을 다양하게 가족의 이해를 위하여 활용한다.

이러한 과정은 시간을 가지고 천천히 진행하며 조각으로 가족의 배치가 끝나면 그 자세를 1분간 유지하도록 요구하여 가족의 구성원들에게 각각의 내면에 있는 감정과 스스로 접할 수 있는 기회를 준다.

이를 통하여 치료자는 가족 개개인에게 조각하는 동안의 느낌을 나누며 가족의 정서적 차원에서 보다 많은 의견을 소통하도록 한다. 이때 은유적인 대상이 되어 가족조각을 할 수도 있다. 조각기법은 매우 상징적이고 은유적인 것으로 진행되는 경우도 많으며 따라서 잘 훈련된 전문가에 의해 사려깊게 이루어져야 한다. 한 예로 Re-birth program이라는 양부모와 아이의 애착관계 형성에 대한 자궁안의 아이의 시연 등에서 담요안의 아이의 의견을 무시하고 시연 중 질식으로 사망한 경우도 있었다.

(2) 원가족 삼인군치료(family of origin map)

원가족 삼인군으로(family of origin map)[9] 사티어(Satia)는 출생가족의 성장과정과 생활경험을 중시하며, 현재의 자기존중감정, 자기가치, 신념, 생존유형, 의사소통을 성장과정의 생활경험을 통하여 이해하려고 하였다. 이것은 가족구조, 가족생활역사, 가족관계를 이해하고자 하는 노력이다. 이를 통하여 클라이언트가 자신의 내적이며 외적인 자원과 강점을 개발하며, 일치된 의사소통과 자존심을 높이는 데 목적이 있다. 대부분 역기능적인 학습은 원가족 삼인군에서 온다는 전제로 출생 이후부터 성장과정에서 자기존중의 발달측면과 부모의 영향을 중요시하면서 성장

9) 원가족 삼인군(family of origin map) 치료목적은 클라이언트가 가족규칙 내에서 올바른 개별성을 갖도록 하고 자신의 내외적 자원을 인정하여 일치된 의사소통과 자존심을 높이는 데 있다. 이를 위하여 가족원들이 원가족 도표를 작성하고 완성한 원가족 도표를 전문가의 입장에서 설명한 후 재구조화하고, 조각이나 역할극을 병행하며 치료를 진행한다.

이후의 자기존중 감정과 새로운 차원의 성장을 강조한다. 원가족 도표의 작성방법은 다음과 같다.

첫째, 작성 이전에 가족구성원의 특성, 자존감 정도, 의사소통 유형 및 생존유형, 가족규칙, 가족 내 역동성, 가족구성원 간의 상호관계, 세대 간의 유사점이나 차이점 외에도 사회와의 연계수준까지 파악한다. 둘째, IP(identified patient)라는 낙인될 수 있는 용어 대신에 star라는 용어를 사용한다. 셋째, 원가족 도표 작성을 구성원 간의 관계 등이 표기될 수 있도록 작성한다. 원가족 도표를 함께 작성하고 설명하고 탐색하는 과정에서 가족의 구성원은 가족 전체에 대한 이해가 생기고, 부모입장과 위치 및 역할, 자신과의 관계, 가족구조 내의 가치 및 역할, 의사소통 유형 등에 관해 탐색할 수 있게 된다. 그리고 그에 대한 이해가 증가함에 따라 다양한 측면에서 인식 등 내면의 변화과정이 일어나게 된다. 따라서 원가족 삼인군 치료(family of origin map)는 가족치료에 가족, 즉 내담자와 치료자가 함께 이를 작성하는 과정중의 이해를 높이고 변화를 가져오는 매개체가 된다.

(3) 의사소통의 중요성[10)]

사티어는 사람이 스트레스 상황에 놓이게 되었을 경우 자주 사용하게 되는 의사소통을 유형화하여 회유형, 비난형, 초이성형, 산만형, 일치형으로 나누어 이를 설명하였다.

첫째, 회유형(placating)은 자기 자신의 감정은 무시하고 타인의 관점에서 동의하는 말을 한다. 회유하는 사람은 다른 사람과 함께하는 상호작용하는 상황은 존중하지만 반면에 자기 자신의 진정한 감정을 존중하지 않는다. 즉, 회유의 방법은

---

10) Satir는 가족구성원들에게 각각 회유형, 비난형, 초기이성형, 산만형 중의 하나의 입장을 취하여 의사소통하도록 한다. 이를 통하여 가족의 구성원은 상대에 대하여 좀 더 이해하는 기회를 가지며 상호 감정을 서로 나눈다. 이를 통하여 가족구성원들은 효과적인 의사소통의 방식을 깨달을 수 있다.

스스로의 안정을 유지하는 방법으로 자신이 느끼는 감정보다 상대방을 중심으로 생각하면서 자신의 스트레스를 다루는 방법이라고 할 수 있다. 따라서 회유형의 반응은 타인에게 순종하고 모든 일의 잘못을 자신의 탓으로 돌려 희생적 행동을 한다. 이러한 반응은 은연중으로 상대로 하여금 죄책감을 느끼도록 하는 것인데, 상대방의 죄책감으로 인하여 자신을 인정받고자 한다. 이러한 행동의 원인은 자신의 욕구를 분명하게 표현하지 못하는데 있으며 이러한 반응이 지속되면 올바른 의사소통 방식을 익히지 못하는 역기능으로 자아존중감은 더욱 낮아질 수 있으므로 자신의 의사전달법, 올바른 거절법 등이 학습되어야 한다.

둘째, 비난형(blaming)은 자신을 보호하기 위해 타인을 비판하는 것이다. 비난의 과정에서 타인의 가치를 격하시키고 자신과 상황에 가치를 둔다. 비난형의 사람은 자신이 옳으며 타인을 비난함으로써 자신을 보호하고자 하나 실은 자신의 약함과 자신을 돌아봐 달라는 메시지가 숨겨져 있다. 이러한 비난형의 의사소통 방식은 참을성이 없고 독선적이며 명령적이나 내면은 외롭고 자아존중감이 낮으므로 다른 사람을 손가락질 하는 모습을 통하여 자신을 보호하고자 한다. 비난형은 감정조절, 비난의 단어사용의 통제, 긍정사고 유도, 인지적 오류의 수정, 이성적 사고의 훈련, 자기감정의 통찰과 경청의 훈련 등이 필요하다.

셋째, 초이성형(super reasonable)은 자신이나 타인의 느낌이나 감정을 무시하고 상황이나 합리성만을 중요시하며 이를 위한 논리를 중요시한다. 따라서 감정보다 상황에 초점을 두는 방식으로 의사소통하는 방식이다. 이러한 초이성형은 경직되어 있는 상태인 경우가 많으며 항상 논리적으로 비판하고 평가하면서 자기 주장을 한다. 초이성형은 대체로 조용하고 침착한데, 내면적으로는 감정적 상처를 받기 쉬우므로 자기 자신을 억누르거나 숨기는 경우가 많다. 이들에게는 감수성 훈련 등으로 보다 감정에 충실하는 연습이 도움이 된다.

넷째, 산만형(irrelevant)은 상황의 중요성과 상관없는 유머 등으로 광대와 같이 주의를 다른 곳으로 돌리고자 하여 혼란시킨다. 이는 행동이나 말의 초점을 흐리며 기능적이며 책임감, 정직성, 능력, 창의성, 현실성에 기반한 능력이 없는 경우에 나타날 수 있는 의사소통의 방식이다. 이러한 산만형은 자기를 걱정해 주거나 받아주는 사람이 없다고 생각하는 고독감과 무가치함을 느낀다. 치료방법으로는 주의 집중, 경청, 자기생각 표현하기, 자아존중감 향상, 자기감정 인식하기 등의 훈련이 필요하다.

마지막으로 일치형은 자신이 중심이 되어 타인과 관계를 맺으므로 의사소통의 내용이나 방식이 일치하며 자신과 상대방 그리고 상황을 모두 존중하는 자세로 의사소통하게 된다. 이는 나-위치(I-position)에서 타인을 동등하게 대하는 자세이기도 하다. 일치형은 언어와 감정이 부합하여 균형감 있는 메시지를 전할 수 있으며 자신의 자아존중감이 높고 상대방의 개별성을 존중하며 자신과 상대방을 신뢰하므로 비난의 의사를 가지지 않는다.

(4) 사티어의 다양한 방법을 통한 가족 재구조화(Family Reconstruction)[11]

가족의 재구조화는 문제시되는 태도나 사건 뒤에 숨은 좋은 의미를 재정립하기 위해 활용된다. 이러한 활동의 주요 사항은 내담자의 주요 사건의 어느 한 부분을 선택하여 재연하게 하고, 이를 통하여 새로운 정보와 자신의 다른 감정과 시각을 가질 수 있도록 재구조화하여 가족구성원의 인지적 재구조화와 건강성을 회복하

11) 이 기법은 사티어의 변화에 대한 이론과 철학을 가장 잘 나타내 주는 것이다. 재구축의 중심은 인간으로의 성장과정에서 부모와 자아로의 분리에 대한 오류의 시작점을 탐색한다. 주요방법으로는 중심인물에게 각 사건의 연대기를 표현하도록 한다. 중심인물은 3대에 걸친 가족의 성명과 성격을 5~6개의 형용사로 묘사하는 가족도를 만들 수 있으며 각각 구성원의 관계성이나 영향력을 선이나 원으로 그릴 수 있다. 이것은 중심인물을 두고 그가 성장하면서 맺은 관계를 수레바퀴의 살로 나타내는 원이기도 하다. 살이 두꺼울수록 관계가 더 중요한 것이며 중심인물이 무엇을 했는지 이야기를 나누는 과정에서 상호 간의 믿음을 쌓는다. 이러한 연대기 중 주요 장면이 연출될 수 있다.

도록 한다. 또한 건강한 가족규칙과 표면에 나타난 가족규칙 및 가족의 주제, 가족 신화 등을 함께 다루며 순기능적인 대처체계로 보다 개방적이고 건강한 기능적 체계로 바꾸는 과정이다.

사티어는 인간을 창의적 존재로 보아 문제 이면의 생산적 기회에 대하여 건강한 의사소통 방식을 통해 접근하고자 하였다.

CHAPTER

8

전략적 치료
(Strategic Family Therapy)

1 전략적 치료이론[1]의 개요 및 기본 개념

전략주의 치료자들은 클라이언트의 저항과 증상을 역설적인 지시로 다루면서 1970년 중반부터 1980년까지 미국의 심리치료에 많은 기여를 하였다. 전략적 치료의 개념은 헤일리의 전략적 구조주의 모델과 MRI의 상호작용 모델[2] 및 밀란의 체계론적 모델 등으로 구분할 수 있으나, 중요한 점은 다양한 역설적 상황으로 클라이언트로 하여금 치료적 이중구속의 상황을 조성하여 클라이언트의 문제상황을 치료하는 것에 목적이 있다.

전략적 치료모델[3]은 행동주의의 영향을 받아 구체적인 치료전략을 통하여 단기간에 효과적으로 문제를 일으키는 순환을 끊어 변화의 방향으로 클라이언트를 유도하고자 하였다. 이들이 주목한 것은 병리적 사람은 문제의 유지에 대한 항상성을 변화보다 중시하는 특징이 있다고 보았으며 좁은 행동범주를 가지고 융통성 없는 규칙이나 연쇄과정에 집착함으로써 생활주기에 있어서 특정한 전환점에 고착되는 특성이 있다고 하였다.

이를 정리하면 다음과 같다. 전략적 치료[4]는 행동주의의 영향을 받아 의사소통

---

1) 전략적 치료모델의 시초는 캘리포니아의 정신건강연구소(Mental Research Institute)인 MRI에서 이루어진 이후 확대되었다. 일반 체계론과 사이버네틱스에 근거한 의사소통 및 상호작용주의가 가족의 병리적 측면과 위계 등에 적용되어 나타난다고 보았으며, 베이트슨(Gregory Bateson)의 순환적 인식론의 영향으로 가족의 상호작용에 초점을 가족의 반복적인 역기능적 행동에 역설적으로 개입하여 간결한 기법과 단기적이며 효율적인 방법을 모색한다.

2) MRI모델과 헤일리의 모델은 순환적 인식론의 영향을 받아서 가족구성원의 상호작용 유형과 문제증상에 대하여 역설적인 개입에 초점을 두고 있다. 그리고 밀란 모델은 이차 사이버네틱스 개념을 임상에 도입하여 가족 상호작용보다 신념체계에 더 관심을 가지며 향후 가족치료 분야의 포스트모더니즘에 영향을 주었다.

3) 최근의 전략적 모델은 문제에 대한 초점보다 내담자 가족의 강점을 치료에 활용하고자 하며 전략보다는 인간적으로 따뜻한 면을 강조하면서 문화와 인종의 특성 및 다양성을 고려하고 있다.

4) 전략적 치료의 MRI모델과 헤일리 모델은 순환적 인식론과 함께 에릭슨의 전략적 최면 기법의 영향으로 가족의 상호작용 유형과 문제증상에 역설적인 개입에 초점을 두고 있으며 밀란 모델은 이차 사이버네틱스 개념을 적극적으로 도입하여 신념체계에 더 관심을 가지는 특징이 있다.

이론을 근간으로 구체적이며 전략적인 치료계획을 토대로 단기간의 문제해결을 시도하였다는 것에 의의가 있다. 즉, 문제해결에 있어서 가족의 역기능적 연쇄과정을 끊는 것에 관심을 두면서 클라이언트의 저항과 증상에 역설적 개입을 시도하여 1970년 중반부터 1980년까지 미국의 심리치료 분야에서 활약하였다. 현재 이러한 모델은 강점관점의 차원으로 보다 인간적인 면을 강조하고 있다.

전략적 치료의 주요인물은 헤일리, MRI의 와츠래비크, 위클랜드, 휘쉬 그리고 마다네스 등이 있다. 전략적 치료의 치료목표는 개인이 가지고 있는 문제를 전략적인 차원으로 문제해결중심으로 해결하고자 하는 것이다.

전략적 치료방법의 모델은 세부적으로는 MRI, 헤일리, 밀란 모델 등으로 나뉘는데 무엇이 문제해결이며 어느 정도의 변화가 있어야 하는가 및 치료자가 그에 대해 어느 정도의 책임을 져야 하는가에 대한 의견은 학자마다 다른 부분이 있다. 그러나 공통점으로 전략적 치료는 문제의 원인보다는 문제의 해결을 위해서 문제를 지속시키는 원인으로써의 상호작용에 보다 관심을 갖는다.

전략적 치료[5]에서 자주 쓰이는 기법은 재정의, 역설적 개입, 은유, 의식 등이 있으며 이론적인 바탕은 의사소통 및 상호작용주의로 베이트슨(Gregory Bateson)의 순환적 인식론의 영향을 받아 반복적인 역기능적 행동에 초점을 두어 문제해결에 보다 직접적으로 개입하여 변화를 유도하고자 하는 접근으로 간결한 기법과 효율적인 개입을 통해 단기적 치료가 가능하게 하였다. MRI 상호작용 모델[6]은 문제 경

5) 전략적 치료모델은 캘리포니아의 정신건강연구소(Mental Research Institute)인 MRI에서 가족의 의사소통 연구 프로젝트로부터 비롯된 이후에 미국과 이탈리아 등으로 확대되었다. 전략적 가족치료 모델은 MRI모델과 헤일리(Jay Haley)의 전략적 모델과 이탈리아 밀란(Milan)의 체계적 모델 등 3가지 학파로 나누어진다.

6) 구조주의를 기반으로 1950년대와 1960년대 미국에서 가족치료 운동이 확산되면서 정신분열연구가

감을 위한 해결 시도가 오히려 문제를 악화시키는 것에 대하여 문제의 연속적인 상호작용에 따른 의사소통의 과정에 주목하여 순환적 인식론에 근거하여 초점을 개인의 심리내적 역동으로 문제를 유지시키는 요인에 주목하였다.[7]

(1) 헤일리의 모델

헤일리는 의사소통이론과 역할이론에 관심을 갖고 개인 간의 의사결정력과 권력 및 통제에 대한 입장과 최면 정신의학자인 에릭슨의 임상 최면 등의 방법을 참고하여 저항을 처리하는 방법, 은유적인 언어의 사용, 역설적인 개입 등을 통하여 전략적 치료모델을 발달시켰다. 한편으로 이러한 전략모델은 증상을 유지시키는 가족의 위계에 주목하므로 전략적 구조주의 모델로 분류한다. 역기능적 사람일수록 위계구조의 권력순서가 역으로 있거나 항상성에 집착하여 병리적인 상황에 집착하거나 변화의 대처가 어렵다. 그러므로 헤일리는 다소 이중구속적인 역설적 방법으로 증상을 클라이언트가 자발적으로 포기하도록 하였다.

(2) 밀란의 모델

밀란은 미국에서 MRI의 전략적 모델이 활동적일 무렵 이탈리아 밀란에서는 항상성에 관한 체계적 모델이 발전하게 되는데 밀란 모델의 특징은 증상을 가진 가족에 대한 '게임규칙'에 초점을 두고 역설적으로 접근하여 평균 한달에 한 번 정도

캘리포니아의 정신건강연구소 MRI에서 정신분열증 가족연구팀을 중심으로 연구가 이루어진 이후 정신의학자인 에릭슨(Milton Erikson)의 최면기법을 임상적으로 접목하여 전략적 접근모델을 개발하였다. 이는 해결중심적 단기치료의 맥락에 속한다고 할 수 있는데 전략적 개입의 부정적인 가족의 부정적 순환을 깨뜨리는데 초점을 두어 10회 미만의 단기치료를 가능하게 하였다.

7) 이러한 이론은 1990년대 이후 협동적인 치료가 선호되고 행동적 모델보다 인지적 변화에 초점을 두어 청소년과 성인의 문제에 대한 전략적 접근의 훈련에 활용되고 있다. 전략적 치료방법은 문제를 유지시키는 정적 피드백 순환 고리를 확인한 후에 역기능적 상호작용을 유지하는 가족규칙을 파악하여 가족규칙을 변화시킬 수 있는 전략을 세운다.

로 내담자의 가족이 역설적인 처방의 효과에 반응할 수 있는 시간을 할애하며 반면 한 회기의 시간은 상대적으로 길었는데 4명의 치료자가 한 팀이 되어 각 회기를 5단계로 나누어 진행하는 '장시간 단기치료(long brief therapy)'가 밀란 모델의 치료방식이다.

이후 이러한 밀란 모델은 2차 사이버네틱스의 핵심으로 '정보'에 초점을 두어 잘못된 신념체계를 변화시키는데 초점을 두었다. 이는 잘못된 신념에 따른 '인식론적 오류'에 고착되어 있는 가족체계에 대하여 순환질문과 과제로 새로운 정보를 주어 역기능적 가족관계의 체계를 변화시키고자 하였다. 이때 주목한 항상성을 유지하는 피드백을 통하여 개인신념이나 규칙을 유지하거나 조정하게 되는데 기제병리적 사람일수록 변화보다는 안정을 위해 가족의 특수한 연쇄과정을 유지하며 기존방식에 집착하게 된다. 따라서 전략주의의 입장에서 볼 때 증상이란 각각의 관계에서 어떤 이득을 통해 유지되는 것이므로 만일 증상이 관계에서 얻어지는 것이 없다면 사라질 것으로 보았다.

예를 들어 아내는 남편의 관심을 얻기 위하여 우울증이라는 병리적 현상을 이용하거나 하는 순환고리[8]를 전략적으로 개입하게 되는데 여기에는 많은 역설적이며 게임적인 요소가 적용된다. 이러한 과정을 통한 변화는 심리치료를 통하여 일차적 변화(first order change)의 행동변화가 일어나고 이차적 변화(second order change)를 통하여 신념과 가족체계의 규칙이 바뀌게 될 것이 기대된다. 헤일리의 전략적 구조주의 모델은 권력이나 통제, 역설적 지시 및 위계 등의 개념을 사용하는 구조적 개념을 토대로 구성원이 갖는 힘의 균형현상으로 구성원이 갖는 증상은 항상성 유지를 위해 존재한다고 보며 따라서 클라이언트(IP)가 증상을 통해 인간관계를 통제하고 있음을 믿었다. 따라서 치료자는 관계 이면에 있는 권력이나 통제의 관계를

8) 사이버네틱스의 피드백 개념은 MRI 연구팀의 연구에서 자극과 반응의 피드백 의사소통형태로 분석되었다. 가족의 구성원은 원래대로 평형상태로 돌아오는 부적 피드백과 변화를 시도하고자 하는 정적 피드백이 가족규칙에 의해 영향을 받는다. 그런데 역기능적인 가족은 문제해결을 위해 시도(정적 피드백)하지만 문제가 변화하지 않으면 기존의 방식(부적 피드백)으로 회귀하게 된다.

파악하여 관계에 대한 명확한 치료목표에 대한 치료전략의 설정과 구체적인 개입 방식을 계획하는 것이 중요하다.

밀란 모델은 역기능적 개인이 상호 간에 힘을 얻으려는 상황에서 게임을 한다고 보았다. 따라서 게임을 멈추기 위해서 치료자의 역설적 개입이 필요하다. 그러나 후기 밀란 모델은 협동적인 형태로 발전하였다.

(3) 전략적 치료과정의 적용 원리

전략적 치료과정에서 지향하는 원리는 다음과 같다.

2 전략적 치료의 구성 및 특성

① 의사소통의 원리

- 모든 행동은 일종의 의사소통 기능을 가지고 있다.
- 의사소통은 사실의 내용을 전달하는 메시지와 함께 상대방에게 요구하는 메시지가 들어있다.
- 의사소통의 관계는 보완적인 관계이거나 대칭적인 관계이다. 예를 들면, 대칭적인 상호관계는 부모의 지시에 자신의 입장을 대변하는 자식의 주장을 통하여 부모의 주장을 더욱 강하게 하여 반감을 증폭시키는 경우가 이에 해당한다. 반면 보완적 관계는 상호 의사소통에 대하여 복종하는 관계인데, 자발적 복종이 아닌 경우에는 수직적인 구도가 불평등을 심화하여 관계성

에 좋지 않은 영향을 줄 수 있다. 따라서 바람직한 의사소통은 자신의 욕구를 함께 표현하여 보다 건설적인 관계를 도모하고자 하는 의사소통이라고 할 수 있을 것이다.

② 항상성

건강한 사람은 안정을 유지하는 기능과 함께 변화에 적응하는 기능을 동시에 갖고 있으나 병리적 사람은 변화보다 유지를 위해 가족의 엄격한 연쇄과정을 유지하고자 하는 기존방식에 고착되어 있으므로 성장을 위한 변화를 가족의 위협으로 인지하는 경향이 있다. 따라서 병리적인 의사소통은 합리성을 결여한 채 기존 체제의 항상성 유지에 많은 에너지를 소모한다. 이러한 현상에 대하여 전략주의 치료자의 입장은 증상이 대인관계를 통하여 어떤 이득을 취함으로써 유지되므로 증상이 관계에서 불이익을 준다면 사라질 수 있을 것이라고 보았다.

그런데 의사소통 내의 피드백 고리는 가족의 규칙을 유지하거나 조정하는 기제가 되는데 입출력 과정에서 항상성의 유지를 위하여 피드백 고리의 자기규제가 행해진다. 이때 부적 피드백은 체계의 일탈을 최소화하여 개인이 현재 상태를 유지하도록 하는 체계의 환원적 단서가 되며 정적 피드백은 체계의 변화를 유도하여 다른 수준으로 바람직한 항상성을 재조정하는 체계 일탈적인 단서라고 할 수 있다.

③ 치료과정의 특색

치료과정의 특색은 첫째, 현재의 문제를 명확히 정의하고, 둘째, 구체적인 증상의 문제를 제거하기 위하여 목표가 설정되며, 셋째, 치료적 개입이 치료의 목표에 맞도록 단계적으로 계획된다.

전략적 치료모델의 초기 면접은 전체 계획을 세우기 위한 중요 단계로 첫 면담은 가능한 모든 가족원이 참석하도록 하여 내담자에게 문제나 증상에 관하여 구체적인 용어로 정의할 것을 요청한다. 이후 지금까지 그 문제에 대해 시도하였던 해결책에 대해 질문하여 가족 간의 연쇄과정을 파악하고 문제에 대한 가족의 새로운 행동을 위한 전략을 수립한다. 이를 위한 전략적 치료의 단계는 다음과 같다.

첫째, 처음 가족 간의 관계에서는 위계와 밀착 등의 관계 등도 파악하며 문제를 명확히 규명한다. 이때 종종 문제와 가장 관련이 적은 가족에게 먼저 질문하기도 하는데 이는 내담자(IP)가 방어적이거나 위협적으로 느낄 수 있기 때문으로 정보수집의 단계라고 할 수 있다. 둘째, 상호작용의 단계로 가족과의 상호작용을 통하여 가족의사소통 방식과 연합 및 삼각관계, 위계 등을 관찰하며 의사소통의 내용보다 과정에 집중하는데 이를 통하여 증상을 유지하는 가족 간의 연쇄과정이나 구조를 파악하고 향후 개입할 전략을 수립하게 된다. 세 번째, 목표수립의 단계에서는 가족이 해결하기를 바라는 문제에 대해 구체적이며 행동적인 언어로 표현하도록 하며 문제를 변화시키기 위한 지시와 과제 등을 전달한다.

이때 치료자의 진단은 내담자인 IP의 증상이 가족의 항상성을 유지하도록 하는 기제로 활용된다는 가정을 하게 되는데 전략주의자들에게 있어서 증상이란 내담자가 타인과 의사소통하는 방식으로 가족은 가족 간의 평형상태를 유지하기 위해 내담자(IP)의 증상을 필요로 할 뿐 아니라 내담자(IP)도 타인의 통제의 방식으로 문제의 증상을 가족의 항상성을 위하여 이용하고 있다고 본다. 따라서 전략적 치료가들은 표면적으로는 위계질서가 유지되는 것처럼 보이나 부모 중 한 명이 자녀와 연합하여 부부의 건강한 위계는 결속이 약화되기도 한다는 것에도 주목한다. 이러한 세대 간의 연합에 대하여 자신들이 인식하지 못할수록 그 가족의 문제는 보다 심각하다고 할 수 있다. 따라서 전략적 치료에서는 반복적이며 역기능적인 연쇄과정을 파악한 이후 내담자의 저항을 최소화하기 위해 직면이나 설명보다 우회적이거나 직설적으로 역설적 개입의 과제나 지시로 회기 간의 변화를 유도하게 된다. 이러한 전략을 클라이언트가 깨닫지 못할 경우에는 보다 효과적이다.

- 이러한 전략적 접근은 독특한 문제에 따라 맞춤형 전략을 통하여 가족 스스로 자신의 문제를 다루는 과정 가운데 가족체계의 변화가 가능하도록 처음의 시기에는 동기와 성취감을 느낄 수 있는 작은 것부터 시작하는데, 내담자에게 빨리 해결하고 싶은 부분과 천천히 해결하고 싶은 부분을 질문하기도 한다.
- 전략적 가족치료의 핵심은 역설적인 경우가 많은데, 예를 들어 내담자에게 문제증상을 계속해서 실행하라는 지시 등은 내담자가 오히려 변화를 바라게 되는 모순적 상황을 통하여 변화를 이끌어내는 방법으로 내담자의 저항을 처리하고자 하는 효과적 방법은 지시와 은유적 언어사용, 역설적 개입, 시련기법 등의 전략이 사용된다.
- 다양한 방식으로 내담자를 치료적으로 이중구속하여 전략적 치료는 클라이언트가 문제증상을 포기하거나 어떤 쪽을 택하든 하는데 어느 쪽이든 변화하지 않을 수 없도록 하는 방법을 활용한다. 그러나 내담자 가족과 15분 이상 논쟁을 벌이지 않는 것이 바람직하다.

1) 개입기법- 역설적 과제(paradoxical task)

전략적 치료의 개입기법은 직접 및 은유적 지시, 시련기법 등이 있으며 역설적 지시는 가족이 치료자의 지시의 내용에 저항함으로써 변화를 일으키도록 하는 전략의 기법이다. 경우에 따라 치료자는 변화가 필요한 가족들에게 변화하지 말라고 요청하는 것은 가족이 이러한 지시에 저항하여 궁극적으로는 가족 스스로 변화할 수 있도록 하는 기법이기도 하며 경우에 따라 재정의를 통한 가정이 요구되기도 한다. 가정기법은 가족의 저항을 직면하는 역설적 기법과 유사하나 보다 부드러운 기법으로 긴장상황에 대하여 반항심을 유발하는 대신 놀이를 하는 기분으로 하여 가족구성원의 저항을 우회하는 방법으로 분노를 조절하지 못하는 아이에 대한 헐크놀이와 같이 극단적 상황에 대하여 구성원의 긴장도와 자기방어 정도를 낮추어 변화를 가져오도록 유도하는 방법이다.

- **시련기법**(The Ordeal Technique)**이 있는데 이에 대하여 헤일리**(Haley)**는 "사람은 증상을 갖는 것이 포기하는 것보다 많은 어려움이 있을 때 증상을 포기한다"는 전제를 통하여 증상에 대하여 역설적으로 개입한다.**
- **예를 들면, 불면증이 있는 내담자에게 잠을 자지 말고 밤을 새워 운동을 하라고 지시하는 것 등이 있다. 그 밖에도 관계규정**(Defining a Relationship)**과 관계조정**(Control in Relationship)**을 통한 사람들의 의사소통방식에 개입하게 된다.**

2) 피드백 고리

(1) 사이버네틱스의 피드백 고리

사이버네틱스의 피드백 고리와 관련한 의사소통의 개념으로 MRI 연구팀에서 활용한 개념으로 가족의 구성원은 상호 피드백을 통해 정보를 교환하면서 행동에 영향을 미친다고 하였다. 즉, MRI 팀은 반복적 의사소통형태로 상호작용과 반응을 반복적으로 하는 피드백을 분석하였다. 이 분석은 부적 피드백의 개념으로 변화에 저항하여 원래의 평형상태로 돌아오게 하는 피드백과 변화를 시도하는 정적 피드백이 가족규칙에 의하여 규제된다고 하였다. 많은 경우에 문제를 가진 가족은 문제해결을 위해서 정적 피드백 작용으로 변화를 시도하지만 부적 피드백을 통해 원래의 상태로 돌아간다.

이에 대하여 전략주의 가족치료상담가들은 가족의 변화를 위하여 가족원의 행동이 바뀌는 일차적 변화(first order change)와 이후 가족체계의 규칙까지 바뀌는 이차적 변화(second order change)를 제시하여 완전한 변화를 가져오고자 하였다. 일차적 변화는 일시적이고 내재적으로 가족의 규칙까지 변화한 것은 아니나 진정한 변화는 가족규칙까지 변화하여 가족의 행동 뿐 아니라 신념까지 바뀌는 수준이라고 할 수 있다.[9)]

(2) 가족규칙

가족규칙은 명시적 규칙과 암시적 규칙, 그리고 상위의 규칙(meta-rule)이 존재한다. 상위규칙은 일반적 규칙 위에 작용하는 '규칙을 총괄할 수 있는 규칙'이며 가족원이 가족규칙을 유지하고 변화시키는 것에 대한 규칙이다. 그런데 문제는 역기능 가족은 상위규칙을 가지고 있지 않고 경직되어 현상유지의 경향이 강하여 가족의 규칙을 언급하거나 변경할 수 없다고 하고 있다. 이와 같은 규칙의 개념은 전략적 구조주의 모델이 가족의 구조적인 질서에 관심을 갖고 가족원이 갖는 통제나 힘의 균형, 그리도 가족의 위계질서를 중요시하였으며, 역기능적인 가족은 증상을 통하여 가족 항상성을 유지할 뿐 아니라 증상을 통하여 가족원을 통제한다고 믿었으므로 이러한 피드백에 개입하는 것이 중요하다고 보았다.

이와 같이 피드백에 대한 개입이 중요하다고 본 것은 MRI 상호작용 모델도 마찬가지이며 순환적 인식론에 근거하여 의사소통의 내용보다 상호작용의 과정을 주시하여 개인의 심리내적 문제를 가족구성원 간의 바람직한 상호작용으로 전환시켜 상호작용에 개입하고자 하였다.[10)]

---

9) 예를 들어 늦게 귀가하는 남편에게 잔소리를 한다면 그것은 기존 가족규칙을 적용하는 일차적 변화이겠으나 '혹시 일을 하는 데 시간이 부족하세요? 혹은 회식 때 이른 귀가는 너무 지키기 어려운 약속이세요?'라고 한다면 그것은 가족체계 규칙을 검토하는 이차적 변화를 요구하는 것이라고 볼 수 있다.

10) 1990년대 이후 가족치료분야에서 협동적인 치료와 인지적 변화에 초점을 두는 추세가 강화되면서 MRI모델은 전략적 접근을 유지하면서 포스트모더니즘의 치료적 방법을 도입하며 발전하고 있다.

3 MRI 상호작용 모델

1) MRI 상호작용 모델의 접근 및 적용 방법

MRI 상호작용 모델의 치료방법으로 치료자는 최대한 10회 이내의 면접과정으로 진행하며 상담을 통한 변화에 대하여 기대감을 갖도록 한다. 상담의 과정을 요약하면 다음과 같다.

(1) 문제에 관한 조사 및 정의

문제에 관한 조사 및 정의의 단계에서는 내담자와 가족에게 가장 불편하고 개선하고 싶은 사항을 정의한다.

(2) 문제를 유지하는 행동을 추정함

내담자에게 있어서 기존의 해결책으로는 문제를 지속하거나 악화하는 것이 된다. 첫째, 문제의 존재를 부인한다. 둘째, 문제가 아닌 것에 대하여 해결하려는 노력을 한다. 셋째, 체계 내 문제를 해결될 수 없는 쪽으로 노력한다. 이에 대한 치료전략은 내담자가 문제가 되는 행동을 중지하고 다른 방식으로 행동하는 것을 돕는다.

(3) 치료의 목표 설정

치료목표의 설정 단계에서는 치료자와 가족이 상담 및 치료를 통하여 도달할 수 있는 변화의 목표를 세운다. 변화하는 목표는 측정 가능할 뿐 아니라 관찰 가능한

– MRI 모델은 상호작용적인 것으로 문제를 둘러싼 상호작용의 연쇄과정에 대하여 관찰하고 개입하는 것에 관심을 두며 Haley는 동기에 관심을 두고 클라이언트가 다른 사람을 통제하려는 소망(desire)에 관심을 가지며, Madanes는 사랑하고 사랑받고자 하는 소망에 관심을 가지는 미묘한 차이가 있다.

구체적 행동이어야 한다. 이에 활용하는 방식은 다음과 같다.

- 역설적 개입(paradoxical intervention)
- 증상의 처방(symptom prescription)
- 제지기법(restraining technique)

(4) 종결단계

첫째, 증상과 관련된 의미 있는 변화가 일어남을 확인한다.

둘째, 변화의 지속성을 유지할 수 있는 방안을 모색한다.

셋째, 내담자가 독립적으로 문제의 행동에 대처하는 능력을 보여준다. 이러한 시기에 가족문제의 치료상담가는 내담자가 치료과정을 통하여 성취한 것, 상담의 종결 후 변화의 지속성과 향후과제 등에 대하여 내담자와 함께 검토하고 종결한다.

2) 헤일리의 모델

전략주의의 모델은 가족의 발달단계별 과업이나 인생의 전환기에서의 위기에 관심을 갖는다. 헤일리는 치료목표에서 가족 생활주기에 따른 단계적 이행기의 과업달성과 함께 성장을 고려하여 사정하였다. 이것은 가족의 생활방식이 고착되어 있는 가족에게 있어 가족문제가 가족 생활주기의 이행기에서 발생하기 쉬우므로 변화된 행동에 잘 대응하여 다음 단계로 나아갈 수 있도록 하는 것 역시 치료목표의 한 부분으로 제시하고자 하였다.

(1) 권력의 통제

헤일리는 내담자의 개인 문제적인 접근보다는 내담자의 가족을 포함하여 대인간의 상호작용 및 교류를 분석하였다. 즉, 전략주의 관점에서 볼 때에 증상은 가족원 간의 항상성을 유지하기 위한 기제로서 증상의 이면에서는 상호 관계를 통제하기 위한 IP의 증상을 통한 관계통제의 전략이 숨어 있다는 것이다. 그 밖에도 심한 갈등을 겪고 있는 결혼관계에 있어서 적대적이며 심한 갈등을 겪는 부부가 자녀의 증상에 매달리면서 결혼관계를 유지할 수도 있다. 이때 자녀의 증상은 위기 상태에 있는 부모의 관계와 가족을 유지하는 역할을 한다. 또는 아내의 불안증은 남편을 무의식적으로 자기 곁에 있도록 하는 통제의 전략이 될 수 있으며 아내는 증상을 통하여 남과의 관계에서 권력과 통제를 얻고 있는 것으로 해석할 수 있다.

(2) 위계[11)]

헤일리는 구조적 차원의 위계(generational line)에 주목하여 볼 때 기능이 잘되는 가족은 가족 내 위계질서가 바로 서 있음을 보면서 상위세대가 권위와 통제감을 가지고 규칙을 집행하며 세대 간의 구조가 바로 서고 상호 경계를 존중하는 것이 필요하다고 보았다. 경계는 명확하며 상호 대화에 의하여 융통성이 있으며 투과성이 있되 구조적으로 유지되며 질서가 잘 유지된다면 기능적인 가족이라 할 수 있다. 헤일리와 메더네스와의 차이는 인간의 딜레마는 사랑과 폭력 간의 투쟁 속에서 발생한다고 보아 보호와 관심의 차원에서 위계의 개념을 접근한 차이가 있다. 즉, 가족은 서로 자신의 위치에서 상대를 잘 돌보는 역할을 하여야 하며 이를 수행하지 못하는 경우 폭력이 발생한다고 보았다. 따라서 메더네스는 그러나 이들의 공통점은 가족의 위계에 대한 관찰을 통하여 가족에 대한 치료 및 상담을 접근하였다는 공통점이 있다.

---

11) 가족원은 자신의 위치에 부합하는 권력 및 통제를 가지는 경우에 위계질서가 유지되고 균형이 깨어지는 경우 위계질서에 문제가 발생한다고 보아서, 헤일리는 증상의 해결을 위해서 치료자는 관계의 이면에 존재하는 권력과 통제방식 및 권력투쟁에 관한 가족관계를 파악하여 명확한 치료목표의 설정과 구체적 개입방식을 계획할 수 있어야 한다고 하였다. 전략모델에서는 위계와 조직의 문제에 대한 관심으로 구조주의 모델로 분류되기도 한다.

반면 메더네스(Madanes)는 모든 인간의 딜레마를 사랑과 폭력 간의 투쟁 때문에 발생한다고 보고 보호와 관심이라는 측면에서 위계에 접근하였다. 가족은 자신의 위치에서 상대를 잘 돌보는 역할을 해야 하는데 이것을 제대로 수행하지 못할 때 폭력이 생긴다고 보았다. 헤일리와 매더네스는 모두 가족 내의 위계에 염두를 두고 가족 치료 작업을 하였는데 가족원은 자신의 위치에 맞는 권력과 통제력을 통하여 타인을 보호하며 돌보아야 한다고 하였다. 가족의 구조가 건강히 유지되기 위해서는 권력의 측면과 돌봄의 측면이 잘 균형을 이루어야 한다. 메더네스의 특징으로는 가족을 변화시키는 목적으로 역설적 기법과 유사하나 더 부드러운 기법을 사용하는데, 예를 들면 아이의 공격성에 대하여 긴장상황을 조성하고 반항심을 유발하는 대신 놀이를 하는 기분으로 저항을 우회하는 헐크놀이 등으로 새롭게 접근하도록 하여 바람직한 변화를 이끌어내도록 하기도 한다.

3) 전략적 구조주의 모델

헤일리(Haley)는 역할에 따른 의사소통이론에 관심을 가지고 상호 교환하는 메시지에 내재된 통제와 권력의 투쟁 안에서 '누가 그리고 무엇에 의하여 의사결정과 관계가 정의되는가?'라는 쟁점에 근거하여 가족의 역동성을 관찰하였다. 위계질서를 혼란하게 만드는 원인으로는 세대 간 결탁이나 권력 다툼으로 부모가 특정자녀와 결탁하여 대항하기도 하며, 다양한 양상을 보인다. 이에 가족의 위계질서를 평가하기 위해서 가족구성원 간의 반복적인 상호작용을 관찰하기 위해서 가족만의 독특한 유형을 분석해야 한다고 하였다. 헤일리는 개입방법에 대하여 지시와 역설적 개입과 은유적 언어의 행동을 통하여 독특한 전략적 치료모델을 발전시키고 그 밖에도 에릭슨의 저항을 다루는 방법 등의 임상적 기법을 물려받아서 증상행동이 내포하는 부적응적 통제전략을 이중구속의 개념을 통하여 처리하고자 하였다. 헤일리의 모델에서도 가족의 위계를 중요시하게 보았으며 그러한 의미에서 구조주의적 모델로 구분되기도 하는데, 병리적 가족은 위계가 거꾸로 있거나 가족구성원 간의 연합의 특징이 있다고 보았으며, 가족 항상성에 대한 집착으로 상황의 변화에 대처하기 어려워 병리적 연쇄과정에서 벗어나지 못하는 현상을 보이고 있다고 하였다. 이것은 일종의 가족게임과 같은 것으로 밀란 역시 역기능 가족이 힘을 얻기 위한 가족게임을 한다고 보았는데, 즉 증상 자체가 게임을 의미한다고 보아 게임을 멈추기 위한 역설적 개입이 필요하다고 보았으며 이러한 방식은 헤일리의 역설적 지시와 유사하다.

(1) 전략적 치료과정

전략적 치료의 핵심은 병리적 가족은 치료자에게 도움을 청하는 행동을 하지만 막상 치료를 통하여 도움을 주려고 하면 저항하는 현상을 보인다. 그것은 가족의 유지방식인 항상성(안정성)이 위협받는다고 인지하게 되기 때문이다. 이것은 가족치료상담가와 내담자 가족 간의 치료자와 내담자 가족 간의 미묘한 권력투쟁을 가져오게 한다. 이러한 저항에 대한 개입으로 치료자는 이중구속의 상황을 통하여 내담자의 역설적 개입과정에서 증상을 포기하도록 하는데, 보통 증상을 더 강하게 유지하기 등의 방법이 활용되며 치료 초기부터 사용하는 것보다 다른 치료적 방법의 효과가 없는 경우 권장된다. 이러한 역설적 개입은 내담자가 역기능적인 행동을 스스로 포기하도록 유도하므로 치료자의 게임으로 비유되기도 한다.

따라서 사정을 위하여 환자의 문제를 가족 전체의 문제로 재규정하고 치료적 개입의 범위를 가족, 확대가족 및 이웃까지 포함하며 치료자까지 범위에 들어가게 된다. 가족치료상담가는 문제규정단계에서 첫 면접으로부터 가족의 상호작용과 연쇄과정을 관찰함으로써 문제를 야기하는 가족의 위계질서 및 문제를 관찰한다. 이후 전략적이며 역설적인 개입 이후에 치료자는 가족의 역기능적 상호작용의 연쇄과정이 변한 후 가족의 체계에서 분리되어 나오게 된다. 이후 밀란의 후기 모델에서 치료자는 협력자의 역할을 하는 것으로 일부 변화하기는 했으나 일반적으로 치료자는 가족의 체계를 변화시키기 위하여 지시하고 과제를 부여하는 지도자, 교사 혹은 모델의 역할을 수행하며 가족에게 상호작용의 시범을 보이고 과제를 부여하여 가족체계의 참여자가 된다.

지시 초점의 맥락

첫째, 내담자와 그의 가족에 대하여 과거의 행동방식과는 다른 행동을 하게 하도록 지시한다. 둘째, 내담자와 치료자와의 유대 및 관계를 강화하도록 한다. 셋째, 치료자의 지시에 대한 내담자의 반응을 관찰하여 내담자의 변화에 대하여 가족이 어떻게 반응할지에 대하여 지시한다. 지시의 방법에는 크게 직접적인 지시와 은유적인 과제가 있다.

개입 방법

① **직접적 지시**(straightward directives) : 직접적 지시로는 충고 및 제안하기, 코칭하기, 시련 행동의 지시하기 등이 있으며, 이때 치료자의 권위가 중요하며 어떤 행동을 평소와 다른 어떤 행동을 하도록 지시하고 목표달성을 위하여 확실한 동기부여가 중요하다고 보고 있다.

② **은유적 과제**(metaphoric task) : 은유적 과제는 가족이 표현하기 부끄러운 문제에 대한 양상이나 이야기 등을 하거나, 매우 과민한 문제 등에 대하여 접근할 때 사용하며 내담자의 치료를 하더라도 치료 도중에 전체 가족에게도 적합한 과제를 부여할 수 있다.

③ **역설적 과제**(paradoxical task) : 역설적 과제는 직접적 지시, 은유적 지시 및 고된

체험기법과는 반대되게 가족이 치료자의 지시에 저항하도록 하여 증상을 포기하도록 하는 개입기법이다. 첫째, 역설적 개입은 변화하라는 메시지와 변화하지 말라는 상반된 모순적인 메시지를 동시에 전달하여 치료적인 이중구속 상황을 만든다. 이러한 개입의 목적은 변화시켜야 하는 증상에 대하여 예상한 것과 다르게 변화하지 말라는 지시를 하여 내담자로 하여금 이중구속의 상황에 빠지도록 하는데 치료자의 지시를 따르지 않는 저항은 증상을 포기하게 되는 것을 의미한다. 그러나 역설적 지시나 과제를 접하는 내담자들은 이러한 처방이 부성의하거나 가벼운 처방으로 받아들여 화를 내거나 당황할 수 있다. 그러므로 내담자와 가족이 치료자의 전문성에 대하여 신뢰가 부족하다면 이러한 역설적 개입의 성공은 어렵다.

따라서 이러한 처방의 목적은 가족 스스로 증상을 통제할 수 있도록 하기 위해서라는 설명을 해주는 것도 바람직하다. 이를 위하여 처방, 제지기법, 재정의 기법이 실시된다. 첫째, 처방의 기법은 증상을 포기하도록 하기 위하여 증상을 지속하거나 증상을 과장되게 하게 하여 자발적으로 증상을 통제하도록 하는 역설적인 개입전략이 있다. 둘째, 제지기법으로 재발에 대하여 미리 예고하여 변화의 속도를 통제하도록 하는 방법이 있다. 셋째, 재정의 방식은 기존의 역기능적인 것을 보다 이해 가능하거나 낙관적인 언어로 재정의하여 인식과 행동에 변화를 주기 위한 동기를 부여하는 방식으로 개입되는 방식이 있다.

(2) 헤일리 기법의 치료과정

헤일리의 초기 면접은 매우 구조화되어 있으며 일반적으로 다음의 4단계로 진행된다.

헤일리 면접의 구조화

① 친화관계

가족치료실에 방문한 가족은 원하는 곳에 자리를 잡고 치료자가 먼저 자신을 소개한 후에 가족에게 소개를 요청한다. 이 단계에서는 치료에 참석한 모든 가족구성원이 협동적이며 편안한 분위기를 느끼는 것이 중요하므로 만일 모두의 소개를 마치기 전에 구성원의 한 명이 문제에 관하여 먼저 이야기를 시작하면 치료자는 잠깐 제지시키면서 나머지 가족원의 소개를 먼저 마치도록 한다. 이후 치료자는 모든 가족구성원이 가족치료에 관한 의견을 말할 수 있도록 도우면서 가족의 상호작용을 관찰한다. 특히 부모가 자녀를 어떤 방식으로 다루는지와 가족의 위계관계에 주목한다. 이때 누가 치료자와 밀착하려고 하는지와 거리를 두고자 하는지를 함께 관찰한다.

② 문제규명의 단계

문제규명의 단계에서는 가족이 어떤 도움을 바라며 왜 치료실에 방문했는지를 질문한다. 이를 통하여 각자의 구성원이 원하는 변화를 파악하고 그에 관한 정보를 얻는다. 그러나 증상이 있는 IP에게 가장 먼저 질문하는 것은 바람직하지 않는 것으로 본다. 이것은 위협과 문제에 대한 과중한 책임감을 느낄 수 있게 할 수 있기 때문이며, 각 가족원의 문제에 관한 관점을 보는 시기이므로 가족구성원의 의견에 관하여 해석이나 충고나 비판 등을 하지는 않는다. 헤일리의 경우에는 주로 아버지에게 가장 먼저 질문을 하였는데 이것은 아버지의 참여도를 높이고자 하는 전략적 이유가 있으며 종종 문제와 관련이 적은 가족구성원에게 먼저 질문을 하기도 한다. 이 단계에서의 질문의 초점은 사실과 의견에 근거한 정보수집이라고 할 수 있다.

③ 상호작용의 단계

상호작용의 단계에서는 가족원이 문제에 관하여 상호 다양한 관점을 교환하게 되는 단계로 가족구성원이 이야기를 나누는 동안에 가족들의 상호작용의 의사소통 방식과 가족 간의 연합, 삼각관계 및 권력위계 등을 관찰하면서 가족들이 대화를 지속하도록 돕는다. 이때 의사소통의 내용보다 방식이나 과정에 집중하며 경청한다. 또한 가족치료상담가는 제시된 문제를 재현하도록 요구할 수 있는데 이를 통하여 증상 유지의 가족 연쇄과정과 구조를 분명히 알 수 있으며 앞으로 진행되는 치료에 대한 개입단서를 파악할 수 있게 된다.

④ 목표설정의 단계

목표설정의 단계에서는 가족이 해결하기를 바라는 문제에 관하여 치료자와 가족의 구성원이 구체적으로 목표를 설정한다. 즉, 이 단계에서는 변화하기 원하는 부분에 관하여 명확하고 행동적인 언어로 정의하도록 유도한 이후에 문제를 변화시키기 위하여 첫 과제의 지시와 함께 초기 면접을 마치게 된다.

(3) 밀란 모델

밀란 모델은 미국에서 MRI 전략적 모델이 활용되고 있는 동안 이탈리아 밀란에서 가족규칙 및 항상성에 대한 체계적인 모델을 발전시켰는데 이에는 베이트슨의 순환적 인식론의 예를 들 수 있다. 밀란의 모델에서는 증상을 보이는 가족에게 '게임 규칙'을 통하여 고착화된 규칙에서 벗어나지 못하는 가족에게 역설적으로 접근하였다. 상담은 통상적으로 월 1회 이루어지며 10회기 이내로 제한된 개입을 하게 된다. 회기 간의 간격은 내담자와 가족이 처방에 대하여 충분하게 반응하고 시도하는 시간을 주기 위하여 부여된다. 치료 팀이 상담장면을 관찰하며 상담은 평균 한 달에 한 번 이루어지고 10회 이내로 제한된다. 회기 간의 간격이 긴 것은 내담자와 가족이 역설적 처방의 효과에 대하여 충분히 반응할 수 있는 시간을 주기 위해서이다. 대신 밀란 모델의 독특한 치료방식은 한 회기에 대한 할애시간이 긴 편이며 네 명 정도의 치료자가 팀이 되어 한 회기에 대하여 다섯 단계로 나누어 진행하게 되는 형식으로 구성된다. 그리고 이후에 밀란 모델은 이차 사이버네틱스의 핵심으로 '정보'에 초점을 두어 진행하게 되면서 가족 신념체계의 변화를 좀 더 강조하여 가족 상호작용 유형의 변화를 가져오고자 하였다. 이것은 역기능적 가족이 '인식론적 오류'에 빠져 있음에 주목하여 신념체계에 개입하여 체계에 새로운 정보를 유입시키고자 한 것이다. 따라서 가족치료상담가는 가족의 역동성을 관찰하여 파악한 이후에 중립적인 자세로 순환질문을 통하여 가족원이 스스로 인식론을 검토하고 새로운 신념체계를 도입하도록 하였다. 밀란 모델의 특징은 긍정적인 의미의 부여나 불변의 처방 등 다른 전략적 모델과 차별화되는 기법을 제시하였다. 밀란의 요법에 있어서 주요 개념은 다음과 같다.

① **의식**(ritual)

의식(ritual)의 기법은 밀란 모델의 기법이며 일정한 의식을 만들어 이에 대한 게임을 하게 하여 가족 게임을 구성원 스스로 과장되게 인식하도록 하는 기법이다. 다른 모델에서도 전략적인 기법이 활용되기도 하나 예를 들면 각자의 원가족에 강하게 밀착된 신혼부부에게 밤마다 20분씩 시댁과 친정에 대하여 이야기하도록 처방을 한다. 토론을 하는 동안에는 반드시 존경심을 2배 더 표현하도록 한다. 이러한 과정을 통하여 주제는 밀착된 원가정에 관한 것이지만, 이러한 전략은 남편과 아내만의 부부체계를 더욱 강화할 수 있도록 하고 원가족에 대한 가족충성에 대하여 기존의 규칙이 변화되게 하도록 하여 전략을 성공시킨다.

② **불변의 처방**(invariant prescription)

밀란은 불변의 처방이라는 처방을 통하여 내담자 가족의 게임을 중단시키기 위해 모든 가족에게 불변의 처방(invariant prescription)이라는 보편적인 기법을 적용하였다. 이는 역기능적 가족의 게임에는 유사성이 있음을 발견하고 가족으로 하여금 이에 대항하도록 하는 방식을 형성하여 게임을 중단하도록 하는 것에 초점을 두었다. 처방은 일반적으로 10회로 제한된 회기와 팀 접근법 및 가족게임을 중단하기 위해서 고안된 역설적 지시 사용 등의 구조화된 방식으로 진행된다. 이러한 방식은 약한 가족구성원과 증상을 통하여 연합한 구성원 간의 관계를 해체시켜서 증상에 대하여 개입하게 되는 방식을 취하는데 밀란은 이를 더러운 게임을 중단시키는 불변의 처방이라 이름하였다.

③ 역설적 개입

역설적 개입의 계획에는 재정의, 처방, 제지의 3단계를 거치게 된다. 첫 번째 단계로 재 정의의 문제는 신념체계의 변화를 통하여 동기를 이끌어내기 위하여 문제에 관한 가족의 생각을 변화시키기 위해 증상을 위협적인 의미보다는 긍정적 의미로서 재 명명하고자 하는 것이다. 두 번째 단계로 처방은 부모의 입장을 생각하지 말아라, 더 우울하라처럼 심플하지만 예측과 다르게 저항감으로 인하여 수용하기 어려운 증상처방을 주는 것이다. 세 번째 단계는 천천히 변화하라는 제지의 메시지를 통하여 내담자가 가족이 변화에 저항할 것을 예견하면서 한편으로는 시작된 변화를 보다 견고하게 하기 위해서 제안한다. 역설적 개입은 일차적 문제의 해결 뿐 아니라 궁극적으로는 가족체계의 변화까지 유도하고자 하는 것이다.

이때 치료목표의 설정은 매우 구체적이며 시간, 장소, 빈도 등의 개방형 질문을 통하여 행동적인 부분까지 언어 및 모델링 등을 활용하여 문제의 분명한 규명과 기대하는 구체적 변화를 설정한다. 목표가 구체적이라면 개입과 효과도 구체적이며 성과가 좋다. 목표달성에는 중간목표를 설정하여 효과적으로 단계적 점검이 가능하도록 하며 내담자의 증상 뿐 아니라 사회적인 맥락에서 내담자의 가족을 둘러싼 사회적 관계망까지 치료과정에 포함한다. 예를 들면, 청소년의 경우 학교 선생님이 될 수 있으며 성인의 경우에는 지인 등이 포함될 수 있다.

④ 주요 용어

증상의 처방, 고된 체험기법, 위장기법, 은유기법 등이 전략적 치료에서 쓰이는 용어이다. 각 용어에 대하여 살펴보면 다음과 같다.

ⓐ 증상의 처방

증상의 처방은 내담자에게 증상을 보이는 행동을 자발적으로 지속하도록 격려하는 것으로 역설적 개입의 일종으로 그러한 맥락에서의 지시나 과제를 주는 기법이다. 그에 대한 기대 결과로는 내담자가 가족치료상담가의 지시에 순종하여 증상이 본인의 통제 하에 있음을 인정하도록 하거나, 혹은 지시를 거부하고 증상을 버리거나 하는 효과를 거두는 것이라고 할 수 있다.

ⓑ 고된 체험기법

고된 체험기법은 문제의 증상이 있을 때마다 내담자가 하기 어려운 일을 수행하도록 지시하여 증상을 포기하도록 하는 것이다. 이것은 내담자로 하여금 증상을 유지하는 것이 더욱 고통스럽게 지각하도록 하여 증상을 포기하도록 한다는 전제를 가지고 있다. 증상이 있을 때마다 수행해야 하는 고된 체험과제로는 다이어트, 운동, 대청소 등 다양하게 적용될 수 있는데, 습관적 관계갈등이나 고착된 습관이 나타날 때마다, 그 상대방에게 값비싼 선물을 하게 하거나 고된 등산을 하게 하거나 하는 것으로 내담자가 증상을 포기하는 것이 더 나은 것임을 체험하도록 한다. 이러한 방법은 내담자가 치료적 희망을 가지고 변화에 대한 헌신이 강한 경우에 성공확률이 높으며 고된 체험 역시 바람직한 행동이라면, 임무를 수행하는 과정에서 바람직한 습관의 형성이 가능하다.

ⓒ **위장기법**

이것은 자발적인 상황의 통제를 통하여 이중적인 위계구조를 재구조화하도록 하고 궁극적으로는 가족의 증상유지의 연쇄과정을 포기하도록 하는 것을 목적으로 한다. 이것은 정확하게는 메더네스가 고안한 것으로 부드럽고 덜 위협적인 방식이다. 즉, 일명 '척하기'의 연극을 활용한 기법인데, 역기능적 기능을 유머와 놀이에 기초하여 저항을 극복하며 감정을 처리하고 치료에 접근할 수 있도록 하였다.

예를 들면, 분노조절을 못하는 아이에게 정해진 시간에 상대방과 헐크놀이를 하여, 마치 분노가 일어나는 척하고, 이에 대하여 상대방이 걱정으로 도와주는 척을 하도록 하여 분노와 도움이 모두 연기를 하는 놀이이므로 긴장되거나 심각한 싸움이 아니라 즐거운 놀이로 가상적인 게임이 되어 저항에 대한 우회의 감정을 가지고 컨트롤하며 서로 그러한 과정이 일어났을 때 소통과 여유를 가질 수 있도록 하였다.

ⓓ **치료의 예시**

- 치료자의 태도

"이번의 상담의 내용은 비밀이므로 말씀하시지 않고 은밀한 가운데 진행될 것입니다. 이번에는 부부간의 즐거운 외출을 계획하기로 합니다. 그러나 그 외출에 대하여 자녀에게 알리지 말고 그냥 부부끼리의 외출이라고 이야기하시기 바랍니다. 그리고 각자의 일지에 날짜와 둘만의 일에 대한 긍정적인 느낌만 기록하도록 하세요. 이것은 부부에게 드리는 과제이니 부지런히 충실히 임하고 임무의 소홀이나 기록의 생략이 있지 않도록 합니다. 다음의 치료에 올 때에는 일지를 가지고 오셔서 읽어주시면 됩니다."

효과

부부의 함께 행동하며 유지하는 비밀은 부부의 동맹을 형성하며 반면 이전에 존재하던 동맹과 연합을 약하게 한다. 이것은 기존에 행하던 가족 게임을 약하게 하고 가족 간의 상호작용의 유형을 바꿀 수 있게 되며 치료가 종결될 즈음에 안정된 동맹관계를 가지도록 하고 문제가 있는 구성원의 안정된 동맹관계를 가능하게 한다. 이러한 치료의 목적은 기존의 경직되고 파괴적이었던 가족게임에 대하여 개입하여 새롭고 융통성있는 생활양식을 함께 형성해나가도록 하는 기법이다.

참고 : 치료자 역할

전략적 모델에서 치료자의 역할은 단적으로 '전략가'라고 할 수 있다. 전략적 모델에서 치료자가 사용하는 기술과 방법은 다음과 같다.

ⓐ 전략적 기술

전략적 가족치료상담자는 내담자의 문제해결을 위해 합리적인 전략을 세울 수 있는 기술을 지니고 있어야 한다 치료과정에 들어가면 가족치료상담가는 내담자와 가족에게 구체적인 치료계획을 가지고 지시적으로 접근하며 지시에 잘 따라 줄 것을 내담자와 가족들에게 요구하게 된다. 그러나 치료의 방법에 있어서는 직접적 방법과 우회적인 방법을 선택할 수 있는데 내담자의 특성이나 저항의 크기 그리고 치료자의 권위 등을 고려하여 접근법을 선택 및 적용할 수 있다.

ⓑ 재명명 및 반전

치료자는 재명명을 통하여 가족원이 문제에 대하여 여유를 가지고 서로에 대하여 긍정적인 신뢰의식을 가지도록 돕는다. 기존의 역기능에 대한 문제를 낙관적이거나 좋은 의도로 해석하게 된다면 상호 신뢰의식을 가지고 문제를 개선하고자 하는 것에 도움이 될 수 있다.

ⓒ 팀 단위의 접근

전략적 치료자들은 단독접근방식 외에도 전략적인 팀 접근방법을 활용한다. 치료자가 상담을 하는 동안 지도 감독자 및 동료 상담가들이 관찰팀으로 과정을 함께 볼 수 있으며 전략적 개입이나 가설을 치료자에게 인터폰 등으로 실시간 전달할 수 있다. 밀란 모델의 경우에는 치료 팀의 구성원이 공동으로 회기를 진행하기도 하며 최근에는 관찰 팀이 치료에 공개적으로 합류하여 내담자와 가족 및 치료자와 함께 논의하며 상호작용하기도 한다. 이러한 상호 촉진적이고 쌍방향적인 의사소통방식은 포스트모더니즘의 영향으로 치료자와 내담자 간의 관계를 더욱 협동적이고 수평적인 관계로 변화시켰다. 이러한 방법은 개입에 대한 효과성을 증진할 뿐 아니라 증상이나 문제에 접근하는 시간을 단축하고 치료기간을 단축할 수 있다.

치료의 예

부모의 관심을 갖고자 하는 자녀의 결석증상이 있다고 하자. 이때 치료를 받는 가족에게 이러한 증상은 가족을 보호하는 기능을 갖고 있다고 설명한다. 그 이유로 결석증상으로 어머니는 문제를 가진 IP에게 더 관심을 가지고 아버지는 관심이 없다는 이유로 어머니를 비난하며 가족의 체계가 유지되기 때문이다. 이때 가족치료상담가는 역설적으로 IP로 하여금 계속 결석을 하고 어머니는 계속 관심을 가지며 아버지는 계속 어머니를 비난하도록 한다. 이를 통하여 IP에게는 변화의 소망을 가지지만 나머지 가족은 변화할 의도를 갖게 하지 않는다.

그에 대한 효과는 결국 긍정적인 의미를 부여하여 가족이 가족의 게임에 대한 의도와 인식을 증가시키고 증상은 자발적이며 좋은 의도임을 알도록 도와준다. 한편 가족구성원 간의 동기를 상호 이해하고 긍정적으로 생각하여 치료자나 상호구성원이 이해받고 있다고 느끼게 될 때 변화에 대한 저항도 줄어들게 된다. 이를 통하여 가족의 변화의 새로운 동기를 강화시키고 새로운 각도로 미래의 치료적 변화에 대하여 스스로 구상하게 하며 가족의 이해와 응집은 유지된다. 이와 같이 치료자들은 가족원 서로가 관계 맺는 방식을 변화시키기 위해 고안된 지시기법을 선호하는데, 저항을 직접적으로 다루는 것보다 흔히 우회하는 것을 잘 활용하여 역설적인 전략으로 치료전략에 접근한다.

치료과정

치료과정은 다음과 같다.

ⓐ 초기 면접

전략적 치료모델은 내담자 및 가족에게 개입하는 형식으로 진행되며 따라서 초기 면접은 전체의 치료계획을 세우는데 매우 중요한 단서들을 제공한다. 따라서 첫 면담에서는 가능한 한 가족구성원의 전원이 참여하도록 권유한다. 또한 초기 면담과정에서는 내담자에게 증상이나 문제에 관한 구체적이고 행동적 용어의 정의로 표현해줄 것을 요청하게 된다.

그리고 해결하고자 하는 문제의 목표를 정하고 지금까지 증상에 관해 내담자가 시도했던 해결책에 관한 질문을 하게 된다. 초기면접의 과정을 통하여 해결하고 싶은 문제의 목표를 정하고 나면 지금까지 증상에 관하여 그동안 대처했던 문제를 통하여 내담자 가족 내의 연쇄적 상호과정을 파악하여 전략적으로 개입전략을 수립하는 기틀을 마련하게 된다. 초기면접은 문제의 초점에 대한 해결방안으로 새로운 전략을 세우게 되는 데 도움이 되는 과정이다.

ⓑ 사정 및 가설의 설정

사정을 통하여 전략주의 모델은 가족구성원의 상호작용을 통하여 개개인이 문제에 대하여 어떤 자세를 보이며 문제를 정의하는지 살펴보게 된다. 또한 가족의 구조적 문제로 위계를 살펴보는데, 특히 증상이 가족원을 통제하는 방식을 살펴본다. 진단은 IP의 증상을 통하여 가족 항상성이 유지된다는 가정하에 내려지며 전략주의자들에게 있어서 증상은 내담자가 타인과 의사소통하는 방식으로 자발적인 것이며 가족의 평형상태를 유지하기 위해 IP가 활용하는 방식으로 보고 있다. 즉, IP 증상은 타인의 통제방식으로 드러나지 않은 부모 중 한 명과 자녀와의 연합이기도 하며 가족항상성의 유지를 위한 적응적인 행동이라는 것이다. 이것은 가족구성원이나 세대 간의 연합에 대하여 본인들이 잘 인식하지 못할수록 심각하므로 문제에 관한 체계적인 관점을 수립하여 사정의 결과로 구체적 치료계획의 결과가 도출될 수 있도록 충분한 자료를 수집하는 것이 중요하다.

ⓒ 개입하기

전략적 모델은 잘 계획된 작은 개입을 통하여 큰 치료적 연쇄효과를 가정하게 된다. 치료과정에서 내담자의 저항을 최소화하기 위하여 직면이나 설명보다 우회적이며 역설적 개입을 위한 과제나 지시로 변화를 유도하게 된다. 이러한 접근은 클라이언트의 개별성에 맞춘 맞춤형 전략을 통하여 내담자와 가족이 자신의 문제를 다루면서 체계의 변화를 가져올 수 있도록 고안된다. 따라서 치료과정에서 지시나 요청에 의하여 내담자나 가족이 과제 등을 수행함에 있어 할 수 있다는 생각을 가질 수 있도록 치료에 대한 저항을 줄이고 기대와 동기 및 성취감을 가질 수 있는 작은 문제들부터 접근하며 경우에 따라 내담자의 문제 중에 해결우선순위나 해결소요시간 등도 활용하게 된다.

최근에는 특히 포스트모더니즘의 영향으로 내담자의 강점을 문제해결에 활용하기도 하여 치료자가 지시적 능력보다 내담자에게 동기를 불러일으키는 능력을 중요시 하기도 한다. 치료자는 내담자에게 진정으로 변화하기 바라는 부분에 대하여 질문하면서 내담자의 문제증상을 계속해서 실행하라고 하는 역설적 개입은 오히려 내담자의 인식을 촉구하고 내담자로 하여금 이중구속에 의하여 증상을 포기하도록 하는 것이다.

CHAPTER

9

해결중심 단기치료

1 해결중심의 단기 가족치료의 이론적 배경

해결중심의 단기 가족치료는 비교적 단기간 문제해결을 통한 변화를 성취하기 위한 방법을 지향하고 있다. 따라서 해결중심의 단기 가족치료의 특징은 치료의 정형화보다는 융통성의 발휘가 가능하여 치료의 전후단계가 문제해결의 효과성을 기준으로 하여 비교적 용이하게 응용될 수 있다. 따라서 이러한 문제해결 모델을 실제 상황에 적용하게 되면 활용할 수 있는 다양한 단계에 필요한 모든 정보를 다 소화하는 것이 오히려 힘들다는 것이다. 사람들은 최선의 해결보다 만족스러운 해결법을 선택한다는 것이다.

해결중심의 개념으로 초기 개념화 작업의 시기에 펄만(Perlman)은 존 듀이(John Dewey)의 영향을 받아, '문제해결은 목표보다 과정을 중심'으로 이해하여 과정을 통하여 내담자를 인정해 주고 호소하는 문제에 관해 주인의식을 갖게 하는 활동적 관여가 중요하다고 보았다. 또한 그는 병리적 측면보다는 건강과 이상적 상태에 대해 더 관심을 가지고 문제에 직면하는 클라이언트의 강점에 중심을 두어야 개입한다고 하였다.

이러한 관점에서 펄만(Perlman)은 문제를 내담자의 정신적이거나 내적인 것으로 보기보다는 단순한 문제로 접근하거나, 일상 속에서 경험하는 만족의 수준을 방해하는 일상의 문제로 보는 관점을 취하였다. 따라서 문제해결의 과정은 일상생활 속에서 일어나는 문제들을 해결하는 도구인 것이었다. 따라서 문제의 해결은 내담자와 내담자의 가족이 도움을 청하고자 동기부여 되었을 그때가 가장 변화하기에 효과적인 시기라는 것을 강조하였다. 그리고 홀리스(Hollis)도 내담자와 그의 가족이 처한 바로 그 지점에서 같이 출발해야 한다고 하면서 과거보다는 현재를 보다 중요시 하였다.

2 해결중심 단기치료의 적용

해결중심 단기치료의 적용에 있어서 펄만(Perlman)은 각 개입에 있어서 시작, 중간, 끝의 과정에 대한 개념을 중요하다고 보았다. 그에게 있어서 시간의 중요성은 문제해결의 과정에 있어서 제한된 시간 안에 개입을 한다는 것은 중요한 개념이었다. 즉, 한정된 시간 내에 수행되는 과업의 중요성은 이후 구조화된 단기요법을 통하여 효과성이 입증되었으며 그 개념은 더욱 구체화되어 실천적 방법으로 인정받고 있는 추세이다.

1) 문제해결 모델

문제해결의 모델은 효과적인 개입을 위하여 다른 상담법과 마찬가지로 구조화된 방식으로 상담에 개입하게 된다. 이는 접촉단계, 계약단계, 개입단계, 종결, 평가, 추수상담 등으로 진행되게 된다.

(1) 접촉단계

접촉단계는 문제확인, 목표확인, 계약, 사정의 단계로 다음과 같은 단계를 거치게 된다.

① 문제확인 단계 : 문제확인의 단계에서는 라포의 형성을 통하여 클라이언트의 특성 및 동기, 능력, 자원 등을 확인하고 탐색함으로써 실천을 위한 문제를 정의하는 단계로 올바른 해석은 올바른 상담의 개입계획을 세우는 것에 도움이 된다.

② 목표확인 단계 : 목표확인 단계에서는 상담에 있어서 단기・장기의 목표를 설정하고 그에 대한 내용을 클라이언트에게 확인한다.

③ 계약의 단계 : 계약단계에서는 기관의 연구내용 등을 정리하여 클라이언트와 계약의 관계를 통하여 전문적 관계를 형성한다.

(2) 사정 및 개입

사정과 평가 단계는 본격적인 개입의 단계라고 할 수 있다. 이러한 개입을 통하여 활동계획을 세우고 계획을 실행하고 평가하게 된다.

◆ 사정계획

- 문제들이 클라이언트의 어떠한 체계 및 욕구에 관련하여 발생하고 있는가?
- 문제의 발생 및 촉발과 진행에 연관되는 요인은 무엇인가?
- 클라이언트의 대응방식과 자원에는 어떠한 것들이 있는가?
- 클라이언트에게 개입하기 위하여 어떠한 방식을 개입할 수 있는가?
- 문제의 해결을 위하여 개입방식을 어떻게 효과적으로 구조화할 수 있는가?
- 사정에 동원할 수 있는 자원에는 어떠한 것이 있을까?

◆ 활동계획 세우기

- 활동계획 세우기의 단계에서 달성하고자 하는 목표의 계획을 세운다.
- 목표의 달성에 대한 성과나 혹은 대안을 세우며 성과의 측정방식을 구상한다.
- 활동계획에서 구상되는 방법이 클라이언트에게 적절한 방법인지 점검한다.
- 클라이언트의 변화과정에 있어서의 성과의 달성이 적절한지 살펴본다.
- 가족치료상담사와 클라이언트와의 전문적 관계를 점검한다.

◆ 개입을 통한 계획실행

- 개입의 시점과 방법을 실행한다.
- 자원과 사용될 서비스를 적용한다.
- 누가 무엇을 언제 어떻게 실행하고 있는지 점검한다.

◆ **종결 및 평가**

- 클라이언트가 변화한 정도를 가족상담치료사와 함께 점검해본다.
- 달성한 부분과 그렇지 못한 부분에 대하여 점검하고 그 이유를 살펴본다.
- 성과를 거두었다면 이를 유지할 수 있는 방법에 대한 계획을 세운다.
- 관계의 종결 후에 이어질 수 있는 사회적 자원 및 지지체계를 점검한다.
- 추수상담을 계획한다.

2) 개입에 활용되는 방법들

(1) 개입을 위한 방법-부분화

개입을 위하여 부분화의 방법이 적용될 수 있다. 부분화는 문제가 복합적이거나 클라이언트의 유사 문제 및 대응양식 등을 몇 개의 부분으로 나누어 클라이언트의 개입방법을 보다 구조화하기 위하여 구상될 수 있다. 따라서 통상적으로 복합적인 문제를 가진 가족이나 위기에 놓인 클라이언트에게 접근할 때 용이하다. 이러한 방식은 체계성을 높이고 클라이언트의 두려움이나 반감을 줄이고 에너지를 긍정적으로 변화시켜 부분(partialization)에 그 초점을 두고 문제해결에 집중하도록 한다.

(2) 사회력(social history)

사회력의 개념을 적용하여 클라이언트의 활용자원을 효과적으로 살펴보며 자원들을 통하여 클라이언트를 원조할 수 있도록 활용한다. 예를 들면, 환경을 통하여 사회력을 살펴보는 것은 우울, 각종 중독 등 질환과 관련된 경우 클라이언트의 개인적인 대처능력을 배가하기 위하여 점검할 필요가 있다.

(3) 문제해결 및 개입에서 유의할 점

문제해결에서 고려되어야 하는 것은 클라이언트의 동기를 북돋아 새로운 기회에 접근하도록 하는 데 있어서 가족치료상담가는 원조의 역할을 하는 것이며 개인의 무능한 부분을 지적하는 것이 아님을 숙지하여야 한다. 따라서 문제해결요법에서는 클라이언트나 과거의 문제를 현재 중심의 현실중심적으로 실천하고자 한다. 이를 위하여 클라이언트가 도움을 요청할 때 개입방법을 더욱 구체화하여 클라이언트가 환경에 적합한 상호작용을 할 수 있도록 생활모델의 관점에서 접근하는 것까지 범위가 확장되고 있다.

현재에 초점을 두는 방식은 클라이언트의 저항이나 양가감정 및 전이의 무의식적 영향을 최소화하면서 클라이언트가 자신의 능력을 가지고 기회에 접근하도록 하는 것에 있어서 동기를 함양하여 보다 현재의 문제에 집중할 수 있도록 하는 방식이다.

(4) 행동하며 돌아보기(reflecting(knowing)-in-action)

행동하며 돌아보는 과정은 펄만(Perlman)이 제시한 것으로 클라이언트나 가족치료상담가가 과정에 집중하여 현재의 성취 정도를 점검하는 것에 의의가 있다. 행동하면서 돌아보는 과정에서 의식적인 생각을 통하여 클라이언트의 행동이 가져다주는 효과에 대하여 스스로 점검할 수 있으며, 시행착오에 신속하게 대응하는 것이 가능할 뿐 아니라 원하는 결과를 얻고 있는지에 대해서도 점검할 수 있는 장점이 있다. 이와 같은 과정은 클라이언트 당사자 뿐 아니라 이를 둘러싸고 있는 가족을 대상으로도 실시할 수 있는 장점이 있다.

반면 행동하면서 아는 것은 유능한 가족치료상담가에게 적용되어 개입을 실천하면서 클라이언트의 상태를 점검하는 과정에서 적용될 수 있을 것이다. 가족치료상담가는 클라이언트와 가족이 처한 위험에 대하여 인지하고 개입에서 이를 적용하는 것에 적절히 활용한다.

(5) 해결지향적 질문의 초점과 상담의 관심

① 질문의 초점

해결지향적 질문의 초점으로 치료자 및 원조자가 효과적으로 치료의 목표를 달성하기 위하여 클라이언트의 다양한 변화에 대한 질문방식을 활용하고 있는데, 대표적인 것들은 다음과 같다.

첫째, 클라이언트의 변화에 관련한 질문

클라이언트는 문제의 증상과 변화의 해결을 위하여 상담가를 찾게 된다. 즉, 상담을 통하여 고민하고 많은 대안을 실시해보다가 최종적으로 해결을 받기 위해 상담가를 방문하는 경우가 많다. 이때 해결방안의 기대가 있다면 희망이 있고 그런 환자는 상담에 적극성을 가질 수 있으므로 효과가 높을 수 있다. 따라서 그러므로 상담자는 치료의 과정을 통하여 클라이언트와 함께 그동안의 문제의 심각도가 어느 정도 완화되었는지에 대하여 질문을 통하여 본인의 상태와 증상이 어떻게 좋아지고 해결되고 있는지를 확인하고 변화에 관하여 인정해주고 지지해주는 것이 필요하다.

둘째, 척도를 통한 질문

척도를 통한 질문은 클라이언트 하여금 문제의 해결에 앞서서 중압감을 줄이고 가능성의 타진과 변화의 방향에 관한 객관적 인식에 도움을 주며 스스로 문제의 경중을 평가함으로써 치료목표의 성취 정도를 스스로 체험하도록 한다. 즉, 척도를 통한 문제의 동기화와 함께 궁극적인 문제해결과 치료에 도움을 줄 뿐 아니라 결과의 평가에도 도움을 준다. 비록 문제에 대한 체감 자체는 주관적인 것이지만 이를 객관화하여 인식하는 것은 현재의 변화상태의 방향을 확인할 수 있으며 현재 상황에서 어느 정도의 변화를 통해 문제를 해결할 수 있는가에 대한 주관적인 자신감의 형성에 도움이 될 수 있다.

셋째, 관계성의 질문

관계에 대한 질문으로는 클라이언트의 어려운 상황에서 도움을 줄 수 있거나 받았던 대상의 탐색을 통하여 클라이언트의 환경적 자원에 대하여 파악할 수 있다. 뿐만 아니라 클라이언트의 변화에 대하여 주위사람들이 어떻게 이에 대하여 인지할 수 있으며, 가족들의 변화는 어떠한가 등에 대하여 관계성에 대하여 질문하는 것은 클라이언트의 변화를 통하여 일어날 수 있는 체계의 변화와 그에 대한 클라이언트의 인지 정도 등을 확인하고 살펴볼 수 있게 된다.

넷째, 예외상황의 질문

상담가는 클라이언트에게 있어서 증상에 대한 예외상황에 대한 질문을 통하여 증상보다는 문제의 해결에 대하여 보다 초점을 두고 긍정적으로 예외상황의 공통점에 대하여 탐색한다. 예외상황의 존재는 내담자의 성공에 관한 가능성을 의미하며 예외상황을 통하여 클라이언트는 안도 내지는 희망을 가지며 스스로 변화의 가능성에 대하여 인식하고 변화에 대한 부담감을 줄일 수 있게 된다.

다섯째, 대처방안에 관련한 질문

대처방안에 관련하여 클라이언트가 그동안 문제의 발생에 대하여 어떻게 대처하여 왔는지 그리고 그러한 상황에 대한 클라이언트의 태도에 대하여 지지해주는 것으로 활용된다. "어떻게 그렇게 힘들고 어려운 상황을 극복하였나요?"라는 질문만으로 클라이언트는 힘을 얻고 변화의 원천을 스스로에게서 찾을 수 있게 된다. 상담가는 변화에 대한 힘의 원천이 어디에 있었는지 등을 확인하는 작업은 향후에도 일을 잘 해결할 수 있으리라는 낙관성을 클라이언트가 가질 수 있도록 지지해주는 것이다. 즉, 지내온 상황에 대한 지지는 클라이언트로 하여금 상황에 관하여 문제에 도전할 수 있는 주체성과 독립심을 스스로 인지하면서 내적인 자원의 힘을 발견하도록 도움을 주는 질문으로 활용된다.

여섯째, 기적질문

기적질문은 해결중심 단기치료의 대표적이며 예외상황과 같이 문제의 해결상황을 보다 구체화하며 현실적으로 클라이언트가 인지하도록 하는 것에 목적이 있다. 문제로 인한 강한 스트레스 상황에서 보지 못하는 문제가 의외로 해결 가능성으로써 클라이언트의 가까운 곳에 있었다는 것을 클라이언트 스스로 인정함으로써 변화에 대한 현실감각을 높이고 변화에 대한 희망의 가능성을 갖도록 하는 데 활용된다.

② 클라이언트의 특성

첫째, 방문형 클라이언트

방문형 클라이언트는 타인의 의뢰에 의하여 상담에 왔을지라도 상담에 대한 부담을 줄이고 관심과 동기의식을 가질 수 있도록 격려하는 것이 중요하다. 이때 상담가로부터의 긍정적인 피드백이 중요하며 지지적인 태도를 보여주는 것이 바람직하다. 또한 이러한 경우는 다음 회기의 상담에 참여하는 것 자체가 과제가 되어 이를 통하여 클라이언트는 상담가로부터 관심과 지지를 받음으로써 문제의 해결에 보다 적극성을 띠면서 보다 주체적이 될 수 있다.

둘째, 불평형 클라이언트

불평형 클라이언트는 스스로 문제를 파악하고 있지만 문제의 원인을 타인이나 다른 곳으로 전가함으로써 문제해결에 대한 주체적인 태도를 보이지 않아 정작 문제의 해결이 어려운 경우이다. 따라서 상담가는 클라이언트가 스스로를 희생자로 보지 않고 문제에 대하여 보다 적극적인 주인의식을 가지고 인지할 수 있도록 하는 것이 필요하다. 따라서 상담자는 클라이언트가 인생과 자신의 문제에 대하여 주인임을 자각할 수 있도록 한다.

셋째, 소비자형 클라이언트

소비자형 클라이언트는 문제해결에 대하여 가장 적극적인 태도를 보이는 경우이다. 즉, 클라이언트 스스로 변화에 대한 자발적 동기를 가지고 있으므로 전문가로서 개입하여 효과적인 치료목표와 해결책을 제시하고 협력적 태도를 보여주는 것이 중요하다. 따라서 클라이언트가 문제를 명확하게 인식하고 있는지 확인하고 상담가와 협력적이며 전문적 관계로 클라이언트의 변화가 단계적으로 일어날 수 있도록 하여야 한다.

(6) 상담의 종결 및 평가

상담의 종결 및 평가는 클라이언트가 스스로 문제를 구조화할 수 있으며 해결의 범위에 자발성을 보이며 스스로 자신감을 보이게 되면 서서히 종결을 준비할 시기이다. 즉, 클라이언트가 스스로 변화에 대하여 평가하며 탐색 등에 주도적인 시기이다.

이때 클라이언트의 목표를 클라이언트 스스로 설정하며 그 목표에 대하여 클라이언트가 자신감을 가지고 현실적이며 구체적 노력을 하고 있다면 성공적이다.

3 이야기 치료의 개요

이야기 치료(narrative therapy)는 사람들의 일상생활에서 이야기의 중요성을 강조하고 심리학적으로 이러한 과정이 가지는 의미를 활용하여 치료에 접목한 비교적 최근의 개입방법이라 할 수 있다. 이야기 치료의 기초는 언어를 매개로 하여 치료과정을 통하여 자신을 이해하는 가운데 삶의 이야기를 이해하는 방법과 연관이 된다.

이야기 치료는 다양한 관점으로 접근되고 있으며 Australia와 New Zealand 출신의 가족치료사 마이클 화이트와 데이빗 엡스톤 등의 견해에 따른 것이지만, 심리학자 제로미 부르너 뿐 아니라 프랑스의 구조주의 사회학자 미셸 푸코 같이 언어 안에 담긴 심리 및 관념을 연구하는 학자들의 관점이 영향을 미쳤다고 할 수 있다.

이야기 치료의 장점은 이야기를 통하여 접근함으로써 기존의 분석적이거나 논리적이거나 구조화된 접근방식의 정형화된 한계를 극복하는 것에 도움이 될 수 있다. 또한 이야기는 개인이나 집단이 사람들과 살아가는 일상생활의 관계 속에서, 역사적인 자신의 삶의 흐름이나 삶속의 문화 속에서 의미를 발견해내도록 하는 특별한 방식을 취할 수 있는 장점이 있다. 이야기를 통해 접하는 세계에 부여되는 의미는 의미있는 방향성을 제시하기도 하며 이야기를 통해 자신과 이웃, 자신과 세계, 자신과 문화 등을 발견하게 된다. 따라서 이야기 속에서 행해지는 인간에 대한 이해는 통찰과 치유를 얻게 하는 평범하면서도 의미있고 독특한 경험을 하도록 한다.

이야기 치료의 핵심은 이야기는 치료적 효과를 지니고 있다는 것이다. 이야기를 하면서 내재적인 감정의 구속 하에 억압되어 있던 사건으로부터 자유함을 얻을 수 있다는 것이다. 또한 살아온 삶에 있어서 어떤 주제나 삶의 방식에 고착되어 병적으로 이야기를 상실한 상태에서는 이야기가 삶에서 역할을 할 수 없게 되며 삶의 목적과 의미를 상실하기도 한다. 따라서 이야기 치료는 내담자, 즉 클라이언트로 하여금 자신에게 의미있거나 문제가 되는 사건의 경험을 자신의 이야기로 의식을 통해 그에 대한 감정 등을 이야기하고, 가족치료상담가는 그 이야기를 재구성하여 치료를 진행하게 된다.

1) 이야기 치료의 특성

내러티브를 활용하는 치료적 접근들은 이야기, 즉 내러티브를 세분화하고 그에 대한 의미를 재분석하는 구성주의의 구성 원리와 현실의 의미란 개인으로 하여금 타인이나 사회적 신념과의 상호작용 속에서 형성되는 개인의 마음에서 구성되는 것이라는 견해인 사회의 구성주의[1]에서 온 것이라 할 수 있다. 이러한 의미에서 구성주의가 지향하는 치료는 인지치료의 맥락과 크게 다르지 않으며 차이점은 현대사회의 포스트 모더니즘적인 접근으로 객관성보다는 개인의 해석과 주관성에 보다 중점을 두고 경청한다는 특징이 있다. 또한 개인이 해석하는 의미를 보다 강조한다는 점에서 볼 때에는 실존적 접근과도 연관이 있다.

내러티브 치료의 장점으로는 인간의 변화의 과정을 바라보는 새로운 패러다임의 속성이 있으며 다른 실천적 방법과 유사하나 내담자 이론과 같이 내담자 중심의 세계가 가지고 있는 독특성을 보다 인정하고 있다는 점에서 차이가 있다고 할

1) 구성주의(constructivism) : Neimeyer는 "인간이 가지고 있는, 대처의 목적을 염두에 두고 자율적으로 지식체계를 조직하는 특성을 강조하는 메타이론"이자 인간을 "의미창출의 존재"로 규정

수 있다. 내러티브 치료에서 활용되는 방법은 치료의 과정에서 내담자가 이야기하는 등장인물과 줄거리 구성을 위한 이야기의 해체와 재구성을 통하여 기존에 내재화되었던 의미가 사정을 통하여 재해석되고 다른 각도에서의 의미가 부여된다는 점에서 포스트모더니즘적 성향을 지니고 있다.

2) 이야기 치료의 활용 및 전제

이야기 치료의 기본전제는 인간은 삶을 통하여 이야기적 존재로 살아가며, 스스로 자신의 이야기가 가지는 주체가 되고, 그 이야기는 삶의 주제를 지니고 있는 역사적 기록이라는 실존적 의미를 지니고 있다. 따라서 내담자 또는 클라이언트와 그의 가족의 이야기는 단지 살아가고 있음에 그치지 않으며 내면의 세계를 재구성해주는 중요한 단서가 된다는 특징이 있다. 인간은 자신을 둘러싸고 있는 세계와의 상호작용에서 이야기를 통하여 경험을 조직하며 이해하고 기억하게 되며, 중요한 사건에서 경험한 의미를 연결하여 이야기를 만들고 그를 통하여 가치, 신념, 욕구 등을 표현하게 된다.

따라서 삶을 이야기로 이해하고 경험을 정리하는 이야기를 통해서 세상과 관계성을 맺고 있음을 알게 된다. 즉, 모든 인간은 자신의 삶을 이해하기 위한 이야기가 있는 셈이다. 그 이야기 속에는 의미부여를 위해 일어난 순서나 지배적인 줄거리가 있기 마련인데, 이때 지배적인 줄거리에 부합하는 내용이나 사건 및 의미는 기억하고 부합하지 않는 생애경험들은 망각하게 된다(White와 Epston은 이에 대하여 망각 대신 "예속"[2)]이라는 표현을 하였다). 이러한 관점에서 볼 때 내담자나 그의 가족들이 제시하고 있는 문제들은 지배적인 스토리에 있는 것이라고 할 수 있다.

2) 예속된 지식(subjugated knowledge)은 무의식(unconscious)이라는 정신역동적 개념과 유사하다. 그러나 정신역동의 무의식은 고통스러우므로 억압된 기억을 지칭하는 데 반면 "예속된 지식"이란 지배적인 이야기에 부합하지 않으므로 기억에 남겨지지 않은 경험들을 지칭한다. 즉, 맥락상 망각된 자료를 지칭하게 된다. 그 밖의 사건들은 이야기 속에 존재하는 공백을 메우면서 상상되거나 과장되기도 한다.

3) 이야기 치료에서 가족치료상담사의 역할

내러티브 치료의 목적은 클라이언트나 가족으로 하여금 기존의 해석을 보다 넓은 시각에서 바라볼 수 있도록 하여 문제를 겪고 있는 그들에게 여러 가지 대안을 제시하는 것에 있다. 즉, 이야기 치료는 클라이언트로 하여금 문제나 사건에 대하여 다른 각도의 가능한 해석을 깨닫는 과정에서 자신의 삶을 새로 구성(re-author)할 수 있는 가능성을 접하면서 문제의 재인식 그 자체가 문제의 해결방안의 접근이 됨을 깨닫는다. 그러므로 치료자의 역할은 최대한 경청하면서 반영적인 질문들(reflective question)을 하는 것이라 할 수 있다. 이러한 맥락에서 내담자와 가족을 스토리의 맥락 속의 구성적 존재로 보면서 자신의 생각이 사회 문화적 규범과 상호작용 속에 함께 구성되는 문화적 총체의 일부로 때로는 외부로부터의 강요된 것임을 인식시킬 수 있어야 한다.[3)]

내러티브 접근방법들을 사용하게 되는 목적은 일차적으로 클라이언트로 하여금 자신의 삶을 조직하는 데 중심적 역할을 했던 이야기들을 깨닫도록 하는 데 있으며, 그 이야기들을 확장시키고 변화시키는 데 있다. 이러한 목적은 클라이언트로 하여금 문제의 지배적인 이야기가 유일한 진실이라는 생각에 도전하도록 하고, 그 이외에도 진실일 수 있는 삶의 다른 측면을 발견하도록 도와주는 일을 포함한다.

이에 따라 상담사는 내담자(클라이언트)와 그의 문제가 있는 가족구성원으로 하여금 그동안 비판없이 갖고 있던 신념에 대하여 비판적으로 생각해보도록 기회를 제공한다.[4)] 그 단계의 구성은 다음과 같다.

---

3) 사회적 소수자나 피해자의 경우 많은 부분이 사회적 권력 혹은 가해자의 의식으로부터 온 것일 수 있으므로 분별력을 가지고 이야기를 재구성할 수 있도록 돕는 것이 중요하다.

4) 문제에 대한 성찰로 인한 재명명은 현대사회에서 역량강화(임파워먼트)의 첫 번째 단계의 작업이기도 하다. 즉, 스스로에게 낙인화되고 있는 부분을 찾아서 그에 대한 관점을 바꾸는 작업이 가지는 의미이다.

- 클라이언트 스스로 본인이 경험하거나 처한 현실을 다른 각도에서 바라보게 한다.
- 클라이언트 스스로 답을 찾아갈 수 있도록 반영적인 다양한 질문을 통하여 클라이언트 스스로의 재해석과 대안적 방안을 통해 삶을 새로운 측면에서 바라볼 수 있게 한다.

이와 같은 과정에 관하여 이야기 치료의 화이트와 엡스톤은 내러티브 접근방식을 "해체(deconstruction)"단계와 "재구성(reconstruction)"단계로 구조화하여 제시하고 있다. 이때 문제의 외연화(externalization)는 내러티브 접근방식의 핵심개념으로, 합류단계로부터 시작되어 치료과정 중에 지속된다. 외현화가 지니고 있는 목적은 문제와 사람의 융합에서 분리로, 문제는 그 사람의 본질이 아니며 삶에 있어서 도전해야 하는 어떤 것으로 받아들이도록 하는 것에 있다.

① 해체의 단계

해체의 단계에서 이루어져야 하는 과업은 클라이언트의 이야기가 경청되는 가운데 초기 단계에서 클라이언트가 받게 되는 반영적 질문을 통하여 클라이언트가 내재화한 문제에 대한 견해의 초점을 바꿀 수 있도록 돕는 것이다. 이러한 해체단계의 처음 부분은 클라이언트의 생각이 경청되고 이해되며 인정된 이후에, 치료자는 요약과 지속적 질문의 과정을 통하여 클라이언트의 지배적인 이야기를 해체하도록 돕는다(해체는 재구성의 전 단계에서 요구되는 작업이다).

② 재구성단계

재구성단계에서는 클라이언트의 이야기 속에서 진실됨에도 불구하고 지배적인 이야기주제에 부합하지 않으므로 예속된 다른 진실들이 발견되는 단계로 재구성의 한 부분을 이루게 된다. 이 작업의 과업은 클라이언트가 가지고 있는 지식을 변화시키는 수준을 넘어 지식을 확장할 수 있는 경험을 제공하게 된다. 클라이언트에게 예속당한 지식은 클라이언트가 말하는 이야기 중에서 "독특한 결과"[5]를 발견하도록 하는 주의 깊은 경청을 통해 변화의 실마리를 찾게 되기도 한다. 그러므로 재구성단계에서 클라이언트는 현실에 대한 자신의 견해의 재구성함에 있어서 기존에 가지고 있던 견해를 폭넓게 만들어 내는 것에 도움을 받게 된다.

치료자는 클라이언트 이야기에 대한 단순 경청자가 아니라 클라이언트를 원조하여 이야기를 재창조할 수 있어야 한다. 또한 문화인지성 차원에서 클라이언트의 존재방식에 특정한 개념을 적용하기보다 성(gender), 문화, 사회 및 경제적 맥락이 클라이언트의 세계관의 형성에 미치는 영향을 함께 바라보면서 클라이언트의 이해에 보다 초점을 둔다.

4) 치료의 실제

이야기 치료의 화이트와 엡스톤은 내러티브의 접근에 있어서 상담횟수를 규정하지는 않았으나 단기 치료적 성격을 갖는 6~7회로 상담 횟수를 많이 할애하고 있지는 않았다.[6]

---

5) 지배적인 이야기에 의해 설명될 수 없었던 사건이나 결과들을 의미한다.
6) 일반적으로 클라이언트는 상담가로부터 매 회기의 종료 때 다음에 다시 오겠는가, 오겠다면 얼마 후에 올 것인지에 대한 질문을 받게 된다.

내러티브 접근이 비록 상담회기의 횟수는 적지만, 가족들에게 새로운 변화를 위한 계획들에 관하여 생각하고 이를 시도해 볼 수 있는 시간을 주기 위하여 회기간의 간격은 대략 일주일 이상의 간격을 두고 시행되었다. 또한 화이트는 상담회기의 수를 줄이는 동시에 그 영향력을 증대시키기 위한 목적으로 편지나 문서를 활용하는 것 외에도, 문제에 승리를 한 것을 축하하기 위한 "재정의 예식(ceremonies of redefinition)"을 활용하기도 하였다.

5) 문제의 외재화와 이야기의 확장

이야기 치료는 문제에 대한 재해석과 외재화 기법이 특징으로, 고착화되고 내면화된 상태의 병리적인 현상을 다른 각도에서 재해석할 수 있는 기회를 제공하는 효과성이 확인되었다. 외재화 기법은 시각의 전환을 유도하는 기능이 있기 때문에 각종 아동 학대, 부부 폭력, 트라우마 등으로 인한 불합리한 사고구조에 대한 성찰을 이끌어 내는 데에 유용하게 활용된다.

이야기의 활용은 객관성을 중요시하는 실증주의적 배경과는 달리 현대의 포스트모더니즘의 영향으로 객관성에 대한 존재 가능성을 부인하고, 구성주의자들의 입장에 따라 변수들 간의 단선적 관계(linear relationships)가 아님을 인정하는 것이다. 이로 인하여 내담자의 이야기에 대하여 판단이 아닌 존중의 태도를 갖게 된다. 이와 같이 편견을 내려놓는 작업은 각종 질적연구에서 매우 중요한 것이기도 하며 클라이언트의 내적인 세계에 대한 주관성을 인정하는 태도를 견지하는 것이기도 하다.

그에 대한 사례로는 낮은 자아개념을 지니고 폭력의 피해경험이 있는 우울 성향을 지닌 청소년을 대상으로 이야기 치료를 실시하여 청소년의 자아개념을 변화시키기 위하여 문제와 자신과의 분리로 외현화 작업을 실시하였다. 즉, 본인의 잘못으로 인한 부분과 외부의 불합리성을 구분한 이후에 자기수용의 수준을 높이고 대안적 문제해결에 능동적으로 참여하도록 한다. 이러한 과정을 통하여 자아와 관련한 이야기가 긍정적으로 변화하며 우울수준이 감소하게 되는 효과를 가지고 있다. 이러한 접근은 트라우마를 가지는 각종 사건에 대하여 접근하여 내재적인 내현화뿐 아니라 외현화에 있어서 다른 각도에서 문제를 바라보도록 돕는다.

CHAPTER

10

교류분석 (Transactional Analysis)

1 교류분석의 개념

교류분석은 1950년대에 에릭번(Eric Berne, 의사, 1910-1970)에 의하여 창시되었는데 Erik Erikson의 영향을 받았으나 자신만의 독특한 학문적 세계를 구축하였으며 무의식 과정에서 일어나는 일보다 기억할 수 있는 사건과 현실의 생활에서 일어나는 일에 보다 많은 관심을 가졌다. 기본전제는 인간이 자신의 운명에 대한 책임을 위하여 적절한 지지와 격려 및 안내를 제공한다면 충만하고 창조적인 삶을 살 수 있다는 것이며 매우 다양한 현장에서 실천현장의 사람들에게 적용된다.

기본개념으로는 인간은 3가지 자아상태를 가지고 있는데 이는 각각 부모자아, 성인자아, 아동자아라고 하였다. 또한 교류분석은 사회적 관계를 중요시하면서 사람들 사이에의 '스트로크'[1]의 형태를 중요시하였다. 스트로크는 신체적이나 언어적 형태를 띠기도 하며, 다른 사람의 존재를 인정하는 것을 의미하기도 하는데, 스트로크의 교환이 교류를 구성하게 되며 이것이 사회적 관계를 형성한다고 하였다. 교류분석에서는 인간관계에 대하여 다음과 같이 관계를 설정하고 있다.

2 기본 가정

교류분석의 3가지 가정을 통하여 사람들에게 적절한 지원과 긍정적 스트로크를 제공해준다면 사람은 충만하고 생산적인 삶을 살 수 있다고 가정하고 있다. 3가지

1) 스트로크의 원 의미는 어루만지다, 쓰다듬다라는 등의 의미로 타인의 존재를 인정하는 행위이면서 자신의 존재를 인정받는 자극이기도 하다. 예를 들어 어린시절 머리를 쓰다듬거나 안아주는 스트로크는 적절한 자극과 반응으로 심신의 발달을 촉진시키며, 스트로크는 같은 맥락으로 칭찬, 격려 등의 감성적인 접촉까지 포함한다. 오늘날 스토리 텔링은 사물의 표상에 따른 심리적인 스트로크의 형성을 통하여 억눌린 감정의 표출과 정서적인 공감과 소통을 가능하게 하는 활동이다.

기본 가정은 다음과 같다.

1) 자기긍정+타인긍정 : 교류분석의 기본전제로 사람들은 타고나기 때문에 사람의 건강과 성장을 촉진하거나 발달을 저해하거나 하는 것은 환경이 결정하며 여기에는 성장과정에서 부모의 역할이 크다고 하였다.
2) 능동적 존재 : 사람들은 문제해결에 관하여 능동적인 참여자이므로 치료자는 클라이언트를 문제의 해결에 능동적으로 참여시킬 필요가 있다.
3) 선천적으로 선한 존재 : 기본적으로 인간은 선하며 타인의 삶을 침범하지 않는 건강하고 만족하는 삶을 살아나갈 수 있다고 가정하며, 문제가 치유될 수 없는 것으로 보인다면 그것은 해결책을 발견하지 못하였거나 지식의 부족 때문이라고 하였다.

이상의 세 가지 가정을 종합하면 교류분석은 사람들은 자신의 운명에 책임을 질 수 있으며 책임질 수 있다는 것을 전제로 삶을 통하여 적절한 지원과 긍정적 스트로크의 제공은 충만되고 생산적인 삶을 가능하게 한다고 가정하게 된다.

3 인생의 4가지 태도

교류분석에서는 자신과 타인에 대하여 취하는 인생의 태도를 네 가지로 구분하였다. 이는 자기부정-타인긍정, 자기부정-타인부정, 자기긍정-타인부정, 자기긍정-타인긍정의 태도를 보인다는 것이다.

1) 자기부정-타인긍정

아동의 성장은 부모에게 달려있으며 자녀에게 성장에 필요한 자양분을 주고 적절한 스트로크를 제공해 주면 자녀는 건강한 자존심과 안녕감을 지닌 성인으로 성장하게 된다. 반면 적절한 스트로크를 주지 않는 경우나 혹은 일관성 없이 주게 된다면 '괜찮지 않다'라는 느낌을 가지고 성장하여 성인기 대인관계에 어려움을 겪게 될 수 있다. 이러한 '괜찮지 않다'는 신호는 정신건강의 연속선상에 있어서 양 극단에서 나타날 수 있다.

① 스트로크를 받게 될 것이라는 기대를 갖는 성인은 '괜찮지 않다'는 현실보다, 유쾌한 환상을 통해서 '괜찮다'는 스트로크를 추구함으로써 확신을 하는 '인생 각본'을 형성해나가면서 이러한 태도로 인생을 사는 경우가 있다.

② 또 다른 경우는 사람들을 화나게 하는 행동을 통해 부정적인 스트로크를 추구하는 '각본'을 가지고 있는 경우이며, '괜찮지 않다'라는 태도를 해소하는 궁극적인 해결책은 완전히 포기하는 행위로, 심한 정신질환에서의 극단적 퇴행이나 자살의 절망적 행동에서 이와 같은 현상을 보게 된다고 보았다.

2) 자기부정-타인부정

자기부정-타인부정의 태도는 자신이 괜찮지 않다면 타인도 괜찮지 않다고 가정하고 있다. 이러한 경우는 다음과 같은 태도를 형성하게 된다.

'나'인 본인에게 문제가 있을 뿐 아니라 다른 사람인 상대에게도 잘못된 것이 있다고 보는 태도이다.

➡ 이러한 태도를 가지고 성장한 성인들은 친밀감을 형성하여 애정을 주고받는데 있어서, 기쁨을 나누거나 느끼는 데에 문제를 가질 수 있다. 아동기 때 부족했던 스트로크를 받기 위해서 퇴행적으로 행동하면서 정신적 혼란을 느끼거나 인생이 절망적이라는 생각이 우세하게 된다.

3) 자기긍정-타인부정

아동기 학대의 희생자라고 전제할 수 있다.

① 아동기 학대의 희생자들은 잔인하거나 가혹한 성향의 부모에게 양육되어 스스로에게 스트로크를 주면서 성장하면서 스스로를 위로하는 방식을 배웠다고 할 수 있다.

② 아동기 학대의 희생자는 타인이 언제나 잘못하고 있다고 생각하기 쉽다.

➡ 이러한 태도에서 타인들은 자신에 대해 제대로 인식하지 못하는 것으로 보이며 따라서 잘못을 다른 사람에게 투사하게 된다. 자기긍정-타인부정 태도의 극단적인 행동은 타살이라고 할 수 있을 것이다.

4) 자기긍정-타인긍정

자기긍정-타인긍정은 감정 뿐 아니라 사고와 행동을 포함하는 것이다. 사람들은 각 태도의 기저에 깔린 아동기의 감정을 표출하고 긍정적이지 못한 행동을 스스로 검토하고 변화하고자 하는 의식적 결정을 내리는 것을 통하여 점차 긍정적인 성향으로 나아갈 수 있다.

4 교류분석의 주요 개념

1) 자아상태

교류분석에서 자아상태는 '일련의 행동패턴에 동반되는 감정체계'라고 보았다. 부모 자아상태는 정신역동이론의 초자아와 흡사하며, 사람이 살아나가는 방식에 대한 당위성이나 규칙, 비판 및 처방 등에 관련하여 작동되는 자아의 상태라고 할 수 있다. 성인 자아의 상태는 정신역동이론의 자아와 비슷하며 현실을 지향하는 성격의 부분이라고 할 수 있다. 반면 아동 자아상태는 아동처럼 행동하는데 정신역동이론의 이드와 같은 역할을 하며 선천적이며 자연적인 감정, 행동, 감각, 욕구 등이 포함된다. 그런데 이러한 아동의 자아상태는 창의성의 근원이며 쾌락과 자유 등 가치가 있으며 사회적 존재의 핵심으로 교류분석에서는 묘사하고 있다. 그러나 아동자아는 자유롭게 기능하기도 하지만 부모의 명령에 의하여 지배되기도 하는 면을 가지고 있다.

2) 대인 간의 교류

교류의 개념은 두 사람의 자아상태 사이에서 일어나는 사회적인 관계이나, 교류는 사회적 수준과 심리적 수준 모두에서 일어나게 된다. 사회적 수준의 교류는 공적으로 일어날 수 있으며 심리적 수준의 교류는 내면적인 역동으로 일어나는 경우가 많은 측면이 있다. 사회적인 교류는 개인의 3가지 자아상태를 가지고 다른 개인의 3가지 자아상태와의 교류가 되며 따라서 경우의 수는 6가지의 수준에서 의사소통이 일어나게 되는 특징이 있다.

3) 스트로크

스트로크의 개념은 교류분석의 중심개념으로 인간은 사회적인 인정이나 피드백으로 스트로크를 받고자 하는 지속적 욕구를 가지고 있는데, 스트로크란 사회 및 교류분석 이론에서 다른 사람의 존재를 인정하는 행위를 뜻한다. 즉, 누군가에게 자신이 특별한 사람이며 괜찮으며 귀한 사람임을 인정받고자 하는데 이는 사람들의 전체 인생 동안 필요로 하는 긍정적 스트로크라고 할 수 있다.

4) 각본

교류분석에 있어서 각본이란 자신의 인생 초기에 만드는 인생계획에 따른 실존상의 지도라고 할 수 있다. 일반적으로 자신이 괜찮은지 그렇지 않은지에 대한 각본을 5세까지 만들 수 있으나, 교류분석에서는 부정적 각본을 긍정적 각본으로 바꿀 수 있다는 믿음을 가지고 있는 것이 정신분석이론과 다른 점이다.

5) 라켓

라켓감정이란 아동기에 생성되어 남겨진 만성적인 나쁜 감정들을 의미한다. 라켓의 예로는 분노감, 우울감, 불안감 및 혼란 같은 것이 될 수 있으며, 라켓은 각본을 지지하여 3가지의 구성요소로 각본 신념과 감정, 라켓의 표현, 강화하는 기억이라고 할 수 있다. 따라서 라켓의 기능을 멈추게 하기 위해서 타인으로부터 긍정적인 스트로크를 받게 하는 것으로써 기존의 각본을 놓을 수 있으며 이를 통하여 새로운 대안적인 사고와 감정을 가지게 된다. 이러한 점에서 교류분석에서는 인간 대 인간의 모든 사회적 상호작용을 중요시하는 이론이라고 할 수 있다.

6) 게임

게임은 겉으로 드러나는 상황이나 메시지와는 달리 숨겨진 동기가 있는 교류들의 집합이라 할 수 있다. 이는 속임수나 함정을 지닌 일련의 움직임들이라 할 수 있다. 이것은 상대방에게 패배감을 주기 위하여 자신은 괜찮지 않다는 메시지를 주는 행위 등이 포함되는데, 치료의 상황에서도 적용될 수 있다. 즉, 클라이언트는 증상이 좋아지지 않았다는 메시지를 통하여 치료자에게 좌절감을 주고자 하는 것이 이러한 게임에 해당한다.

5 교류분석

1) 교류는 자극과 반응으로 이루어진다. 먼저 자극이 한 사람의 자아상태로부터 다른 사람의 자아상태로 보내지게 되는데, 기대했던 자아상태로부터 오는 반응은 상보적 교류라고 하고 기대하지 않았던 자아상태로부터 오는 반응은 교차적인 교류라고 한다. 따라서 교차적인 교류는 의사소통을 멈추게 할 수 있으며 상대방이 자아상태를 바꿀 때 의사소통이 다시 시작된다.
2) 교류분석의 목적은 각 개인의 어느 부분으로부터 자극과 반응이 유발되는지를 알아내는 것으로 개인의 언어적 표현과 신체적 언어를 통하여 발견하게 된다. 예를 들면, 부모의 자아는 평가하는 말투나 자세 혹은 어떤 것을 해야 한다는 어투 등에서 찾을 수 있다. 반면 아동자아의 상태는 손톱을 물어뜯거나 입을 삐죽거리거나 어리광을 부리거나 하는 것을 통해 알 수 있

으며 성인자아의 상태에서는 6하 원칙으로 언제, 어디서, 무엇을, 얼마나 등의 말로 짐작할 수 있다.

3) 사회적인 상황을 보면 각 유형들의 교류가 어떤 식으로 발생하는지 알 수 있는데, 교류분석으로 훈련을 하는 경우는 내담자로 하여금 부모(P), 아동(C)의 신호들로 인한 교류를 인식할 수 있도록 도움으로써 성인(A)의 힘을 확립할 수 있도록 돕는다. 또한 교류분석의 목적은 자신의 아동에 대해 민감해지게 도우며 이를 통하여 클라이언트는 다른 사람 속의 아동에 대해서도 적절하게 반응할 수 있다.[2)]

6 치료관계의 수립

교류분석의 치료는 클라이언트가 치료자에게 의존하지 않도록 자율적으로 기능하도록 하며 비교적 단기적으로 개입한다. 예를 들면, 치료자의 관점이나 방법을 이해시키므로 치료에 대한 신성시보다는 협력적 치료관계를 더 중요시하는 것이라고 할 수 있다.

7 다양한 대상에 대한 치료접근

교류분석의 치료효과는 자존감의 증진과 대인 간의 성취적이며 긍정적 의사소통을 지향하며 정신건강도 향상시킬 수 있기 때문에 광범위하게 적용이 가능하다.

2) Harris(1967)은 교류분석의 한 가지 팁으로 말하지 않은 것들에 의해서 공격을 받을 리 없으므로 "의심 날 때는 그냥 두라"고 언급하였다.

또한 교류분석은 인본주의적인 토대를 가지고 있어 문화와 인종에 대하여 제한을 받지 않으며 다양한 계층에 활용이 가능하다. 아동에게는 자기의식과 대처행동을 향상시키고 성인에게는 생활만족과 불안 및 우울수준의 감소효과가 있는 것으로 보고되었다. 그리고 창의적이고 생산적인 아동자아 등을 적용하여 생활의 활력을 가져올 수 있으며 변화과정 중에 따듯함과 유머와 함께 긍정적 스트로크를 제공하여 미소, 주의 깊은 경청, 수용, 이해, 지지의 의미의 표현은 클라이언트로 하여금 스스로에 대한 긍정적 자아를 갖게 하고 문제해결에 자신감을 가지는 데 도움을 준다. 혹은 치료자의 성숙한 태도도 클라이언트에게 모델이 되기 때문에 교류분석 치료자는 클라이언트의 각본 뿐만 아니라 자신의 각본 또한 잘 다룰 수 있어 상담가로서 전이와 역전이의 문제에 대하여 통찰하고 있어야 한다.

8 가치기반

교류분석은 자신이 인생지침에 대하여 스스로 책임지고 결정할 수 있는 권리가 있다고 가르치며 탄력있고 역량을 강화하는 인간중심의 가치를 지향한다. 따라서 교류분석에 내제되어 있는 감정 관점은 상담실천현장에서 다양하게 적용될 수 있는 장점을 가지고 있다.

교류분석은 인간이 가진 전인적 성향을 인정하며 환경에 효율적으로 대처할 수 있도록 언어적 메시지와 비언어적 행동에 둘 다 주목하여 대처한다는 특징이 있다.

CHAPTER

11

현대사회와 구성주의 및 여성주의

1 게슈탈트 치료

1) 게슈탈트 이론의 개요

게슈탈트 모델은 실존철학에 그 기반을 두고 있으며, 독일어로 인간경험의 '전체적 본질'을 의미한다. 이는 개체로서의 개별적인 경험에 초점을 두지만, 과거의 배경만큼 현재도 중요하게 고려하고 있다는 의미로 지금-여기를 강조하고 있다. 그러나 클라이언트가 현재 상황에 대한 이해의 폭을 넓히기 위해서 현재에서 과거의 경험과 관계를 다루는 것은 가능하다.

게슈탈트는 현재의 '클라이언트의 상황이 어떠한가'로부터 출발한다. 게슈탈트 치료자들은 전체성을 보는 생태학적 관점에서 인간을 이해하고자 한다. 게슈탈트 치료자는 자아를 긍정적으로 활용할수록 자기지각이 증가한다고 강조하고 있다.

2) 역사적인 기원 및 본질적 지향

게슈탈트 이론과 치료의 창시자인 Frederick Perls는 Freud 학파의 과거성의 강조와 클라이언트의 치료자의 의존 및 개인의 병리에 초점에 동의하지 않았다. 따라서 개인의 경험은 개인에게 책임이 있다는 실존주의적 철학 및 게슈탈트의 심리학을 받아들였다. 이후 1940년대 말부터 전성기였던 1960년대에 이르기까지 성격, 인간발달 및 치료의 본질에 관하여 정신분석이론의 대안으로 등장하였으며 이후 현대에 이르기까지 다양한 영역에서 탁월한 치료방법으로 활용되고 있다.

게슈탈트 치료자들은 성격의 다양성을 강조하면서 통일성, 성격의 전체 게슈탈트를 강조하고, 정신분석 이론과 대조적으로 인간의 기본적 욕구에 대하여 자기행동화의 욕구라고 정의하였다. 게슈탈트 치료는 지금-여기 경험의 방법들에 초점을 두고 있으며 게슈탈트 치료는 개인에게 있어서 변화를 빠르게 일으키도록 고안한 드라마틱한 기법의 집합으로 이러한 철학적 세계관은 1990년대 이후 지속적으로 타당성을 갖는 치료적 방법으로 인정을 받았다. 또한 게슈탈트 이론은 환경적 자원들보다 클라이언트 개인에 보다 초점을 맞추고 있다. 그러나 기본적으로는 개인의 심리적 자원 뿐 아니라 환경적 자원까지 포함하는 클라이언트 경험에서 오는 총체의 중요성에 관하여 강조하고 있다. 뿐만 아니라 게슈탈트 치료집단은 환경 내의 개인에게 초점을 맞추었던 것으로부터 변화하여 클라이언트 간의 상호작용을 증진시키는데도 중점을 두고 있다.

3) 경험적 토대

게슈탈트 치료는 개인과 환경 간의 접촉을 강조하면서 환경 속의 인간을 강조하는 관점으로 자기인식과 자아를 중요하게 다루고 클라이언트의 강점에 초점을 두고 개입목표를 설정하므로 자아실현을 돕는다.

게슈탈트 치료는 전통적으로 과거로부터 억눌러온 억압된 감정과 현재 복잡한 생각이 많은 사람들, 회피성 대인관계성을 보이는 소극적인 사람들, 의사결정을 미루는 우유부단한 사람들, 막연한 불안 증상자들, 신체화 경향의 신경증 환자들, 공포증 환자들 및 과사회화된 집단 등에 효과적으로 적용되어 왔다. 또한 각종 신체화 증상을 보이는 환자들과 각종 성격장애 및 가족치료에 활용되기도 했다. 최근에는 경계성 정신이상 환자, 우울증 환자, 강박증 환자, 약물중독자 등의 환자집단을 대상으로 게슈탈트 치료가 행해지고 있다. 게슈탈트 치료가 적용될 수 있는 범위는 광범위하다. 즉, 게슈탈트 치료는 현상학적인 이론배경을 갖고 있으므로 환자들뿐 아니라 일반인들의 자기실현과 성장에 매우 유용하게 쓰이는 기법으로 상담기관, 공공 복지시설, 직장, 학교에서 게슈탈트 기법이 많이 활용되고 있으며 이에 대한 워크숍도 활발히 개최되고 있다.

게슈탈트 치료는 단기치료, 문제해결, 위기개입 등과 같은 다양한 치료방법과 병행하여 활용될 수 있으며, 치료적 변화로는 하나의 통일된 전체로서 자신 내면의 자아와 외부 자아에 대한 인식을 증진시키는 것을 목적으로 한다. 클라이언트는 변화 및 성장하고 자기 실현할 수 있는 역량이 있으며, 치료자는 이러한 과정을 돕는 촉진자의 역할을 한다. 그리고 게슈탈트 부부치료의 적용에서는 부부 각각에게 '지금-여기' 상황에서 자신에게 영향을 주는 상대방에 관한 자기인식을 보다 잘 할 수 있도록 권고하고 있다.

4) 주요 개념

게슈탈트 이론에서 강조하는 것으로는 인간경험의 전체성과 개인적 가치에 관한 신뢰로 주요 용어로는 전체성, 자각, 접촉, 장, 지금-여기, 미해결 과제, 전경과 배경, 알아차림과 접촉 등 다양하다. 각 용어에 대하여 알아보면 다음과 같다.

(1) 전체성

전체성의 개념으로 게슈탈트 이론은 마음, 신체, 생각, 감정, 행동 사이에서 분리가 없는 인간의 전체성을 강조하고 있다. 따라서 클라이언트에게 나타나는 문제나 문제의 증상은 그들이 경험하는 전체를 구성하는 한 부분으로 이해된다.

(2) 자각

클라이언트가 외부환경 만큼 민감하게 자신의 내부의 감정과 진행과정을 더 많이 자각할 수 있도록 돕는다. 사람들은 누구나 자각의 능력과 성장능력을 가졌지만, 어떤 생각이나 행동에 있어서는 성장하지 못하거나 최소화하여 성장할 수 있다. 게슈탈트 치료자는 이런 경우에 과거 억제되거나 표현할 수 없던 분노의 감정을 스스로 자각할 수 있도록 도와 클라이언트가 내부 및 외부의 경험을 자각하면서 지금 여기에서 더욱 적절한 행동을 발달시킬 수 있게 한다.

(3) 접촉

게슈탈트 치료의 초점은 인간의 내부에 민감하도록 하고 인간이 내부 및 외부의 자아와 환경의 접촉의 범위를 확장하여 갈 수 있도록 하는 것이 중요하다. 그러므로 개체 및 장의 이론을 통하여 게슈탈트 심리학의 개체 및 장의 개념은 환경과의 관계 속의 인간의 개념을 지지하며 클라이언트가 외부와 내부의 접촉점에서 통합된 성격으로서 기능하는 개체로 인식되도록 돕는다.

(4) 자기조절

자기조절의 개념으로 개인적 책임감을 강조하는 실존주의적인 관점에 따라 게슈탈트 치료자들은 각 개인이 자신의 행동을 조절하는 능력을 지녔다고 믿고 있다. Freud학파의 공격성과 성의 역동이론에 반대하여 자기지지나 자기행동화의 개념처럼 인간은 자기의 요구를 스스로 조절할 수 있다고 믿고 있다.

(5) 지금-여기

게슈탈트 치료자의 '지금-여기'의 개념의 강조는 정신분석 이론과의 가장 극명한 차이이다. 즉, 게슈탈트 치료자는 클라이언트와 외부환경과 현재 접촉부분에서 자기인식을 증진시킬 수 있도록 하는 것에 관심을 갖는다. 지금 여기의 상황에서 클라이언트가 과거의 경험을 이해하도록 돕는 것을 통하여 클라이언트로 하여금 과거 경험들이 지금 여기에 어떠한 영향을 주며 과거의 해결되지 않은 과제에 관하여 어떠한 작업을 할 수 있는지 알게 된다.

(6) 전경과 배경

우리는 대상을 인식하는 경우 관심 있는 부분을 지각의 중심부분에 떠올리지만 나머지는 배경으로 보낸다. 이와 같이 어느 한 순간의 초점이 되는 부분은 전경이라 할 수 있고, 관심의 밖에 놓여있는 부분은 배경이라고 할 수 있다. 건강한 개체는 매순간 자신에게 중요한 게슈탈트를 전경으로 떠올릴 수 있으나 그렇지 못한 경우는 전경을 배경에서부터 명확히 구분하지 못하는 경향이 있다. 개체가 전경으로 떠올렸던 게슈탈트를 해소하면 그것은 전경에서 사라져 다시 배경으로 물러나는 순환과정을 게슈탈트의 형성과 해소 혹은 전경과 배경의 교체라고 할 수 있을 것이다.

(7) 미해결과제

미해결과제는 게슈탈트를 형성하지 못했거나 게슈탈트를 형성하긴 했으나 해소하지 못했을 경우에 그것은 배경으로 사라지지 못하고 전경으로도 떠오르지도 못하게 되므로 중간층에 남아있게 된다. 이와 같이 완결되지 않고 해소되지 않은 게슈탈트를 '미해결 게슈탈트'나 '미해결과제'라고 지칭한다. 미해결과제가 많을수록 현재의 성장과 심리적 상태에 영향을 미치기 쉬우므로 미해결과제의 처리는 매우 중요하다. 미해결과제로 예를 들면 과거 충분히 애도하지 못하고 억눌렸던 과거로 돌아가 그 감정을 꺼내어 충분히 다루어주며 애도함으로써 과거의 미해결되었던 과제를 다루게 된다.

(8) 알아차림과 접촉

알아차림과 접촉은 개체인 자기 자신의 유기체적인 욕구나 감정을 지각한 이후에 게슈탈트를 형성하여 이를 전경으로 떠올리는 행위이며 선천적인 능력이라 할 수 있겠다. 그러나 접촉경계의 혼란이 개입하고 있는 경우에 개체는 알아차림을 차단하여 게슈탈트의 형성에 실패하게 된다. 그러나 환경과 상호작용하는 행위는 중요하며 환경과 만나도록 접촉을 돕는다. 알아차림과 접촉은 게슈탈트를 형성하고 해소하는 일련의 순환과정을 돕는 역할을 한다.

5) 이론적 기본 가치

(1) 시간기준

현재의 실존적 순간, 즉 클라이언트가 자아인식을 확장하면서 세상을 경험하는 방식이 가장 중요하며 이것이 과거로부터 미래를 연결하는 지금 여기의 현재의 중요성이라고 할 수 있다. 따라서 개인을 병리적으로 보지 않고 낙관적 견해를 제시하고 있으므로 사회나 심리적 부적응문제의 초점을 최소화한다.

게슈탈트 이론의 초점은 분명하게 현재인 지금-여기에 초점이 맞추어져 있다. 또한 과거의 경험이 현재 클라이언트의 인식이나 행동에 영향을 미친다는 것을 인정한다. 과거의 사건이 현재까지 해결할 수 없을 만큼 복잡하게 영향을 미친다는 결정론적인 프로이드의 신념과 다르게 게슈탈트 치료자의 입장은 클라이언트가 과거를 재방문하여 현재나 미래를 새롭게 설계시킬 수 있다고 믿으며 과거와 미래는 현재를 위해 존재하는 것이다.

(2) 관계

게슈탈트 치료활동의 본질적인 특징은 치료의 핵심이 행동적 변화라기보다 감정적 경험에 있으며 클라이언트가 자신의 게슈탈트를 이해하도록 돕는 것이라고 할 수 있다. 게슈탈트 이론에서는 인간이 자연을 지배하거나 갈등을 일으키는 존재가 아니며 자연인 환경과 조화를 이루는 존재라고 본다.

(3) 치료

치료의 목표는 제한적인 행동양상을 보이는 클라이언트가 다양한 행동을 할 수 있도록 하며 따라서 클라이언트가 자신의 생활상황에서 다른 사람을 비난하기보다 게슈탈트 치료에서 클라이언트 스스로 자신의 게슈탈트를 형성하는데 책임감 있는 역할을 하도록 한다. 이를 위하여 경험적 학습을 극대화하여 인식에 의존치 않고 감정이 수반된 사고유형으로 통합될 수 있도록 독려한다. 그리고 부정적 영향을 미치는 과거경험이 지금-여기로의 경험을 통해 재경험되고 재생산됨으로써 새로운 인생경험에 좋은 영향을 줄 수 있도록 한다. 클라이언트가 확실하게 느끼고 행동하는 기회를 확대하고 지지된 자아가 유능하게 변화할 수 있도록 책임감 있는 선택을 통한 유익한 접촉이 되도록 하는 것이 중요하다. 게슈탈트 치료에서 초점은 항상 클라이언트이다. 치료자는 클라이언트 행동에 영향을 미치는 기초의 과정을 탐색하도록 돕는 촉진자로서 기능한다. 이를 위하여 게슈탈트 치료자의 중요한 자질로는 긍정적 자아 인식과 개방적이며 정직하고 확신을 주는 치료자가 되어 클라이언트의 내면에 힘을 줄 수 있도록 친밀함을 도모하며 권위는 최소화한다.

(4) 치료단계에서의 혼란다루기

인간의 상호관계나 인간과 환경 간에 발생하는 4가지 혼란은 다음과 같다.

① 합류(confluence)와 개별성

인간의 상호 개별성의 차이에 대한 부인에 대한 인식이 필요하다. 예를 들면, 어떤 부부가 서로 간의 차이를 부인하고 두 사람의 결합이 잘못되었다는 생각에 집착한다. 이때 게슈탈트 치료는 부부의 양가감정이나 당위성 및 기대의 감정을 탐색한다. 이때 부부는 서로의 연합된 관계에서 떨어져 나오고 싶은 개별적 욕구가 있음을 인식할 수 있게 된다.

② 투입(introjection)과 분화

투입의 개념은 관계혼란의 개념과도 흡사하다. 즉, 과거의 중요한 타자로부터 얻은 정보를 부적절하게 적용하는 것 등이 이에 해당한다. 부모의 메시지나 스승의 메시지를 내재화하여 스스로의 당위성을 형성하게 된다. 이에 게슈탈트 치료자는 의미있는 과거의 타자로부터 분리하여 스스로 자신의 목소리를 발견하게 하고 지금-여기에서 대화를 하도록 한다. 실연의 목적은 타자로부터의 투입에서 자신을 분화하도록 돕는 것에 있다.

③ 투사(projection)와 자기성찰

투사는 다른 사람에게 자기 스스로에 대한 심리적 문제를 전가함으로써 발생한다. 자아심리학자는 자신의 인격 중 수용되지 못하는 부분에 대한 거절이거나, 원인을 다른 사람의 탓으로 돌리는 방어기제의 현상으로 간주하고 있다. 따라서 게슈탈트 치료자들은 투사를 사용하는 클라이언트는 자기 자신의 중요한 부분을 상실했다고 생각한다. 그러므로 클라이언트의 힘을 강화시키며 클라이언트로 하여금 환경을 통제하도록 도우며 상실된 부분을 회복할 수 있도록 돕는다.

④ 역반영(retroflection)과 관계회복

역반영의 예는 갈등의 상황에 대하여 직접적으로 대응하지 못하고 우회하는 것으로 남자친구에게 거절당한 여자가 외모를 바꾸거나 화가 난 대상이 아닌 다른 곳에 반응을 집중하는 현상이다. 이것은 남용되거나 지금-여기 시점에서 기능하지 못할 수 있다. 즉, 어린 시절 부모로부터 거절당한 경험이 있는 클라이언트가 성인이 되어 다른 사람에게 다가가지 않으며 지지받기 위해서 자기 스스로에게만 집중하는 경우도 있다. 게슈탈트 치료자들은 클라이언트의 건강한 기능을 회복하기 위하여 스스로 자신을 지지하기 위하여 자신의 현재 상황에서 다른 사람들과 건강한 관계를 맺도록 하여 지지받을 수 있다는 것을 이해시키고 실천할 수 있는 기회를 부여한다.

(5) 구체적 기술 및 전략

게슈탈트 치료자들은 클라이언트의 개입에 있어서 다양한 전략과 기술을 사용한다. 게슈탈트 치료자는 촉진자 및 지시자의 역할을 한다. 이에 대한 몇 가지 보편적이며 전통적인 게슈탈트의 치료요법을 소개하면 다음과 같다.

① 빈 의자 기법

게슈탈트 치료기술로 가장 잘 알려져 있는 대화의 방식이다. 프로이드는 빈 의자 기법을 최면이나 자유연상에 활용하였으나, 게슈탈트치료에서는 억눌린 감정을 다루는 것에 많이 활용한다. 이 기법은 지나치게 극적이라는 비평을 받으나 그 만큼 극적인 효과가 있으며 특히 극단적인 갈등에 있는 많은 클라이언트의 감정을 해소하고 클라이언트의 성장을 촉진시키는 것에 활용되었다. 갈등이 심화된 타자를 빈 의자에 있는 것으로 상상하고 자신의 내면에 있는 이야기들을 여과없이 풀어내어 감정을 해소하는 방식으로 상대방은 이를 상담실 밖에서 특수유리를 통해 상담자와 관찰하여 상호 이해를 돕는다. 갈등은 심화되었으나 서로에 대한 관계회복의 의지가 있는 경우 더욱 효과적이며 직접적으로 대화할 수 없는 경우 용이하게 활용될 수 있다.

② 꿈의 실연

게슈탈트 치료자들은 꿈을 클라이언트의 생활에서 현재 상황에 대한 반영으로 '실존적 메시지'로 간주한다. 꿈의 해석과 다른 관점으로 게슈탈트 치료자들은 클라이언트가 현재 자신의 게슈탈트를 표현하는 하나의 방법으로 꿈을 선택하여 표현할 수 있도록 한다. 꿈속에 억압을 주는 존재나 문제가 해결되지 못한 상대와의 이야기를 대화를 통하여 풀어나갈 수 있도록 한다.

③ 현재화 기법

현재화 기법이란 클라이언트가 다루지 못한 사건 등에 대하여 과거 사건을 지금 여기에서 일어나는 사건으로 재현하여 다시 체험하게 해줌으로써 클라이언트의 생각이나 감정, 욕구 등을 지금-여기에 일어나는 현상들로 다시 다룰 수 있도록 해준다. 이것은 미완성된 상태로 남아있던 과거를 완결시킴으로써 현재에 집중할 수 있도록 하는 기능을 가지고 있다.

④ 직면기법

클라이언트들은 회피되는 문제가 많을수록 더 많은 갈등을 경험하게 된다. 클라이언트들은 자신의 욕구나 감정을 다루지 않고 회피하여 미해결과제들로 쌓아놓으며 현재에 지속적인 영향을 미치는 잠재적 요인이 되도록 한다. 이러한 회피행동은 지속적인 문제의 원인이 될 수 있으며 클라이언트로 하여금 자신의 내면을 탐색하여 진정한 동기를 직면해주며 미해결된 과제를 해소할 수 있도록 돕는 것이 중요하다.

(6) 상담의 적용

게슈탈트 치료는 우울증, 공포증, 강박증 등을 호소하는 클라이언트를 치료하기 위해 개별적인 클라이언트 경험이 가지는 독특성과 가치를 강조하는 게슈탈트 치료의 실존주의적 초점을 두고 있다. 이를 통하여 경제, 사회, 문화, 인종적인 배경의 클라이언트를 다양하게 다루며 학대받는 여성 및 각종 중독 및 자살시도자 등의 성인 뿐 아니라 어린이 및 수술 후 변화된 신체적 적응환자나 노인에게도 적용되어 치료가 이루어져 효과가 있었다.

① 개인 및 집단 상담

현대사회에서 상담분야에서의 활용도로 인하여 더욱 관심이 되고 있는 게슈탈트 집단치료 모델은 개인 및 집단의 상담에서 효과적인데 이 모델에서 치료자는 실험의 감독을 하는 역할을 통하여 집단성원이 개입에 더 수용적이게 되도록 기여한다. 개인 및 집단의 상호작용과 응집력 개발이 장려되기도 하며 접촉과 인식, 지금-여기에 대한 강조를 통한 이 모델의 특징은 집단모델에 있어서도 효과적이다. 지금-여기에 대한 핵심은 집단치료에서 중요하게 활용될 수 있다.

② 가족 및 부부상담

초기 가족치료 모델이 발전되기 이전부터 게슈탈트 이론은 가족치료에 많이 활용되었다. 빈 의자 기법 등의 실험적 요소는 사티어를 포함한 다른 가족 치료자들에게 있어서 의사소통과 갈등에 대하여 경험적이며 은유적 접근을 통하여 유명한 가족조각 및 가족원 자리 만들기(family posturing) 등의 가족치료 기법을 발전시켰다. 즉, 게슈탈트 치료는 부부의 체계로써 부부의 게슈탈트와 개인의 게슈탈트와의 조화를 통하여 상호 이해와 상호작용을 증진시키는 훈련으로 활용되었다.

③ 지역사회 상담

본래 게슈탈트 치료는 개인, 부부, 가족, 집단 등과 같은 미시체계에 일차적으로 적용되는 것에 적합하였다. 그러나 개인 간의 상호작용은 보다 거시적인 지역사회에도 영향을 미친다고 가정해볼 때, 지역사회의 조직으로 정신과병동, 그룹 홈, 재활센터, 각종 쉼터 및 요양원 등과 같은 치료적 환경 세팅에서 활용될 수 있는 가능성이 크다. 이때 활용되는 경청은 과거 및 현재의 경험, 행동, 정서, 심리, 사고 전반적인 부분에 대해 전반적으로 고려되어야 한다.

2 구성주의

1) 구성주의의 개념

구성주의(constructivism)는 사회복지실천에서 볼 때에는 비교적 최근에 클라이언트의 내면세계를 이해하는 준거의 틀로 인정을 받고 있으나, 역사적으로는 오랜 철학적 기반을 가지고 있으며 다양한 관점의 인정과 치료적 접근을 통하여 열린 이해의 장으로 활용되고 있다. 구성주의의 기본에는 현상학을 근간으로 하여 존재의 본질을 다루는 철학적이며 심리적인 독특한 사고체계의 토대가 형성되고 있다.

구성주의는 인식적 접근에 있어서 존재의 본질적 접근을 통하여 클라이언트의 심리내적인 역동성을 형성하고 구성하고 있는 세계에 대하여 존재론적 접근자세를 취하고 있다.

2) 발달과정

구성주의는 고대철학에 뿌리를 두고 있다. 지암바티스타 비코(Giambattista Vico, 1668–1744)는 인간의 지각과 인식[1]에서 구성적 과정을 체계화하여 인간은 모종의 정신적 범주들을 기초로 자신의 경험을 배열한다는 중요한 언급을 하였다. 또한 순수이성비판을 통하여 인간의 선험적 지식을 주장하였던 임마누엘 칸트(Immanuel Kant, 1724–1804)는 인간의 정신은 사고와 경험을 결정짓는 고유한 구조를 가지고 있으며 선험(a priori) 지식으로 인식론의 경험과 별개이거나 경험에 앞서 가지게 되는

1) 인식(knowing)의 과정과 지적 활동을 강조하는 것에 있어서는 인지이론에 기초를 둔 접근법과 유사한 면이 있다. Jean Piaget(1896-1980)의 발달적 인식론(developmental epistemology)에 의하면 신생아가 시간의 경과에 따라 발전하는 속성의 정신적 조절기제(mental regulatory mechanisms)는 선천적인 것으로 보았다. 이러한 의미에서 인간의 이해에 대하여 개인의 내적 과정에 대하여 지각과 인지를 중시하는 이론은 구성주의와 연결성을 갖는다.

지식은 존재 가능할 뿐 아니라 실지로 존재함을 주장하였다. 이를 바탕으로 구성주의의 철학적 기본 전제로 모든 인간에게 공통적으로 적용하는 보편적 진리는 존재하지 않으며 오히려 존재하는 것은 삼라만상에 대하여 해석하는 여러 가지 방식이라는 것이다. 따라서 인간의 각 개인이 지각하는 방식이 곧 존재의 구조라는 입장이다. 또한 지식이란 관찰자의 수만큼 많은 세계들로서의 '현실들'을 만들어내며 인식하는 사람, 즉 개인의 창조물이라는 입장이다.

3) 사정에 대한 시사점

실천가는 현대사회에서 지향하는 '다원주의 세계관'을 가지고 각 클라이언트의 사례에 개입해야 한다는 입장을 가지고 있다. 이러한 관점에서 본다면 자신의 문제에 대하여 클라이언트 각자가 가지고 있는 견해, 이해, 신념으로 클라이언트의 내면세계를 인정하고 존중하는 자세를 가지는 것을 기본으로 한다. 이것은 자기결정권과도 연관이 된다. 그러므로 구성주의에 근거를 둔 접근에서 본다면 사정의 내용은 근본적으로 클라이언트의 준거 틀임을 알 수 있다.

4) 진단의 시사점

기존의 결정론적 입장이나 의료모델에서 전문가가 사용하는 진단적 방식의 진단은 지지하지 않으며 클라이언트의 개별성 및 독특성을 인정하며 구성주의는 철학적 자세를 견지하여 클라이언트의 세계를 배우고자 한다. 이러한 배우고자 하는 자세는 클라이언트가 존중받고 인정받는다는 느낌을 갖게 하고 자기방어로부터 자유롭게 되며 문제상황의 재구성과 새로운 해결책에 있어서 좀 더 열린 태도를 가지게 된다.

5) 개입에 대한 시사점

(1) 개입의 초점으로 존재한다고 간주되는 진짜 문제는 그 어디에도 없는데, 문제 자체가 존재하지 않는다는 의미는 아니며, '심리사회적 문제'는 문제를 인식하고 있는 주체의 언어와 사고 속에서 존재한다는 의미이다. 그러므로 구성주의적 관점의 질문은 내담자가 가지고 있는 현재의 가정이나 전제를 바꾸려고 하는 것이 아니며 다만 확장을 추구하는 것이다. 또한 상대주의적인 입장으로 절대적이거나 불변하는 것을 거부하면서 객관적 세계의 존재는 세상에 대한 여러 가지의 해석을 나타낼 뿐이라는 입장을 취하고 있다. 따라서 지식은 세계나 '현실들'을 만들어 내어 인식하는 사람 개인의 창조물이라고 할 수 있다.[2)]

(2) 클라이언트의 자기결정은 구성주의가 지향하는 기본가치인데 그 이유는 구조 결정적 본질에 따르면 개인은 스스로 결정을 내리는 자가 결정적 존재라는 것이며, 개인의 주관적 경험이 갖는 중요성을 강조하고 있다.

구성주의의 입장에 따르면 '현실'은 사회적으로 구성되는 것이며(푸코는 인간의 사고조차 사회로부터 구성되어 내재화된 것이라 비판하였다), **사람들 각자가 가지는 자신만의 현실은 다른 모든 현실들과 동등한 가치를 지닌다고 하는 여성주의와도 유사한 측면이 있으며 인식론과도 공통점이 있다.**

---

2) 급진적 구성주의적 입장은 가상적 현실을 포함하여 모든 현실이 개인의 경험을 초월하여 존재하는 것은 없으므로 현실이란 지각하는 사람의 개체만큼 수없이 존재하는 것이라고 보았다. 반면 비판적 구성주의는 세계를 직접적으로 인식하기보다 지각, 인지, 감정, 신념 등을 통해 간접적으로 인식하는 것이나, 실재 세계의 존재는 인정하였다.

6) 주요 개념

(1) 구조결정론(structure determinism)

구조-결정적 체계 정보측면에서 본다면 '정보는 외부에서 이양되거나 처리될 수 있는 성질이라기보다는 '내부로부터 형성되는 것(in formare)'으로 라틴어의 어원에 담겨있다. 즉, 정보는 내부로부터 '동요(perturbations)'의 결과로 나타난다는 개념인 것이다. 이것은 피드백(feedback)의 정보처리 모델에 따른 구성주의 개념도 신경생물학적 부분과 관련이 있으며 따라서 인간의 '경험'을 이루는 요소들이 피드백 과정에서 정보의 처리과정의 맥락에서 '내부에서 내부로 이행하는 과정(inside-in process)'을 거치는 특징을 지닌다는 것을 주장하였다.

(2) 자가생성

살아있는 체계는 구조-결정적이며 조직적이며 폐쇄적인 성격이 있으므로 자기생성적(sutopoietic)이며 자기조직적(self-organizing)인 실체로 간주하게 된다. 자가생성적 실체는 자신이 만든 '자기규제(self-law)'의 과정을 통하여 생존하고 발전하며 소멸한다는 차원에서 자율적 존재로 간주된다. 따라서 구성주의적인 차원에서 볼 때 세계는 각 개인의 내부에서 형성되며 발전하고 처리되는 일종의 구성된 반영물로 해석될 수 있다. 그러므로 구성주의는 진실이나 거짓, 기능과 역기능이라는 의료학적이며 규범적인 시각으로부터 '수많은 세계들'로 준거틀을 옮겨놓았다.

(3) 구조의 연결(structural coupling)

구조연결은 다른 실체와 상호작용을 가능하게 하는 원칙으로 그 덕분에 유아론(solipsism)적인 함정이니 완전한 자기지시(self-reference)의 상태에 빠지는 오류를 피할 수 있게 된다. 전통적으로 지속적인 '관계'를 통한 '대인관계적인 상호작용'과

흡사하지만 구성주의에서의 상호작용은 개방되지 않은 폐쇄체계 간의 발생하는 구조라는 것이 차이가 있다. 따라서 구조적 연결을 통하여 실제로 상호작용을 하는 것은 실체들의 상대에 대한 동요 혹은 자극이라는 것이다. 의사소통을 본다면 청각적 상호작용을 통하여 자극이나 동요가 일어나며 이후 '구조적으로 분리하는(uncoupling)' 상태로 자극과 동요를 마치는 시점에서 상호작용을 마치게 된다.

구조의 연결개념을 정리하면 실제로 상호작용이 일어나는 것은 개인과 환경 사이에 발생하는 상호 자극의 성질(quality)이나 형태(configuration)이며, 개인이나 환경 각자의 구조는 아닌 외적인 현상이라 할 수 있다. 그러므로 환경적 자극 중에서 무엇이 개인에게 변화를 유발시킬 것인가를 선택하게 되는 것은 각 개인의 구조 혹은 내적 역동이므로 중요한 관점을 개인 각각의 내부의 구성적 특징에 옮겨 놓게 되는 원리이다.

7) 사정, 진단, 치료에 관한 시사점

(1) 사정에 대한 시사점

실증주의자의 입장에서 볼 때에는 개인과 행동은 모두 규명이 가능한 '외부' 영향의 직접적 결과로 증거를 기반하는 보다 객관적인 증거기반주의적인 개념을 선호한다. 그러나 구성주의자는 인간신경계와 환경 간의 관계에 관한 특정한 시각에 기초하여 인간의 신경계는 '동요' 당하거나 '부딪혀 튕겨 나갈' 뿐이며 외부 자극에 의해 '침범' 당하는 것이 아닌 매우 주관적이고 선택적인 폐쇄체계임을 존중한다.

구성주의 이론은 개인의 독특성을 인정하며 의료모델에서 전문가가 사용하는 객관적인 진단은 지지하지 않게 되는데 이것은 외부로부터 주어진 결정된 범주가 지니는 타당성을 부정하는 것이기 때문이다.

(2) 개입에 대한 시사점

개입의 초점은 클라이언트가 생각하고 있는 문제의 현실이다. 특히 자신이 접하고 있는 매개물인 환과 상호작용하는 실재로서 그 문제를 바라보는 자신의 지각, 이해 및 정의에 달려 있다고 할 수 있다.

이러한 관점은 전통적인 실천적 접근방법이나 정신역동적 접근에서 진짜 문제(real problem)로 객관적 · 병리적이며 역기능적인 상태를 규명하고자 하는 점과 차이가 있다고 할 것이다. 그러나 구성주의적 입장에서는 진짜 문제가 존재하는 것이 아니며 문제 자체가 존재하지 않는 것이 아니라 그것을 구성하는 개인의 내부구조에 의한 상호작용의 산출물이 언어 및 사고 속에서 존재하는 것이라고 보았다.

구성주의에서는 문제를 해결하기보다 문제를 재구성하고 벗어버리도록 하는데, 예를 들면 이야기 치료와 연계하여 문제 표출기법은 문제를 이야기함으로써 집착이 해소되는 현상을 상담에 활용하고 있다.

(3) 구성주의적 관점에 의한 클라이언트의 자기결정

클라이언트의 자기결정은 구성주의의 가치로, 구조결정적 본질에 의하여 개인 스스로 결정을 내리는 자가결정적 존재의 역할을 하게 된다. 이러한 성질은 클라이언트의 자기결정력을 지지하며 상담가가 무엇인가 클라이언트의 반응을 '불러일으킬' 수는 있으나, 이를 결정하지는 않으며, 결정은 클라이언트의 신경생리학적 구조 및 심리적 기질에 의하여 결정되는 것이라는 것을 지지하고 있다. 그러므로 클라이언트의 자기결정에 관한 권리를 인정하며 인종차별, 가정폭력, 아동폭력, 학업중단, 가출 및 중독청소년 등의 현실의 파괴적 상호작용 같은 현실에 변화를 주고자 노력한다. 그러나 기본적으로는 '수많은 세계들'의 관점에 관하여 포용하는 동시에 클라이언트의 문제를 공유하게 된다.

한편 구성주의자들은 실증주의자들[3]과 같이 자신의 치료적 접근의 효과성(일반화)을 입증하고자 하는 노력은 하지 않는다. 그러나 긍정적인 치료성과에 대한 기준을 만드는 작업 및 적용절차에 대한 개발은 관심분야이다.

3 포스트 모더니즘(postmodernism)과 여성학

1) 포스트 모더니즘

포스트 모더니즘은 1960년에 일어난 문화운동으로 사회의 모든 영역에 있어서 미국과 프랑스를 중심으로 각종 여성운동 민권운동을 중심으로 하여 제3세계운동 및 사회운동으로 1970년대 중반 점검 및 반성을 거쳐 오늘날에 이르고 있다. 근대 혹은 모던(modern)시대는 로크의 18세기 계몽주의로부터 신중심이 아닌 이성중심주의 시대를 통하여 외적인 힘보다 인간의 이성과 합리적 사고를 중시했으며 푸코 등을 통하여 사회적 억압을 부정하고 인종 간의 차별, 남성이 여성을 억압했는지

3) 자연과학 모델은 인과관계의 증명 및 보편적이며 객관적인 진리를 추구하는데 이과 같은 방식의 적용은 실증주의적 특색이며 발견적 모델은 의미를 찾아내는 데 초점을 두고 특수한 지식의 생성에 보다 관심을 둔다.

등에 관해 이분법을 해체시켜 개인이 사회 및 언어의 영향하에 있음을 주장하였다. 따라서 개성과 자율성 및 다양성을 중시하는 포스트 모더니즘은 절대적이며 객관적인 이념을 거부했기에 탈이념이라는 지적도 받았었다. 알다시피 산업사회는 분업 및 대량생산으로 개인의 맞춤형보다는 보편적 기준에 개인이 맞추던 시대로 개인의 도전의식이나 실험적이고 긍정적인 측면이 사회적으로 인정되지 않는 면이 존재했었다.

2) 여성학

앞서 구성주의에서 학습한 바와 같이 '현실'은 사회적으로 구성되는 것이나 사람들 각자가 갖고 있는 자신만의 현실이 존재하며, 이것은 다른 모든 현실들과 동일한 가치를 갖고 있다고 주장하고 있어서 여성주의에 있어서도 많은 발전을 가져왔다.

여성주의(女性主義) 또는 여권주의(女權主義), 페미니즘(feminism)은 다양한 사회이론을 지칭하는 용어이며 정치적 움직임과 함께 도덕 철학을 기반으로 하여 여성의 경험과 입장에서 사회, 정치, 경제적 상황에 대한 불평등을 논하기 시작했다. 페미니즘은 성 불평등으로부터 여성의 권리와 이익 및 사회 이슈를 논의의 장으로 이끌어 내고 여성의 '여권 신장론'이나 '여성 해방운동'을 근거로 여성에게 가해지는 사회적 차별에 대하여 의식의 개혁과 사회의 개혁을 논하는 계기가 되었다.

따라서 상담에 있어서 여성의 모든 상황을 이해하고 변화를 이루어 내는 새로운 방식들도 논해지고 있다. 현대사회에서 여성주의 이론은 여성이 처하고 있는 다양한 경험을 반영하는 기존의 이론적 틀을 수정하거나 혹은 여성에 대한 새로운 이론들을 형성하여 기존의 전통적인 개념과 이론에 대하여 새로운 방향성을 제시하기에 이르렀다.

(1) 여성주의 이론적 기본 틀

1970년대 여성운동은 인류의 인식이 성장하면서 자유주의, 사회주의, 급진주의적 여성주의 등의 용어로 설명되었고, 여성을 사회적 억압으로부터 해방하고 자유를 성취하기 위해 논의되기 시작하였다. 이러한 관점은 생물학적 성, 역할이나 이념적 젠더, 인종, 계층의 이해에 관심을 두고, '여성'과 관련된 것을 차별화하여 담론화하는 것에 반대하고 있다.

(2) 새로운 패러다임들

여성학은 여성이라는 이유로 관련되어 배제되거나 억압되는 모든 현상을 다루며 포스트 구조주의[4]와 포스트 모더니즘[5]을 중심으로 논의되었다. 따라서 사회적 배제는 사회현실에 대한 각종 타당성을 검토하고 여성이 가지는 복잡하고 다양한 경험들을 통하여 일어나는 억압이나 부조리한 현상을 다루고자 하였다. 포스트 모더니즘의 여성주의는 포스트 구조주의, 포스트 모더니즘 및 실존주의 철학 등에 영향을 받았다. 프랑스의 여성참정을 논한 여성주의[6] 이론에 뿌리를 두고 있다. 여성주의 이론은 성 구분에서 자유로운 여성의 인격을 인권의 차원으로 끌어올리는 계기가 되었다.

---

4) 구조주의에 대한 반발로 구조주의가 인간 존재의 가치를 상대화(相對化)하여 모든 것을 비교하고 관계성(關係性)의 틀 안에서 보려는 것에 대해 포스트 구조주의는 인간 경시를 배척하고 다원 결정(多元決定)의 역할을 중시하는 포스트 모더니즘과 연관된 개념이다.

5) 포스트 모더니즘(postmodernism, post- 반대의 혹은 이후의, modernism 모더니즘)은 근본적인 회의를 내포하는 사상적 경향으로 이성에 대한 탈중심적 다원적 사고를 특징으로 하며 보드리야르 등의 포스트 모더니즘 철학자를 중심으로 활발히 논의되었다.

6) 프랑스에서는 1789년 프랑스 혁명이 일어난 해에 '정치상 남녀가 동권(同權)을 가져야 한다'는 건의가 되고 1790년 구즈가 여성공민권의 승인에 대하여 당시 루이 16세의 왕비 마리 앙 투아네트에게 제출하였으나 이후 처형되었다. 1793년에는 여성의 집회가 금지되고, 모든 여성단체는 해체되었으며 여성의 참정권을 주장하던 여성들이 프랑스 혁명에 참가하여 투옥되었다. 이후 19세기 말에 영국과 미국의 여성운동의 영향을 받아 1946년에 이르러서 법률상 여성참정권이 보장되었다.

(3) 가치기반

여성주의에 기초한 분석은 여성의 삶의 조건에 영향을 미치는 사회적 힘에 주안점을 두고, 인간성이 '지배'나 통치의 억압에서가 아닌 독립적 방식으로 환경과 연계성을 가져야 한다고 주장한다. 따라서 권력에 따른 유형 및 무형의 다양한 학대의 가능성에 대한 인식을 촉구한다. 이것은 클라이언트 삶의 경험에서 여성도 인권적으로 주인이라는 것을 인정하는 것이며, 이들이 소수자일지라도 임파워하여 사회적으로 독립성이 인정되어야 함을 주장한다. 또한 통합성-다양성, 비합리적인 것의 발견과 같은 모든 억압적 체계에 대한 변화를 촉진하는 것에 관여하도록 한다.

성과 젠더를 확실히 구분 짓는 것은 여성을 신체적으로 특징화하여 부과되는 젠더적 의무나 당위성에 대항하는 기초가 된다. 이러한 젠더를 통하여 각종 부조리한 사회적 현상에 대하여 논하게 되었다. 이를 통하여 여성과 남성에 대하여 젠더적 문화적으로 결정되고 기대되는 태도나 신념체계를 점검하고 이것은 사회의 구조적으로 힘을 얻은 계층의 심리적 과정, 사회적 힘에 의해 영향을 받았을 가능성을 제시하였다. 이에 대하여 임파워먼트의 개념은 사회적 소수자로서의 여성에게 변화의 추구를 위해 기본적으로 수정되어야 하는 개인의 성찰의 중요성과 의식의 변화 및 명명의 중요성 등의 개념을 도출하였다.

이를 위하여 기존의 생각에 인지-행동적인 오류는 없는지 각종 심리역동적, 심리사회적 문제를 해결하고 가족체계와 대인관계적 접근에 있어서 인지적이며 통념적인 오류는 없는지 점검한다. 또한 개인이 이를 의식하고 인권의 평등을 실현하기 위하여 현장의 치료모델에 도입하였다. 여성주의의 관점을 사회적 맥락에서 재확인하고, 여성에게 규정된 지위를 재평가하는 것은 매우 중요하다.

물론 남성과 여성의 경험은 다를 수 있으나 이것은 다름의 의미이지 차별의 의미가 아니라는 것이다. 예를 들면, 권력의 역동성에 있어서 개인적인 것에서 가족이나 조직 및 정치적인 것에 있어서 미시에서 거시적인 정치에 이르기까지의 권력구조나 불균형적 문제에 관심을 기울여야 한다는 입장이다. 이것은 개인적 변화뿐 아니라 사회적 변화까지 중요시하는 것이다. 이것은 여성중심 실천활동[7] 등을 통하여 여성들도 사회적 통제력과 대처의 강화방안을 가지며 기존의 인식을 재구조화[8]하여 구조화된 변화를 이끌어낸다.

(4) 사정 및 전망

그동안 사회는 남성중심인 경우가 많았고 가정 내에서도 가부장적 분위기로 가까운 과거나 현재를 통하여 여성의 삶에 대한 사회적 분위기는 여전히 남성적인 방식을 지향하는 경우가 많다. 따라서 여성의 치유는 상처가 발생한 아동기부터 전이에 대한 인식 등에서부터 다루어질 필요가 있다. 여성주의 관점에 비추어 볼 때 여성은 개별적으로 고려되어야 한다. 이것은 여성의 영역으로 양육 및 정서적 기능에 대하여 자기주장과 의사결정, 갈등해결에 있어서 인간으로서 충분한 역량이 있음을 개인적으로나 사회적으로 인지하는 것을 의미한다. 여성의 임파워먼트는 결국 편견을 극복하고 제도를 보완하고 변화시키는 원동력이 될 것이다.

사정의 영역으로는 성폭력과 성적 학대가 있으며 이것은 직장에서의 성희롱, 성착취, 부부 성폭력, 데이트 성폭력 등 다양하며 성폭력에 대한 관점도 구체적으로 명시되고 있다. 또한 여성의 어린 때부터 의사표현과 자존감을 키울 수 있는 자기주장 훈련, 분노의 표현, 감정 재정립, 폭력에 관한 정보의 제공 등의 예방활동과 사후 피해행동이나 우울 등에 대한 대처를 다루는 기술을 훈련한다. 그 밖에도 여

7) 여성들도 여성만의 집단을 통하여 여성의 욕구를 수용하고 의사를 관철할 여성을 위한 자원을 증대시키는 것으로 여성을 기관의 의사결정이나 정책과정에 참여시키는 법적 제도화 등에 도움이 되는 활동을 할 수 있다.

8) 클라이언트의 감정의 흐름을 확인하고 이를 표현하여 파괴적인 건강하지 못한 신념을 재구조화하는 것이 필요하다.

성의 임신, 가족계획, 유산, 임신 중 물질남용, 태아보호와 관련한 세미나 및 정책을 포함하여 다양한 부분이 논의될 필요가 있다.

4 해결중심모델

1) 해결중심이론의 기본 개념

해결중심이론은 클라이언트의 무의식적 문제보다는 당면한 문제에 대한 해결을 위주로 하는 관점이다. 따라서 진단적인 문제보다는 클라이언트가 원하는 바에 보다 초점을 맞춘다. 즉, 클라이언트의 문제 위주의 사정보다는 클라이언트가 가지고 있는 장점이나 예외상황에 대한 탐색이 클라이언트의 문제해결능력을 보다 향상시킨다고 보는 관점이다.

이에 따라 문제와 관련된 개인이나 사회력 조사를 최소화하고 문제가 해결된 예외상황이나 문제가 없었던 때에 관하여 보다 초점을 두어 질문하기도 한다. 예를 들면, 언제 문제가 발생하지 않는가? 혹은 문제가 발생하지 않을 때 무엇을 하게 되는가? 또한 문제가 발생하는 상황과 발생하지 않는 상황 간의 차이는 무엇인가? 등을 질문하게 된다. 해결중심모델은 1회 내에 혹은 12회를 초과하지 않는 한에서 비교적 단기상담에 속하며 사회기능을 향상시키고 클라이언트가 자신의 문제에 대해 전문가라는 가정 하에 변화를 촉진시키는 것을 목적으로 하게 된다.

2) 해결중심이론의 주요 원칙

상담가는 클라이언트의 문제해결능력 및 잠재력과 가능성에 초점을 두고 있으며 따라서 해결중심이론은 클라이언트와의 협력적 관계를 중요시 하고 문제해결과정에서의 자문가 및 원조자의 역할을 담당한다. 또한 병리적인 것보다는 건강한 것에 초점을 두고 클라이언트의 실패보다는 성공경험과 그 방법에 보다 초점을 두고 치료에 활용한다.

이를 위하여 클라이언트의 강점, 자원, 건강한 특성을 재발견하여 이를 치료에 활용하며 클라이언트의 견해를 존중하게 되며 다른 이론의 인간에 대한 진단적이거나 가설적 틀에 맞추어 클라이언트의 문제를 사정하거나 평가하지 않는다.

해결중심이론이 지향하는 해결 구축방안

① 클라이언트의 장점을 인정하며 문제해결능력을 인정하고 중요시한다.
② 클라이언트의 미래지향적인 성장 변화 욕구를 인정하고 중요시한다.
③ 문제 내용보다는 문제해결방안 모색과 클라이언트의 잠재성을 인정하고 새로운 행동 유형을 시작하는데 초점을 둔다.
④ 상담가의 역할은 클라이언트의 마음속에 내재해 있는 가능성과 잠재성을 인정하여 스스로 자신을 오픈하고 이미 자신이 알고 있는 문제해결방안을 생각해 내도록 돕는 것이다.
⑤ 비교적 단기적인 개입을 지향한다.

3) 해결중심이론의 주요 상담기술

구분	내용
상담기술	• 상담가가 갖추어야 할 기본기술 • 경청기술, 인정하기, 호기심 갖기, 격려하기 등
해결지향적 기술	• 해결중심이론에서 특성적으로 활용되는 기술 • 첫 면담 이전의 변화에 관한 기술, 척도질문, 대처질문, 예외질문, 기적질문 등
목표설정	• 상담가는 클라이언트의 변화에 대한 상담의 목표를 잘 정의하는 것이 중요함
메시지 작성과 전달 및 과제 부여	• 상담가는 클라이언트에게 즉각적으로 반응하는 것보다는 클라이언트의 상황에 도움을 줄 수 있는 적절한 메시지와 과제를 준비하는 과정을 필요로 함

(1) 해결중심이론의 상담기법

① 경청과 인정

기본적으로 클라이언트의 강점과 능력에 귀를 기울이며 이를 인정하여 클라이언트가 원하는 것을 계속 할 수 있도록 원조하는데 초점을 둔다. 병리적인 관점보다는 문제해결에 초점을 두고 진단하거나 치료라는 용어를 사용하지 않는다. 상담가는 문제해결의 전문가가 아니기 때문에 평가를 위하여 정보수집과 질문을 하지 않는다. 상담가의 경청은 내담자의 분노, 혼란, 양가감정에 민감한 것을 뜻한다.

② 대화에 초대하기

클라이언트에게 미래의 삶과 인생을 어떻게 살고 싶은지 대화에 초대한다. 상담을 통해 클라이언트가 원하는 것이 무엇인지, 목적이 달성되고 문제가 해결되면 이후 진전되는 것을 나타내는 중간과제달성에 대한 신호가 무엇인지 파악할 수 있도록 대화에 초대한다. 즉, 처음 방문을 하거나 약속시간을 정한 후부터 상담 이후 변화된 것이 있는지를 묻는 것이다.

③ 예외질문

클라이언트가 해결하고자 하는 문제해결을 위해 성공적으로 수행하고 있으면서도 의식하지 못하고 있거나 미처 가치를 두고 있지 못하는 것을 발견하고, 상담가가 의식적이고 의도적으로 성공하였던 클라이언트의 행동을 강화하는 기술이다. 이를 위하여 클라이언트의 인지부분을 탐색하게 되며 문제에 관한 부정적인 생각과 문제의 제거 및 감소에 몰두하는 사고방식으로부터 벗어나 사건이 발생하지 않는 상황을 보다 강화하고 인식함으로써 해결의 방안을 모색하는 것에 관심을 집중하도록 한다.

- "그 문제가 발생하지 않았던 시간은 언제인가요?"
- "그 문제가 발생하지 않았다는 것을 무엇을 통하여 알 수 있을까요?"
- "그 문제가 발생하지 않을 때에는 주로 무엇을 하나요?"
- "그 문제가 해결된다면 이를 어떻게 알 수 있을까요?"

④ 기적질문

클라이언트에게 문제가 해결된 상태를 상상해 보도록 하고, 해결되기 원하는 것들을 보다 구체화하고 명료화하여, 상담의 치료목표를 현실적이며 구체적으로 설정하기 위한 질문기법으로 활용되게 된다. 클라이언트의 마음상태를 문제 중심에서 해결 중심으로 전환하도록 하여 바뀐 현실을 꿈꾸고 희망을 갖게 하는 역할을 한다.

⑤ 척도질문

척도질문은 클라이언트에게 문제의 심각성 정도를 사정함에 있어서 치료목표 성취 정도를 측정하고, 그 결과를 구체적으로 평가하는 데 있어서 구체적인 수치를 사용하여 문제의 정도를 수치로 표현하도록 하는 것이다. 예를 들어 그 문제의 심각성을 숫자로 표시한다면 1부터 10점 중에 어디에 해당할까요 등으로 수치화하여 객관화할 수 있다.

⑥ 대처질문

클라이언트는 자신의 미래를 절망적으로 희망이 없다고 하는 클라이언트나 어려운 역경 속에 있는 클라이언트에게 주로 사용하는 기술이다. 질문의 초점은 클라이언트가 절망적인 상황에서도 잘 견디며 더 나빠지지 않은 것에 대한 인식과 위기에서 살아남기 위해 대처해 온 방법을 파악하며, 그것에 대한 클라이언트의 자부심에 대한 인식을 강화하고 확대하기 위해 활용한다. 이를 통하여 클라이언트는 자신의 노력과 의지, 자원을 발견하게 되며 이를 활용하여 스스로가 당면한 문제해결을 위해 노력할 힘과 용기를 가지게 된다.

⑦ 목표의 설정

목표의 설정은 클라이언트가 이전과 다르게 좀 더 바람직한 방향으로 자신의 삶을 경험할 수 있도록 그 가능성을 높이는 과정으로 상담가는 이에 따라 상담의 목표를 잘 정의하는 것이 중요하다. 따라서 목표설정은 긍정적이고 과정의 형태로 이루어지는 것이 바람직하며 과거보다는 지금-여기에 초점을 맞추어 가능한 구체적으로 설정되는 것이 바람직하다. 목표달성을 위해 상담가와 클라이언트가 함께 노력하는 것이 중요하며 결과를 측정할 수 있어야 한다.

목표설정에서 다루어지고 점검되어야 할 영역

- 클라이언트가 상담을 통하여 원하는 것이 무엇인가?
- 클라이언트가 원하는 것에 대하여 목표에 대한 성취가 어떻게 변화를 줄 수 있는가?
- 클라이언트가 자신이 원하는 것을 위해서 노력하고 있음을 어떻게 알 수 있는가?
- 클라이언트는 지금 자신이 원하는 것을 얼마나 경험하고 있는가?

목표설정의 원칙

- 클라이언트에게 중요한 것을 우선순위로 하여 목표를 설정한다.
- 목표는 세분화하여 구체적이며 명확하고 행동적인 것을 목표로 설정하는 것이 바람직하다.
- 클라이언트에게 없는 것보다는 현재 클라이언트에게 있는 것과 장점에 관심을 둔다.
- 목표를 문제해결의 마지막 단계이기보다는 시작단계로 간주한다.
- 목표는 클라이언트의 생활에 있어서 현실적이고 성취 가능한 것을 목표로 한다.

(2) 메시지 작성과 전달과 과제의 부여

① 메시지 작성과 전달

상담가는 메시지 내용이 클라이언트에게 도움이 되고 도움이 되는 것임을 알게 해야 하고 칭찬을 할 시에는 그 변화성과 근거를 가지고 하는 것이 바람직하다. 가능한 한 클라이언트가 사용한 단어를 사용하여 클라이언트의 협조를 증가시키며 클라이언트가 적절한 시기에 도움을 받으러 왔으며 목표성취가 쉬운 일은 아니나 잘 해낼 수 있을 것이라는 격려를 통하여 긍정성을 강화한다.

② 과제의 부여

과제의 부여는 클라이언트에게 생각, 관찰, 확인, 변화적으로 행동하기 등과 같은 작으며 구체적인 과제를 내 줄 수 있다. 또한 과제는 항상 잠재적인 문제나 해결해야 하는 문제가 해결되는 방향으로 우선순위를 통하여 바람직한 방향으로 이끄는 것이어야 한다.

과제는 내담자의 자원을 활용하여 바람직한 행동에 관한 입장을 명료화하여 실행하고, 구성원 상호 적절한 반영을 내담자가 균형적으로 수행할 수 있도록 돕기 위해 제공된다.

CHAPTER

12

가족치료 사례관리

가족치료 사례관리 1

1 사례 개요

1) 클라이언트의 인적사항

성명	최하민(가명)	성별과 연령	남(만 4세)
학력	유치원 재원 중	종교	무교
거주지	경기도	연락처	X

2) 개인력

- 경기도에서 출생하였으며 엄마, 아빠와 함께 살고 있음
- 엄마, 아빠가 함께 살고 있지만 엄마는 임신상태이며, 아빠는 지방에서 일을 하시다가 주말에 집에 올라오는 상황
- 어린이집에서 재원하다가 유치원으로 옮겨 재원 중임
- 엄마와 아빠가 클라이언트가 말썽을 피우면 최후의 방법이 매를 드신다고 상담 때 이야기를 하셨음

3) 가계도

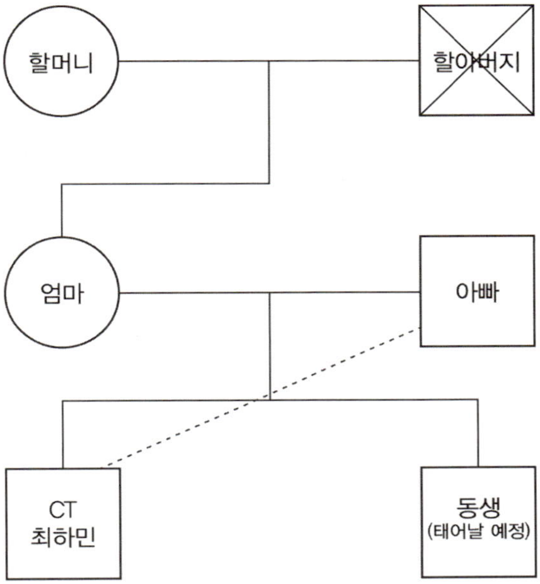

4) 가족력

- 클라이언트의 부 : 지방에서 일을 하시느라 집에서 함께 지내지 못하고 주말에 집에 올라오거나 쉬는 날 집에 올라오심. 클라이언트와 친밀감 형성이 덜 이루어진 상태이며 말을 듣지 않을 때 매를 든다고 하심
- 클라이언트의 모 : 클라이언트와 함께 살고 있으며 클라이언트의 문제점에 대해 심각하게 생각하지 않고 클라이언트와 친밀한 모습을 잘 볼 수 없으며 임신 9개월 상태여서 병원에 있기 때문에 클라이언트와 생활하지 않고 있음
- 클라이언트의 외조모 : 클라이언트의 부모가 집에 없을 동안 클라이언트와 함께 지내며 친밀감을 형성하려고 노력하는 모습을 보임
- 클라이언트의 동생 : 아직 태어나지 않았지만 클라이언트에게 동생이야기를 하면 가끔 보고 싶지 않다거나 부정적인 이야기를 할 때가 조금 있음

2 개입과정

1) 클라이언트의 욕구

- 자신에게 관심을 주고 친밀감을 표출할 수 있는 사람을 원하여 유치원에서도 자신이 관심을 받으려 수업시간에 손뼉을 치거나, 입으로 소리를 내며 장난을 치는 모습을 보임
- 친구들과 친해지고 함께 놀고 싶어 하는 모습을 보이나 친구들과 함께 어울려 노는 법을 몰라 친구 것을 뺏거나 때리는 모습도 종종 보임
- 유치원에 오면 교사에게 엄마가 이야기를 안 들어 준다거나 엄마, 아빠한테 혼났다는 이야기를 자주함. 엄마, 아빠가 자신에게 관심을 주고 함께 있길 원하며 자신의 이야기를 귀 기울여 들어주기를 원함

2) 사회복지사의 소견

- 밝은 성격을 가지고 있지만 친구들과 어울려 놀다가도 친구를 괴롭히는 행동을 함. 친구의 장난감을 뺏어버리거나 친구를 때리는 모습을 보이기도 하고, 점심시간에 친구의 숟가락, 젓가락을 빼앗아 친구가 곤란해 하는 상황을 만들기도 하여 또래 친구들이 교사에게 클라이언트의 행동을 이르는 모습이 자주 포착되며, 클라이언트를 싫어하는 또래 유아들이 많이 생김
- 클라이언트의 아빠는 직장 때문에 지방에 계시다가 주말에만 집에 올라오는 상황이어서 아직 친밀감이 형성되지 않은 모습이 보이며, 클라이언트의 어머니는 아이가 태어날 날짜가 얼마 남지 않아서 병원에 있어 클라이언트와 함께 있는 시간을 갖지 못하고 있음. 클라이언트의 외할머니가 오셔서 클라이언트와 함께 지내고 있으나 클라이언트가 "엄마 보고 싶다, 엄마 빨리 왔으면 좋

겠다, 동생 때문이야"라며 이야기를 할 때가 있음

- 클라이언트의 엄마가 아이를 낳고 돌아오면 클라이언트의 상황을 세세하게 말씀을 드려 함께 놀이치료를 받을 수 있도록 권유해 드리며 부모와 함께 친밀감을 형성할 수 있는 프로그램이나, 가족치료를 진행하여 클라이언트가 또래 유아와 잘 지내는 법을 알 수 있도록 하며, 부모와 친밀관계가 형성되어 안정적인 생활을 할 수 있도록 하는 것이 필요함
- 아이가 주요문제를 가진 경우는 언어적 메시지와 함께 비언어적 메시지에도 주의를 기울일 필요가 있음. 또한 프로그램 중에 충분한 공감이 필요함

3 사례관리 계획

1) 클라이언트의 주요 문제점

① 부모와 함께 지내는 시간이 없어 친밀감을 표현할 사람이 없고 집에 가면 엄마, 아빠가 없다는 불안감이 큰 상태임

② 유치원에서 또래 유아와 함께 지내는 법을 잘 모르며, 함께 노는 방법을 잘 몰라 클라이언트를 싫어하는 친구들이 생겨 또래 유아와 함께 어울리는 방법을 알아야 할 필요가 있음

③ 곧 태어날 동생에게 질투심과 미움이 아닌 동생을 보살피고 사랑해 주는 법을 알려주어야 함

2) 행동주의 요법의 적용

클라이언트는 친구를 때리거나 괴롭히는 행동, 수업시간에 방해하는 행동 등을

감소시키기 위해 행동주의 상담을 받기로 하였다. 그래서 바람직한 행동은 계속 유지 · 증진시키고, 바람직하지 않은 행동은 감소시켜 아동의 행동을 변화시켜야 할 것으로 판단된다.

또 왜 그런 행동이 나오게 됐는지 심리적인 원인을 찾기 위해서 정신분석 상담도 필요하다. 무의식에서 억압된 갈등을 찾아내서 그것을 내담자가 의식적으로 자각하도록 하는 것으로 무의식에 억압되었던 것이 일단 의식적 수준으로 표출되면 이것을 합리적으로 다룰 수 있도록 도움을 줄 수 있을 것이다. 행동주의상담 기법으로는 조작적 조건형성에 근거한 방법으로 정적강화, 토큰경제 기법을 사용하면 도움이 될 것이며 정신분석 상담기법으로는 자유연상, 정화 또 아동의 제한적인 언어능력을 대신 할 수 있는 다양한 매체의 활용과 상담과정에 부모를 참여시키는 것이 반드시 고려되어야 한다.

3) 상담이론을 통한 도움

정적강화, 토큰 기법을 통한 도움에서 첫째, 정적강화는 클라이언트의 바람직한 행동, 예를 들면 친구를 도와줬거나 정리를 잘했거나, 점심시간에 떠들지 않고 식사를 하는 행동에서 긍정적인 칭찬을 통해 목표행동의 빈도를 증가시켜 바람직한 행동을 할 수 있도록 할 수 있을 것이다. 수업시간에 입으로 소리를 내거나 손뼉을 치는 등 교사의 관심을 끌려는 행동을 할 때에는 관심을 주지 않고 시연 등을 통해 바람직한 형태로 유도해 준다. 그 아동이 바람직한 형태로 친구에게 다가가 사회적 행동을 보일 때 관심을 보여 준다면, 클라이언트가 또래와 사이좋게 지낼 수 있는 사회성을 길러주는 것에 도움이 될 것이다. 둘째, 토큰 기법으로 바람직한 행동에 대해 인정하고, 칭찬해 주기, 혹은 칭찬 스티커로 보상해 주는 긍정적인 강화의 방법이 활용될 수 있다. 칭찬스티커를 통해 클라이언트의 욕구를 즉각적으로 충족시켜 바람직한 행동결과에 대해 즉각적인 보상의 욕구와 만족을 지연시킬 수 있는 성숙한 행동의 발달을 촉진시킬 수 있을 것이다.

자유연상기법과 정화기법을 통해 도움을 줄 수 있다. 첫째, 자유연상기법은 마음속에 떠오르는 것이면 그것이 어떤 것이든 상관없이 이야기하도록 하는 것이다. 말하는 과정 속에서 클라이언트의 행동과 말투를 관찰할 수 있다. 그리고 왜 이러한 행동을 보였는지 가정에서 또는 유치원에서 충족되지 않은 것들이 무엇인지 확인하여 무의식에 있던 불만을 의식적으로 이야기로 풀어내며 대화하고 이해하는 과정 중에서 거친 행동과 쌓여 있던 불만들이 어느 정도는 해소될 수 있을 것이다. 둘째, 정화기법은 억압된 생각과 경험을 이야기하여 억압되었던 강렬한 정서적 감정이 발산되는 것으로 클라이언트가 힘들어하는 기억을 이야기를 하거나 고백을 통하여 불안감을 감소시키고 정서적 안정을 찾게 하는 것이다. 엄마와의 관계 또는 아빠의 긴 부재 속에서 느끼는 감정에 대해 공감하면서 지지해주는 가운데 심리적인 안정을 찾게 할 수 있을 것이다.

4 평가

마지막으로 아동의 문제는 대부분 부모-자녀 관계나 부모의 양육상 문제에서 기인되는 경우가 많아 클라이언트의 부모와 면담하여 부모와 클라이언트의 좋은 관계를 맺도록 부모의 협력이 필요함을 인식시켜야 한다. 클라이언트와 상담이 진행되는 중에 주 1회 1번씩 만나 가정에서 클라이언트 행동에 대해 의견을 나누고 가정에서 부모가 클라이언트와 의사소통하는 방법을 가르쳐 주어야 할 것이다. 또 훈육방법에서 아이에게 매를 드는 방법보다는 아이에게 사랑으로 다가갈 수 있도록 신체적 접촉, 예를 들면 안아주기, 뽀뽀 해 주기, 놀아주기 등 다양한 방법 등을 제시해 클라이언트의 사랑과 관심을 받고 있음을 확인시키고, 충족시켜주며 스트레스를 풀어줘야 할 것으로 보인다.

가족치료 사례관리 2

성 명	박소라(가명)	성 별	여	나 이	18세
학 력	고등학교 재학	전화번호	010-0000-0000	조 사 일	2017. 04. 13
주 소	서울시 oo구 oo동 oo아파트 ooo호			작 성 일	2017. 04. 13
직 업	학생	경제상태	■ 일반 □ 저소득 □ 수급자		
의뢰과정	담임선생님과 상담 중 가족과의 심한 갈등을 알게 되었고, oo고등학교 담임선생님으로부터 의뢰받아 2017년 4월 13일부터 주 1회씩 총 7회 상담				

1 가계도

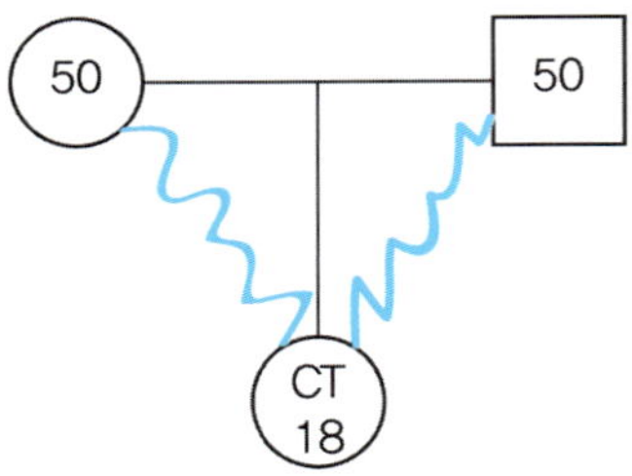

엄마	50 (가정주부)	부드러운 말투를 사용하지만 언성을 높이기도 함. 자식을 위한 일이라는 말을 자주 사용하신다. 결혼하고 경력이 끊겨 일을 하지 못하고 있기에 자식만큼은 안정적인 직업을 갖길 바란다.
아빠	50 (고등학교 교사)	박소라의 아빠는 권위적인 부모님 밑에서 자랐기에 표현방식이 서투르고, 자식이 잘되길 바라는 자신의 뜻을 이해하지 못하는 것에 서운함을 표현한다.
박소라	18 (고등학생)	어렸을 때부터 부모님의 과도한 기대 속에 성장하였다. 부모님, 선생님과 같은 어른들에겐 약간 신경질적인 모습을 보인다. 자신은 헤어디자이너의 꿈을 갖고 있지만 자신의 이야기를 들어주지 않아 대화를 하지 않는다. "열심히 해봤자 소용없어"라는 말을 자주하며 어려운 일이 있으면 쉽게 포기한다.

의뢰인이 제시한 문제
1학년 때는 공부도 열심히 하고 늘 상위권이었지만 항상 불안해하고 만족하지 못하는 모습을 보였다. 1학년 2학기 때 성적이 점점 떨어지더니 2학년이 되어서는 학업에 집중하지 못하는 모습을 보이고 선생님에게 반항하는 모습을 보이기도 하였다. 부정적인 생각을 가지고 있다.
클라이언트가 제시한 문제
〈박소라가 제시한 문제〉 • 부모님이 자신의 의견을 들어주지 않고 무시한다. • 성적에 대해 과도한 기대를 하시고 조금만 떨어져도 화를 내시거나 폭언을 하신다. • 자신의 꿈을 무시하고 부모님이 원하시는 직업만 강요하신다. 〈부모님이 제시한 문제〉 • 철없는 이야기만 계속 한다. • 자기를 위한 일인데 이해해 주지 않는다.

2 사정

박소라의 문제와 상황검토
박소라는 어렸을 때부터 부모님의 과도한 기대로 인해 성적이 떨어지면 화를 내는 부모님의 모습에 성적에 대한 부담감을 넘어서 불안해하는 모습을 보였다. 고등학생이 되고 안정적인 직업을 갖길 바라는 부모님과 달리 헤어디자이너가 되고 싶지만 두려움에 이야기를 꺼내지 못한다. 안 될 거라는 부정적인 생각과 어른에 대한 부정적 인식으로 인해 반항적인 모습을 보여주게 되었다.
박소라의 욕구파악을 위한 학술적 개입
행동주의-스키너에 의하면 인간은 자극-반응에 의해 조건형성 된 산물로서 모든 인간행동은 강화에 의해 학습된 결과라고 보고 있다. 따라서 개인의 환경요인에서 바람직한 행동에 대해 강화와 소거를 통하여 환경에 적합한 인간으로 조화될 수 있도록 할 수 있으며, 어떤 행동을 할 것인지 예측할 수 있다고 하였다. 관찰 가능한 학습된 인간행동은 학습조건을 변화시키고 조정하는 과정을 통하여 수정될 수 있다고 보았다.

3 박소라의 개입방법

박소라는 계속된 좌절로 인해 부정적인 생각과 함께 대화를 시도하지 않는다. 이러한 요인을 파악하고 행동적 문제를 해결해 줌으로써 가족과의 신뢰 회복, 부정적인 인식을 개선할 수 있도록 한다.

회 차	상 담 내 용
1회 2017.04.13.목	클라이언트의 이야기를 들으며 편안한 분위기로 라포형성과 상담에 대한 협조를 구한다.
2회 2017.04.20.목	클라이언트가 흥미를 갖는 요소를 함께 나누며 긴장감을 완화하고 유대감을 쌓고, 문제에 대해 이야기를 나누며 함께 상담목표를 정한다.
3회 2017.04.27.목	인형극 혹은 역할극을 통해 제 3자의 입장에서 자신의 행동을 보고 문제점이 무엇인지 스스로 찾아볼 수 있도록 도와준다.
4회 2017.04.28.목	마인드맵을 이용해 행동의 원인을 알아보고 해결할 수 있도록 도와준다.
5회 2017.05.04.목	부모님과의 관계를 회복하기 위해 역할극을 통한 감정교류, 공감, 상호 이해할 수 있도록 하며 부모님과 대화를 시도할 수 있도록 한다.
6회 2017.05.11.목	2회차에 함께 정한 상담목표를 달성했는지 이야기를 나눈 후, 미래의 나는 어떤 모습일지 상상하고 로드맵과 그림을 그려보고 실현하기 위한 이야기를 나눈다.
7회 2017.05.18.목	종합 평가와 사후 검사지를 작성한다.

4 부모님의 개입방법

자식을 하나의 인격체로 존중해 줄 수 있도록 하며 표현의 방법을 찾고, 행복한 가정을 꾸릴 수 있도록 한다.

회 차	상 담 내 용
1회 2017.04.13.목	클라이언트의 이야기를 들으며 편안한 분위기로 라포형성과 상담에 대한 협조를 구한다.
2회 2017.04.20.목	클라이언트가 흥미를 갖는 요소를 함께 나누며 긴장감을 완화하고 유대감을 쌓고, 문제에 대해 이야기를 나누며 상담목표를 정한다.
3회 2017.04.27.목	클라이언트가 생각하는 가족의 역할, 그 이유를 들어보고 함께 이야기를 나눈다.
4회 2017.04.28.목	역할극을 통해 자신의 행동을 직접 경험해 보고 상대방의 입장을 헤아려보는 시간을 가지며 시연한다.
5회 2017.05.04.목	Story telling을 통해 자신의 행동을 제 3자의 입장에서 보고 느낀 점을 이야기하고 개선방법을 찾아본다.
6회 2017.05.11.목	상담 후 클라이언트가 생각하는 가족의 역할에 대해 3회차와 비교해 바뀐 점과 그 이유에 대해 이야기를 나눈다.
7회 2017.05.18.목	자녀에 대한 신뢰를 갖고 사랑의 표현방법을 바꿀 수 있도록 종결 후에도 사후 관리를 한다.

가족치료 사례관리 3

1 자료수집

1) 의뢰과정

클라이언트 김가영(16세, 가명)은 항상 어두운 표정을 하며 혼자 학교생활을 하는데 최근 들어 급격히 성적이 떨어지고 있어 담임선생님이 상담을 하는 중 다른 심리적인 문제들이 감지되어 학교상담으로 해결될 일이 아니라고 판단해서 부모님과 여러 번 연락을 하였다. 이에 부모님과 상의 끝에 전문 상담기관에 의뢰하여 2017년 4월 1일부터 2017년 5월 13일까지 총 7회 상담을 진행하였다.

2) 클라이언트 소개

김가영(16세)은 학교에서 친구들과 어울리지 못하고 항상 혼자 있으며 최근들어 수업에 대한 집중도와 성적도 현저히 떨어지고 있다. 여동생인 김지영(15세)은 언니 김가영과는 다르게 학교생활에 있어 뚜렷한 문제는 없으며 우수한 성적을 받으며 학교생활을 하고 있다. 아버지는 3년 전 사업실패로 현재까지 무직상태이며, 어머니는 가사도우미 일을 하시며 유일하게 가족의 생계를 책임지고 있지만 그 소득이 적어 기초생활수급비를 받고 있다.

(1) 인적사항

관 계	나이	학력	직업	성장지역	종교	수급유형
본인	16세	중3재학	중학생	서울	무교	수급권자
아빠	48세	고졸	무직	서울	무교	수급권자
엄마	46세	고졸	가사도우미	서울	무교	수급권자
동생	15세	중2재학	중학생	서울	무교	수급권자

(2) 클라이언트 김가영 가족의 신체 및 행동특징

- 김가영 : 짧은 단발머리에 앞머리로 눈을 덮고 있다. 사람들과 눈을 잘 마주치지 못하며 손톱을 물어뜯고 다리를 떠는 등 불안하고 초조한 자세를 보이고 있다.

- 아빠 : 퀭한 눈빛을 띠고 있으며, 낮에는 집에서 주로 잠만 자며, 밤에는 매일 술을 마시며 필름도 자주 끊긴다.

- 엄마 : 아침부터 늦은 저녁까지 매일 반복되는 일로 인해 심신이 지쳐 있으며, 말할 때마다 말끝을 흐리는 문장들이 많다.

- 동생 : 가족들 중 표정이 가장 밝은 편이며 상위권에 속하는 학교성적으로 인한 자신감이 보인다.

3) 제시된 문제

(1) 의뢰인이 제시한 문제

김가영은 상담 중 어두운 표정과 짧은 말투가 지속되었으며 공부에 대한 강한 집착이 보였다. 또한 부모님에 대한 얘기를 꺼려했으며, "이제는 한계다"라는 말을 반복적으로 사용하며 불안한 자세를 보이고 있다.

(2) 클라이언트가 제시한 문제

① 김가영이 제시한 문제

- 공부도 잘하고 성격도 좋은 동생과 비교되는 자신이 한심하게 느껴진다.
- 아버지는 술만 먹으면 동생과 자신을 비교하며 지속적으로 신체적 · 언어적 폭력을 당해왔다.
- 최근들어 강한 자살충동을 느끼고 있다.
- 아무것도 하고 싶지 않다.

② 김가영 부모님이 제시한 문제

- 계속되는 생활고로 자녀들에게 신경을 쓸 힘이 없다.
- 아버지는 술을 끊기가 쉽지 않으며, 그로 인해 감정조절도 안 된다고 한다.
- 둘째 딸과 달리 김가영은 대인관계가 어려워 보이며 공부밖에 모르나 그만큼 성적은 안 나온다고 말한다.

■ 가계도

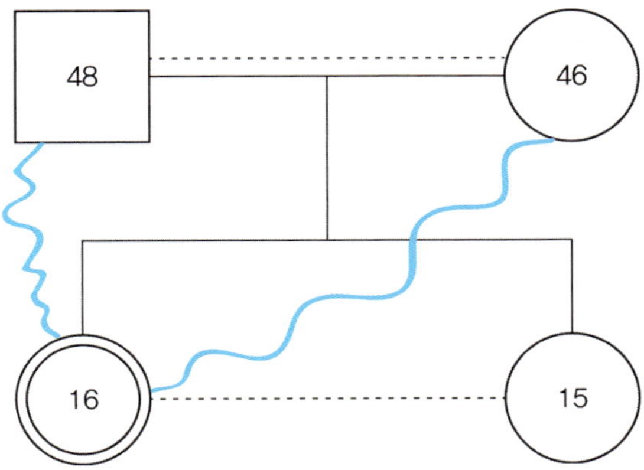

2 사정

1) 김가영의 문제와 상황검토

클라이언트 김가영은 3년 전 아버지의 사업실패 이후 학교생활의 부적응과 대인관계에 대한 어려움을 보이고 있다. 또한 김가영의 부모님은 무의식적으로 김가영보다 둘째딸인 김지영을 편애하는 경향을 보이며 성격이 어둡고 동생보다 공부를 못하는 김가영에게 종종 폭언을 일삼는 것으로 보인다. 그로 인해 김가영은 공부에 대한 강한 집착과 심리적 압박감과 자책감 등으로 인한 우울증세로 자살충동을 느끼고 있어 상황에 대한 심각성을 알 수 있다.

2) 김가영의 욕구파악을 위한 학술적 개입

(1) 개인심리 – 아들러

개인심리학에서는 인간을 총체적, 사회적, 현상학적, 목적론적 존재로 보았다. 또한 인간은 사회 내에서 자신이 설정한 목표를 달성하기 위해 열등감을 극복하고 우월감을 추구하기 위해 노력하는 존재로, 사회 속에서 살아가기 위해 타인과 자신을 비교하면서 자신만의 생활양식을 습득하게 된다고 하였다.

〈상담기법〉

① 격려하기 : 낙담하고 기가 꺾여 있는 무기력한 내담자에게 수용적이고 지지적인 격려를 해 주어 열등감과 낮은 자기개념을 극복할 수 있도록 해 준다.

② 가상행동하기 : '마치~처럼 행동하기'이다. 그동안 감히 시도해 보지 못한 어떤 새로운 역할의 행동이나 태도를 마치 자신이 성취한 것으로 구상해 보도록 하여 클라이언트에게 새로운 감정과 자신감을 갖게 한다.

③ 과제 설정과 이행 : 클라이언트가 성공할 수 있는 적절한 특별계획을 세워 수행하게 한다. 스스로 자신의 문제를 해결하도록 하는 동기를 부여해 준다.

(2) 이고그램 성격검사

한 개인의 관찰 가능한 언어와 행동, 즉 언어와 음성, 태도, 표정, 자세, 몸짓과 행동 등을 다섯 가지 자아의 기능에 따라 개인의 성격을 알아내는 것이다. 이고그램(Egogram)의 특징은 검사를 통해 클라이언트의 자기 인식을 증진시켜주고, 타인에 대한 인식도를 높여줌으로써 타인과의 바람직한 대인관계를 유지할 수 있도록 도와준다.

3) 김가영 부모님의 욕구파악을 위한 학술적 개입

(1) 인지 · 정서 · 행동상담 – 엘버트 앨리스

인지 · 정서 · 행동상담은 사건 그 자체가 아니라 생각이나 신념체계에 의해 사건을 어떻게 해석하느냐에 따라 다른 삶을 살게 된다는 이론이다. 인간을 자기의 인지, 정서, 행동 과정을 변화시킬 수 있는 능력을 지닌 존재로 보았다.

〈상담기법〉

① 유추의 기법(인지적 기법) : 클라이언트가 드러내 보이는 문제행동이 자신의 어떤 특성 때문인지 유추해 보도록 한다. ABCD기법을 활용할 수 있다. 그로 인해 자신의 특성을 이해하고 나쁜 습관으로 인해 영향 받는 자신을 깨닫도록 하여 변화가 일어나게 한다.

② 역할 연기(정서적 기법) : 클라이언트가 겪는 문제상황에서 클라이언트가 갖는 정서가 무엇인지를 알아보거나 내면의 정서를 이끌어내기 위해 사용한다. 상담자가 클라이언트의 상황을 재연하며 느낀 심리적 장애를 바탕으로 합리적인 언어적 진술과 행동을 해 주며 다시 역할 바꾸기를 해 줌으로써 클라이언트는 합리적인 말과 행동을 하며 자신의 상황에 대한 신념을 변화시키게 된다.

(2) 다세대 가족상담 – 보웬

상담자가 가족의 문제를 직접 다루기보다는 삼각관계의 밀착상황을 인식하고, 그 역기능을 깨닫게 하여 삼각관계를 해소시키며 불안을 경감시키고 개인의 자아분화에 따른 자주성을 높여준다.

〈상담기법〉

① 가계도 : 가족의 정서체계, 가족구성원에 관한 정보와 관계성을 도식으로 표시한 그림이다. 가계도를 그린 후 가족에 대한 각자의 견해와 느낌을 나누며 현재 상황을 이해시키며 긍정적인 해석을 해 준다.

② 코칭 : 상담자가 가족에게 몇 가지 기본이 되는 원리를 가르치고 이를 통해 가족들이 스스로 행동하도록 한다.

③ 나－입장(I–position) : 자기의 입장과 현재 감정상태를 표현하는 것이다. 상대방에게 말하는 사람의 상태를 이해시킬 수 있으며 선순환적인 대화를 통하여 해결방법을 찾는 생각을 시작하게 한다.

3 계획 및 실행

1) 클라이언트의 개입방법

(1) 목표

클라이언트 김가영의 낮은 자존감을 회복시켜주고 자아를 확립해 주어 원활한 대인관계를 맺을 수 있도록 해 준다. 또한 가족 간의 신뢰를 쌓아주며 갈등을 해소시켜주어 건강한 가족이 될 수 있도록 한다.

(2) 개입과정

회 차	상 담 내 용
1회 2017.04.01.토	클라이언트와 라포형성을 하며 문제를 파악한다.
2회 2017.04.08.토	김가영－개인심리치료(스토리텔링, 칼 로저스의 내담자중심 상담)
3회 2017.04.15.토	김가영－개인심리치료(인지치료 및 긍정심리)
4회 2017.04.22.토	김가영－이고그램 성격검사 부모님－인지 · 정서 · 행동상담
5회 2017.04.29.토	보웬의 가족치료
6회 2017.05.06.토	보웬의 가족치료
7회 2017.05.13.토	종합평가와 사후 검사지

(3) 가족서비스 자원 및 연계

① 정신건강증진센터 연계

② 알코올상담센터 연계

③ 부모교육프로그램－부모역할훈련(PET)

④ 집단가족 프로그램

⑤ 사후관리

4 평가

1) 상담분석 결과

구 분	김가영		부모님	
	초기	후기	초기	후기
감정 지각 분석	거의 표정 변화가 없으며 불안하고 초조해 함	학교 친구들이 많이 생겼으며 표정이 밝아짐	자신들의 문제점에 대한 인지가 부족하며 상황을 잘 받아들이지 못함	김가영을 전보다 존중해 주며 대화가 많아졌음
일치적 의사소통 분석	질문에 대해 일관적으로 대답이 짧거나 아예 회피함	긍정적인 대답이 많아지고 목소리 톤이 높아짐	김가영을 답답해하며 이해하지 못하면 화를 냈음	김가영의 말을 경청해 주며 공감해 줌
자기 존중 분석	상대방의 눈을 잘 마주치지 못하며 자신감과 자존감이 현저하게 낮았음	자신에 대한 표현이 많이 늘었으며 결과에 대한 자신감이 생김	자신들의 얘기에 대해 자신감이 없고, 표현하지 않음	전보다 나아진 상황에 행복을 느끼며 가족에 대해 정적인 인식이 생김

가족치료 사례관리 4

1 자료수집

1) 클라이언트 소개

클라이언트 최나영(15세, 가명)은 학교부적응으로 수업에 참여하지 못하고 결석률이 증가하고 있었다. 또한 집 안에 있으면서도 방문을 닫고 부모님과의 소통마저 단절해버린 상황이다. 아버지는 3년 전 교통사고로 하지절단 수술을 하여 후천적 장애인이 되었고, 하던 일을 중단하고 재활치료를 감행하다가 작년에 장애인직업재활시설에 취업하게 되었다. 어머니는 밤낮으로 식당일을 하시며 생계를 근근이 이어오고 있지만 소득이 적어서 수급비를 받으며 매우 어려운 생활을 하고 있는 상태이다.

(1) 인적사항

관 계	나이	학력	직업	성장지역	종교	수급유형
본인	15세	중2재학	중학생	인천	무교	수급권자
아빠	42세	고졸	장애인직업 재활시설	서울	무교	수급권자
엄마	40세	고졸	식당	경기도	무교	수급권자

(2) 클라이언트 최나영 가족의 신체 및 행동특징

① 최나영 : 키가 작고 통통한 체격이며, 흘러내린 머리카락으로 얼굴을 반 이상 가리고 있다. 눈을 마주치지 않으며, 묻는 말에 단답형으로 짧게 대답한다. 이 상황이 불안한 듯 다리를 떨며 손을 만지작거린다.

② 아빠 : 다리 한쪽이 절단된 상태로 휠체어를 타고 계신다. 자신의 상황과 가족의 소통 단절이 한없이 죄스럽기만 하다며 자책하는 모습을 보였다.

③ 엄마 : 얼굴이 수척하며, 마른 체형이다. 힘들어진 상황을 받아들이려고 노력했지만 암담한 현실에 점점 힘이 들어 6개월 전부터 우울증 약을 복용 중이다.

2) 의뢰과정 및 상담상황

최나영의 학교부적응과 잦은 결석으로 인하여 학교사회복지사가 상담을 통해 사태의 심각성을 감지하고, 최나영 어머니와의 연락 끝에 상담기관에 의뢰하여 2017년 6월 1일부터 2017년 7월 22일까지 총 7회 상담하였다.

3) 제시된 문제

(1) 의뢰인이 제시한 문제

최나영은 학교에서 어울리는 친구가 없으며, 항상 엎드려 있다가 가는 경우가 대다수이다. 얼마 전부터 결석률이 잦아지면서 학교사회복지사가 상담을 요청하여 어렵게 자리가 마련되었는데, 최나영은 상담 도중 울음을 터뜨리며 죽는 것이 낫겠다는 이야기를 반복하였다.

(2) 클라이언트가 제시한 문제

① 최나영이 제시한 문제

- 아버지의 사고 후, 집에서 혼자 지내는 시간이 많아졌다.
- 외로움에 익숙해지며 가족과 대화하지 않게 되었다.
- 초등학교 6학년 때, 여느 아이들처럼 깔끔히 단정된 모습이 아닌 누추한 자신의 모습을 발견하고 극도로 우울해지며 의기소침해졌다.
- 그 이후부터 학교 가는 것이 두렵고 죽기보다 싫다는 생각을 하게 되었다.

② 최나영 부모님이 제시한 문제

- 가족 내 소통이 단절되며 서로가 의지할 곳을 잃은 채 마음의 병만 커지는 상황이다.
- 늘 빚에 시달리며 하루를 근근이 살아가고 있는 현실이 너무 힘이 든다.
- 현실의 상황에서 딸의 양육을 소홀했던 것이 죄스럽다.
- 사고 후 맞벌이를 시작하며 더욱 함께하는 시간이 줄어들었다.

2 사정

1) 최나영의 문제와 상황검토

클라이언트 최나영은 현재 학교의 부적응, 가족과의 소통 단절 등 고립된 상태로 힘든 시간을 보내고 있다. 상담에서 극도로 의기소침한 모습을 보이다가 결국 울음을 터뜨리며 '죽는게 낫겠다'는 표현을 한 것으로 보아 내면의 상처가 큰 것으로 보이며, 자신의 아픔을 위로받을 곳이 없다고 생각한다.

2) 최나영의 욕구파악을 위한 학술적 개입

(1) 정신분석 – 프로이드

정신분석 치료는 불안을 야기하고 있는 억압된 충동을 내담자가 자각하게 하는 것이다. 즉, 무의식적인 동기를 의식화하는 것이다. 그러므로 신경증적 고통을 현실적 고통으로 변화시켜 갈등을 해결하고 정신건강을 회복시킬 수 있다.

① 상담과정

구 분	내 용
초기단계	치료동맹 및 자유연상을 통해 내담자와의 상담관계를 형성하여 클라이언트를 이해한다.
통찰단계	클라이언트에 대한 분석이 이루어지는 단계로 상담자와 소통하는 단계이다.
훈습단계	훈습을 통하여 바람직한 행동을 현실 생활 속에서 계속 유지하기 위해 노력하는 단계로 실천까지 포함한다.

(2) 애니어그램/MBTI

구 분	내 용
애니어그램	인간을 9가지 심리유형으로 분류하여 살펴보는 심리학이다. (조절형, 완벽형, 배품형, 성취형, 낭만형, 관찰형, 회의형, 공상형, 보스형)
MBTI	개인의 에너지 방향, 인식기능, 판단기능, 생활양식 등을 조합하여 16가지 유형의 성격을 설명하고 있다. 검사를 통해 단점은 보완하고 장점은 살릴 수 있는 성장 방향성을 찾아준다.

3) 최나영 부모님의 욕구파악을 위한 학술적 개입

상담을 통하여 클라이언트의 부모님은 가족 내 갈등상황을 잘 인지하고 있었지만, 현실적인 상황에 부딪혀 서로의 아픔을 외면하고 있었다. 현재 어머니의 우울증과 아버지의 자책과 죄책감이 수면으로 떠올랐다.

(1) 개인심리 – 아들러

개인심리는 인간을 총체적이고 사회적인 목표 지향적 존재로 보았다. 또한 잘못된 생활양식을 긍정적 관점으로 바꾸려고 하였다.

① 상담기법

구 분	내 용
격려하기	내담자의 열등기능과 낮은 자존감을 극복하도록 도와주는 것으로 활용한다.
과제주기	치료회기 동안 충분히 해낼 수 있는 과제를 통하여 내담자가 스스로 문제를 해결하도록 돕는 것을 활용한다.
자기모습의 파악	내담자기 자기모습을 있는 그대로 파악하도록 돕는 현실요법으로 활용한다.
질문	내담자가 문제 원인이 무엇인지 알기 위해 다양하게 접근하여 질문하는 것이다.
내담자의 수프에 침뱉기	내담자의 잘못된 행동을 반복하지 않도록 상담자가 개입하여 수정한다.
마치~처럼 행동하기	새로운 시도를 하도록 제안해 주고 본인이 해 보도록 하여 비전을 형성한다.

(2) 경험적 가족치료 – 사티어

가족의 특유한 갈등과 행동양식에 맞는 경험을 제공하려고 노력하며 경험을 통하여 개인과 가족이 성장하도록 돕고자 하는 가족치료모델이다.

① 상담기법

구 분	내 용
가족조각	어느 시점을 선택하여 그 시점에서의 가족관계, 타인에 대한 느낌과 감정을 동작과 공간을 사용하여 표현하는 비언어적인 기법으로 통찰에 도움을 준다.
역할극	다른 성원의 역할 및 특성을 맡도록 요청하여 새로운 행동을 시행하는 것
가족그림	자신이 느끼는 대로 자유롭게 가족에 대해 그림을 그리게 하는 기법으로 내담자의 의식을 확인하고 희망에 대해 탐색할 수 있다.

3 계획 및 실행

1) 클라이언트의 개입방법

(1) 목표

클라이언트의 심리적 불안요소를 파악하여 해결방법을 모색하고, 가족체계의 재확립 및 소통의 향상에 초점을 맞춰 건강하고 올바른 성장과 가족과의 신뢰를 회복할 수 있도록 한다.

(2) 개입과정

회 차	상 담 내 용
1회	라포형성을 통해 내담자와의 상담관계 형성으로 신뢰관계를 구축한다.
2회	정신분석치료(치료동맹, 자유연상, 전이해석)로 무의식을 탐색한다.
3회	최나영 – MBTI 부모님–개인심리치료(격려, 마치~처럼 행동하기, 자기모습의 파악)
4회	최나영 – 애니어그램 부모님 – 개인심리치료(질문, 내담자의 수프에 침뱉기, 숙제주기)

5회	사티어의 가족치료(가족조각, 가족그림)를 실시한다.
6회	사티어의 가족치료(역할극, 역할반전)를 실시한다.
7회	종합평가와 사후 검사지의 활용을 한다.

(3) 서비스 자원 및 연계

① 가족관계회복프로그램
- 감정공유 program
- 역할 공감 program
- 감사하기 program

② 부모프로그램
- 부모심리치료
- 부모교육 program
- 가족관계 회복 program
- 사후관리

③ 청소년 활동 연계 및 상담 프로그램

④ 각종 장애인 서비스 연계(최나영 아버지)

⑤ 고용노동부 성공패키지 취업교육 연계(최나영 어머니)

4 평가

1) 상담분석 결과

구 분	최나영		부모님	
	초기	후기	초기	후기
감정 지각 분석	눈을 마주치지 않고, 손을 만지작거리며 다리를 떠는 등 불안한 행동을 보임	눈을 마주치기 시작했으며, 산만한 행동이 크게 줄었음	부모님 모두 얼굴이 무척 수척하며, 자신을 자책하며 낙담하심	주간 집안일도 이야기 하며 자연스럽고 편안한 표정을 지음
일치적 의사소통 분석	질문에 단답형으로 대답하거나, 회피해버림	답변 시간이 점차 길어지고 상담에 집중하는 모습을 보임	부모님은 갈등상황을 인지하고 있었으나, 각자의 심적 고통만을 강조하며 서로의 아픔을 외면하고 있음	상대방에게 의견을 묻기도 하고 고개를 끄떡이며 공감을 표현함
자기존중 분석	대답에 자신이 없고 목소리가 작았으며 자신에게 집중하는 것을 불안해함	좋아하는 것에 대해 적극적으로 표현하며 미션을 완성하면 성취함으로써 즐거워함	가족들 앞에서 쉽게 자신의 감정을 드러내지 못하며 자신을 질책함	각종 서비스 연계와 프로그램, 가족관계 향상을 통해 표정이 한결 밝아지심

가족치료 사례관리 5

1 자료수집

1) 클라이언트 소개

(1) 김길선(가명) 가족

관 계	나이	학력	직업	결혼여부	성장지역	종교	가정유형	수급유형
본인	76세	대졸	과거: 작가	사별	서울 도봉구	천주교	독거	기초수급
아들	48세	고졸	X	X	X	X	혼자 거주	감경

(2) 김길선 및 가족에 대한 신체 및 행동특징

① 김길선 : 현재 질병으로 고혈압, 치매, 당뇨가 있으시며 일반사람들과 의사소통이 불가능하며 다른 이용수급자들과 잦은 마찰이 있고, 어르신께서 일상생활이 전혀 안 되심. 센터에서 요즘 계속 배회하는 횟수가 늘었으며 어르신께서 다음 날 아침에는 소화가 되지 않아 가슴이 답답하다고 말씀하심

② 아들 : 현재 간암 말기로 인하여 병원에서 입원 중이며 치료를 받고 있음. 어머니에 대한 기억이 별로 없으며 20대 후반쯤 돼서야 어머니의 소식을 접하게 되어 한 달에 1번은 어르신과 직접 통화를 하며 어르신에게 있어서 유일한 보호자임

2) 제시된 문제

(1) 의뢰인이 제시한 문제

○○주야간보호센터에서 김길선 어르신께서 며칠째 센터에서 배회하는 욕구가 강하여 자주 외출하시고 센터에 돌아오지 않으심. 그리고 다른 수급자와 의사소통이 되지 않아 잦은 마찰이 있으며 어르신께서 약 복용이 제대로 되지 않아 건강관리에 어려움이 있음. 또한 소화가 잘 되지 않는다며 가슴이 답답하다며 소리치심. 어르신의 상태를 지켜본 결과 정기적인 상담이 필요해 보여 2017년 05월 15일부터 2017년 05월 31일까지 총 9회 상담을 실시함

(2) 클라이언트가 제시한 문제

① 김길선 어르신이 제시한 문제

- 소화가 잘 되지 않아서 가슴이 답답하다.
- 나가고 싶다.
- 아들소식이 궁금하다.

② 김길선 아들이 제시한 문제

- 현재 치료를 받고 있어서 건강 악화로 인한 스트레스와 어머니께서 치매가 심하여 무슨 말씀을 하시는 것인지 이해가 안 되고 나중에 어머니를 모실 수 없을 거 같아서 힘들다.
- 어머니께서 약을 꾸준히 잘 드실 수 있도록 센터에서 권유를 해 줬으면 좋겠다.
- 어머니께서 나가시려고 하시면 다른 이야기를 하여서 센터에 되도록 계실 수 있도록 했으면 좋겠다.

③ 문제의 내용과 발생 시기

○○주야간보호센터에서 김길선 어르신께서 평소에 나가고 싶다는 말씀을 자주 하신 적이 있으셨고 4월 중순 쯤 "잠시 집에 다녀올게"라고 말씀을 하시고는 센터에 돌아오지 않으시고 어르신께서 다음날 센터에 오시면 소화가 되지 않는다고 가슴이 답답하다고 소리치심. 이를 알게 된 ○○주야간보호센터 사회복지사가 어르신 집에 방문하던 도중 어르신께서 현재 집 안에서의 일상생활이 전혀 되지 않는다는 것을 알게 되었음

3) 가족력

(1) 가족체계론적 평가

① 김길선

어르신께서 과거에 화려한 경력이 있고 국어국문학과를 졸업하여 초등학생 아이들에게 논술과 수필을 작성하는 방법도 가르친 기억이 있고, 수상한 경험도 많으셨음. 그리고 너무 젊은 나이에 빨리 자식들을 낳게 되어 과부가 된 자신의 삶이 원망스러워 일찍 자식을 내놓았다고 말씀을 해주심. 그리고 세월이 지나 어떠한 큰 충격으로 인하여 다른 사람들과의 일반적인 의사소통을 할 수 없게 되었고 혼자서 살아온 세월이 많아 일상적인 생활을 하지 못하게 되었다가 가끔씩 친아들 사진을 바라보며 이름을 간신히 알고 계심

② 아들

어렸을 시절 어머니에 대한 사랑과 관심을 받고 자란 기억이 없어서 모정에 대해 잘 알지 못했으며 직장을 그만 두고 간암 말기라는 진단을 받게 되면서 스트레스를 받았고 현재 자신의 어머니를 모신다고 해도 병원에 장기적으로 치료를 해야

되기 때문에 어머니를 모시기에는 무리가 있어서 아픈 어머니를 어떻게 모셔야 될지 막막하고 많이 힘들다고 함

2 사정

1) 김길선의 문제와 상황검토

김길선 어르신께서는 센터에서 나가시려고 하는 욕구가 강하여 자주 외출하시고 센터에 돌아오지 않으며 그 다음날에는 소화가 되지 않아 가슴이 답답하다고 말씀을 하심. 또한 어르신 집에 방문하던 도중 집 안에서의 일상생활이 전혀 되지 않는다는 것을 알게 되었으며, 현재 질병으로 인하여 고혈압, 치매, 당뇨가 있으신데 약 복용이 제대로 되지 않아 건강관리에도 어려움이 있음

2) 김길선의 욕구파악을 위한 학술적 개입

(1) 자기모습 파악하기, 즉시성 기법 – 아들러

① 자기모습 파악하기 기법이란?

현재 자신의 모습을 있는 그대로 파악할 때 도움이 된다고 보기 때문에 파괴적이고 비논리적인 지금 자신의 모습을 있는 그대로 알도록 하는 기법이다. 새로운 행동으로 옮기기 전인 지금 자기의 모습을 파악하도록 하는 연습은 자신에 대한 통찰을 가능하게 하고, 새로운 행동으로의 변화를 가져올 수 있도록 한다.

② 즉시성 기법이란?

일상적인 의사소통을 이해하고 이를 개선하도록 조력하여 내담자가 자신의 생활양식의 변화를 가져올 수 있도록 조력하는 기법을 말한다.

현재 김길선 어르신은 센터에서 나가시려는 욕구가 강하며 다른 이용수급자와 의사소통이 되지 않아 잦은 마찰이 있고 나가면 센터에 돌아오지 않으며 다음날 소화가 되지 않는다며 가슴이 답답하다며 말씀을 하신다. 또한 집 안에서의 일상생활이 전혀 되지 않고 있고 약 복용 관리도 되지 않고 있다.

따라서 어르신께 아들러 기법을 통하여 자기모습을 파악하고 일상적인 의사소통을 이해하며 현재 문제점을 개선시킬 수 있도록 도움을 주는 것이 목적이다.

(2) 인지치료 및 인지행동치료 – 미술활동

예전부터 그림그리기를 좋아하신 어르신께 미술프로그램, 푸드아트 프로그램을 실시하여 심리적 안정과 인지능력을 향상시키고 어르신께서 표현을 할 수 있도록 하고 어르신께서 원하는 욕구 등을 파악하여 내담자의 행동문제들을 해결해 나가는 치료법을 실시한다.

3) 아들과 어르신의 관계

김길선 어르신 아드님에게 어르신 현재 상태를 말씀드렸으나 처음에는 아드님께서 병원에 장기적으로 입원을 하고 있고 치료를 받고 있는 상태여서 상담을 받기가 어려울 것 같다며 거절을 하셨다. 그러나 어르신의 현재 건강상태, 일상생활이 불가능한 상태의 심각성 등 계속적인 설득을 통해 아드님께서 방문을 하지 못하겠지만 유선으로 전화상담을 통해 어머니의 문제를 같이 해결을 할 수 있도록 이야기가 되었다.

(1) 구조적 가족상담

내담자(김길선)의 일상생활능력을 스스로 해결할 수 있도록 상담자가 적극적으로 관심을 가지고 개입하여 아드님에게 현재 어르신의 문제점 등 상태에 대해 앞으로의 생활이 계속 유지가 된다면 어떠한 영향을 미치는지 유선통화를 통해 알려드리며 어르신께도 충분한 설명을 드리며 행동을 고칠 수 있도록 스스로 문제상황에 잘 대처할 수 있도록 한다.

3 계획 및 실행

1) 김길선 어르신 개입방법

(1) 목표

김길선 어르신 같은 경우 일상생활이 전혀 되지 않아 복용하고 계신 약을 제대로 드시지 못하는 상황이며, 판단능력이 약하다. 또한 질병으로 고혈압, 치매, 당뇨가 있으시고 어르신께서 센터에서 나가고 싶은 욕구가 매우 강하다. 따라서 어르신께 의료적 서비스를 지원해 드리고 건강관리에 신경 쓸 수 있도록 지원을 해 드리며 어르신께서 센터에 나가고 싶은 욕구가 무엇인지 파악하며 문제를 해결해 줌으로써 속이 답답한 마음도 회복할 수 있도록 목표로 한다.

(2) 계약내용

어르신께서 의사소통이 잘 되지 않아 주 1회 30분 동안 총 9회 정도 심리상담 및 치료를 하기로 하였고, 상항에 따라 일정을 조정할 수 있도록 하였다.

(3) 개입과정

회 차	상 담 내 용
1회 2017.5.3.수	어르신과 이야기를 하면서 안정적 분위기에서 센터에서 나가고 싶은 이유가 무엇인지 파악한다.
2회 2017.5.5.금	현재의 어르신 마음이 어떤지 상태인지 파악하여 어르신과 대화를 천천히 나누며 스트레스 완화와 유대감을 증진시킨다.
3회 2017.5.10.수	의료지원팀에서 어르신께서 약 복용을 어떻게 관리하고 계시는지 집에 방문하여 건강관리를 예방한다.
4회 2017.5.12.금	복지지원팀에서 어르신께서 답답함을 요구하실 때 산책활동을 권유해 드리며, 마음에 있는 스트레스를 해소하며 사회구성원들과 유대관계 회복을 위한 사회적응 활동을 제시한다.
5회 2017.5.17.수	전문의와 상담을 실시하고 일상생활동작훈련을 교육하여 치매를 예방한다.
6회 2017.5.19.금	운영지원팀에서 어르신 집에 방문하여 일상생활동작이 가능할 수 있도록 청소 업체를 불러 깨끗한 환경에서 어르신이 지낼 수 있도록 제공할 방안을 생각한다.
7회 2017.5.24.수	복지지원팀에서 어르신께 미술활동, 푸드아트테라피 프로그램을 제공하여 어르신께서 답답한 심리적 스트레스를 표현할 수 있도록 프로그램을 제공한다.
8회 2017.5.26.금	생활지원팀에서 어르신께서 센터에 잘 적응할 수 있도록 어르신 자리배치를 조정하여 다른 어르신들과 잦은 마찰을 해결할 수 있는 방안을 생각하며 서비스를 제공한다.
9회 2017.5.31.수	종합평가와 사후 검사지

(4) 서비스 자원 및 연계

〈의료지원팀〉

- 어르신 약물 투약 관리
- 의료진료 서비스 동행
- 혈압, 체온, 혈당 수시로 체크

〈복지지원팀〉

- 어르신 산책 동행
- 미술치료
- 푸드아트테라피
- 상담치료
- 아들 전화상담

〈생활지원팀〉

- 말벗 도움
- 신체향상 프로그램 서비스 지원
- 다른 이용수급자와 친목 도모

〈운영지원팀〉

- 주거환경 서비스 지원
- 전문가 상담 서비스 지원

2) 아들 개입방법

(1) 목표

현재 아들은 간암 말기로 인하여 병원에서 입원 중이며 치료를 받고 있는 상태이다. 아들과 유선통화를 하면서 어르신의 상태, 행동변화를 주기적으로 유선통화 상담을 실시하고 건강악화를 완화하며 정신적 스트레스를 해소시켜 드리는 것이 본 상담의 목적이며 아들에 대해서는 어르신에 대한 정확한 정보의 제공과 대처방안에 대해 논의하는 것을 주안점으로 하였다.

(2) 계약내용

주 1회 10분 동안 총 9회 정도 유선통화 상담을 하기로 하였고 상황에 따라 통화가 불가능하다면 일정을 조정하여 할 수 있도록 하였다.

(3) 개입과정

회 차	상 담 내 용
1회 2017.5.3.수	아들과 유선통화를 하며 현재 건강악화로 인한 아들의 심리상태와 가장 스트레스를 받는 것은 무엇인지 파악하며 상담을 실시한다.
2회 2017.5.5.금	의료지원팀에서 어르신께서 이용하셨던 의료기관에 대해 물어보며 현재 복용하고 계신 약에 대해 앞으로 투약관리를 어떻게 했으면 좋을지 상담을 실시한다.
3회 2017.5.10.수	복지지원팀에서 어르신과 같이 산책활동을 하는 것에 대한 보호자 동의를 얻으며 센터 내에서 생활하시는 일상을 간단히 유선통화를 하여 실시한다.
4회 2017.5.12.금	복지지원팀에서 어르신과 아들이 전화통화를 할 수 있도록 지원해드리며 가족관계 회복을 시킬 수 있도록 한다.

5회 2017.5.17.수	아드님께 의료지원팀 1명, 복지지원팀 1명이 같이 어르신과 전문의와 상담을 통해 일상생활동작훈련을 교육받으며 치매 예방교육을 하는 것에 대한 동의를 얻는다.
6회 2017.5.19.금	운영지원팀에서 어르신 주거환경에 대해 변화를 주고자 한다며 아드님에게 충분한 설명을 드리고 청소업체를 두 달에 한 번 불러서 어르신께서 깨끗한 환경 속에 지낼 수 있도록 하는 것에 대한 서비스 동의를 얻는다.
7회 2017.5.24.수	복지지원팀에서 아드님께서 어르신께 바라는 점은 무엇인지 여쭈어보며 각 지원 서비스를 연계할 수 있도록 협의한다.
8회 2017.5.26.금	종결 후에도 어르신의 일상생활에 지속적인 관리가 필요하기 때문에 각 업무팀에서 신경 쓰도록 하며 아들과 어르신의 관계가 유지될 수 있도록 적극적으로 지원을 한다.
9회 2017.5.31.수	종합평가와 사후 검사지

(4) 서비스 자원 및 연계

〈의료지원팀〉

- 어르신 약물 투약 관리
- 의료진료 서비스 동행
- 혈압, 체온, 혈당 수시로 체크

〈복지지원팀〉

- 어르신 산책 동행
- 어르신과의 전화 통화 지원
- 아들 전화상담

〈운영지원팀〉

- 주거환경 서비스 지원
- 전문가 상담 서비스 지원

4 평가

1) 상담분석 결과

구분	김길선		아들	
	초기	후기	초기	후기
감정 지각 분석	센터에서 나가고 싶은 욕구가 강하며 다음날 아침에는 어르신께서 가슴이 답답하다며 소리치심	나가고 싶은 욕구가 산책활동을 통해서 줄어들며 각 프로그램에 참여를 하니 다른 이용수급자들과 잘 지내심	어렸을 적 어머니에 대한 기억이 별로 없으며 현재 어머니께서 치매로 인하여 의사소통이 불가능하여 모시기에 어려움이 있고 현재 자신의 건강악화로 인한 스트레스가 많이 있으심	전화상담을 통해 각 운영 지원팀 서비스 제공에 대한 동의를 허락하며 어머니와 자주 전화 통화를 하고나서 어머니에게 관심을 가지심
의사 소통 분석	다른 이용수급자들과 의사소통이 불가능	어르신과 지속적인 상담을 통하여 원하는 욕구를 정확하게 말씀하시고 다른 이용수급자들과 간단한 말씀도 나누심	어머니와 한 달에 한 번씩 통화를 하면서 의사소통이 되지 않아서 도대체 무슨 말을 하시는 것인지 몰라서 전화 통화하시는 것을 어려워하심	어르신 이야기를 공감해 주면서 전화통화도 자주 하심
자기 존중 분석	어떠한 큰 충격으로 인하여 일반사람들과 의사소통이 되지 않고 혼자 지낸 세월이 많아서 일상생활이 불가능한 채 방치하며 살아옴	어르신께서 스스로 청소도 하시려고 하며 투약관리도 계속적으로 꾸준히 드시면서 건강관리를 예방하심	건강 악화로 인한 스트레스와 치매로 인하여 일상생활이 불가능해진 어머니를 보고 앞으로 어떻게 모셔야 할지 막막하며 힘들다고 하심	행복해 하심

2) 평가 및 사후 관리

■ 지속적인 관리가 어르신의 건강상태를 예방한다.

자기모습 파악하기, 지속성을 통하여 김길선 어르신이 일상적인 의사소통을 이해하며 현재 문제점을 개선시킬 수 있도록 도움을 주려고 노력하였으며 어르신께서 배회하고 싶을 때 산책활동을 권유하면서 잠깐 산책활동을 다녀올 수 있도록 프로그램을 제공해드림. 또한 어르신이 좋아하시는 미술활동 프로그램을 진행하면서 자유롭게 어르신 심리적 상태를 표현하도록 하며 어르신께서 원하는 욕구 등 파악하여 문제들을 해결해 나가도록 실시하였다.

그 결과 나가고 싶은 배회 횟수가 산책활동을 통해서 줄어들었고 프로그램에 참여를 하시니 다른 이용수급자들과 간단한 이야기를 하며 잦은 마찰도 사라지며 센터에 잘 지내시게 되었고 어르신께 계속적인 일상생활 동작훈련을 실시하고 나서 스스로 청소도 하시려고 하고 가슴이 답답하시다는 말씀도 줄어들며 복용하는 약도 꾸준히 드시면서 건강관리가 가능하였다. 김길선 어르신은 앞으로도 계속 꾸준히 일상생활 동작 훈련을 반복하며 상담을 통해서 건강한 삶과 행복한 삶을 살아갈 수 있도록 지속적인 관심이 필요로 보인다.

가족치료 사례관리 6

1 자료수집

1) 클라이언트 소개

(1) 박미래 가족

관 계	나이	학력	직업	결혼여부	성장지역	종교	가정유형	수급유형
본인	12세	초4 재학	초등학생	–	경기도	무교	한부모	수급권자
엄마	39세	고졸	주부 (비정규직)	이혼 후 동거	경기도	무교	한부모	수급권자
큰딸	15세	중2 재학	중학생	–	경기도	무교	한부모	수급권자
막내아들	8세	초1 재학	초등학생	–	경기도	무교	한부모	수급권자
엄마의 남자친구	37세	고졸	비정규직	동거	경기도	무교	–	–

(2) 박미래 및 엄마에 대한 신체 및 행동특징

① 박미래 : 키는 보통이고 약간 마른 체형이며 장난치듯 말을 빠르게 하여, 알아듣기 어려워하는 선생님의 표정이나 반응을 살핀다. 단둘이 있는 것이 불안한 듯 문을 자주 본다.

② 엄마 : 몹시 피곤한 얼굴에 눈을 마주치지 않고 내려다보며 말하고 묻는 말 이외에 별다른 말을 하지 않는다.

③ 큰딸 : 피부가 하얗고 짙은 입술 화장을 하고 있으며 의자에 가만히 앉아 있지 못하고 이것저것 만지며 산만하다. 질문을 던지면 다른 말을 하거나 "선생님은 몇 살이세요?"라며 다시 질문을 던진다.

④ 막내아들 : 얼굴이 동그랗고 하얀 피부에 통통한 체격이며 앞니가 하나 빠져 있다. 질문을 하면 웃는 얼굴로 "잘 모르겠어요"라고 애교 섞인 목소리로 대답한다.

2) 의뢰과정

○○지역아동센터에서 박미래의 정기상담 도중 엄마의 남자친구에게 성폭행을 당한 사실을 알게 되었고, 이 사건에 대하여 사실을 확인하고 즉각 관계기관에 통보하여 가해자에 대해 조치를 취하였다. 피해 아동과 가족들은 ○○지역아동센터 사회복지사로부터 의뢰되어 2017년 3월 2일부터 2017년 4월 13일까지 총 7회 상담하였다.

3) 제시된 문제

(1) 의뢰인이 제시한 문제

박미래는 ○○지역아동센터에서 사건 이후 또래들에게 화를 자주 내며 동생에게서 눈을 떼지 않는 등 동생에 대한 강한 집착을 보이고, 어른에 대한 부정적 인식과 불안감으로 인해 학습 선생님에게 분노와 적대감 등 반항적 행동을 나타내고 있다.

(2) 클라이언트가 제시한 문제

① 박미래가 제시한 문제

- 엄마가 내 말을 잘 들어 주지 않는다.
- 센터에서 남자아이들이 내 동생을 자꾸 때린다.
- 집에 가기 싫다.
- 강아지를 키우고 싶다.

② 박미래 어머니가 제시한 문제

- 박미래가 말을 잘 안 듣고 자주 거짓말을 한다.
- 산만하고 시끄럽게 말을 많이 한다.
- 아이들 셋을 혼자서 양육하는 것이 너무 힘들고 자신의 건강도 좋지 않다.

③ 문제의 내용과 발생 시기

○○지역아동센터에서 평소 방과 후 수업을 받고 있는 박미래가 2달 전부터 밝고 명랑하던 모습은 사라지고 친구들과 다툼이 잦고 남동생의 행동에 강한 집착을 보이기 시작했다. 또한 여자아이들보다 남자아이들과 어울려 놀며 심한 욕설도 서슴없이 했다. 박미래를 관찰하던 아동센터의 사회복지사가 아이와 상담을 하던 중 아저씨와 엄마가 1여 년 동거를 하였는데 3개월 전쯤부터 집에 혼자 있을 때 여러 차례 성추행과 성폭행 당하게 되었으며, 그 사실을 엄마에게 알렸지만 엄마는 거짓말한다며 오히려 혼내고 아무에게도 말하지 말라고 하였다.

4) 가족력

(1) 가족체계론적 평가

① 박미래

엄마는 아빠랑 이혼한 후 오래전부터 나의 이야기는 잘 들어주지 않으셨고 나를 몹시 귀찮아 하셨으며 언니랑 다툴 때면 욕도 하시고 때리기도 하셨다. 그리고 자주 아저씨들과 술을 마시고 취해 늦게 들어오실 때가 많았다. 그때마다 막내만 안아주며 예뻐하셨다. 아빠는 이혼 후 연락이 없었고 엄마에게 물어 보면 화를 내셔서 아빠얘긴 꺼내지 않았다.

② 엄마

박미래의 엄마는 아버님이 중학교 시절 돌아가시고 어머님께서 홀로 4남매를 키우셨는데 그 중에 셋째 딸로 성장하였으며, 언니는 일찍 취업하여 식구들의 생활을 책임졌고 오빠는 공부를 잘하여 어머니의 자랑이었으며 막내는 막내로서 사랑을 받았지만 박미래의 엄마는 항상 부족한 자식으로 어머니의 사랑과 인정을 받지 못했다고 한다.

일찍 결혼하여 안정적인 삶을 살고 싶었지만 남편의 외도와 생활고로 인해 이혼하게 되었고 형제들은 모두 경제적으로 부유한 편이어서 때마다 자신을 무시하여 현재 친정 쪽 가족들과 소원해진 상태이다.

③ 큰딸

어렸을 때 피아노학원, 영어학원, 발표학원 등 학원을 많이 다녔고 엄마가 성적에 관심이 많아 성적이 떨어지면 몹시 화내셨다. 엄마의 기대에 부응하고자 초등학교 때는 열심히 공부했지만 지금은 공부가 너무 어렵고 하기 싫다. 음악과 춤이 좋다.

④ 막내아들

엄마가 술을 드시면 자꾸 껴안아 힘들다. 누나랑 엄마랑 행복하게 살고 싶다.

5) 가계도

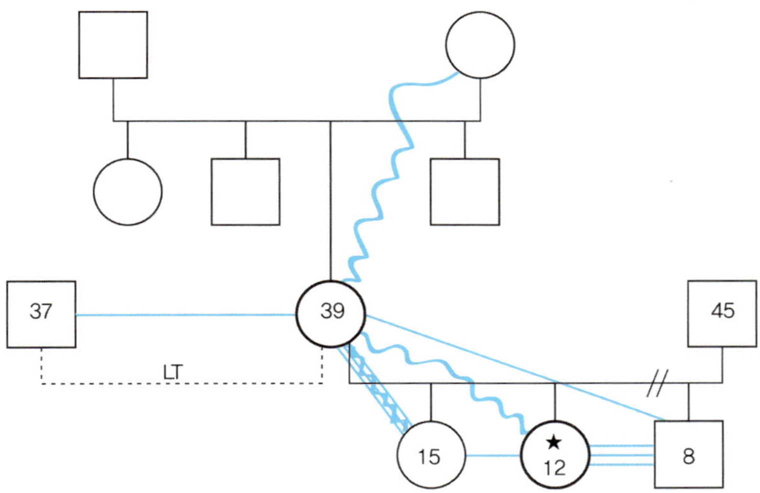

2 사정

1) 박미래의 문제와 상황검토

박미래는 아저씨의 행동에 대해 자신을 지켜줄 것으로 믿었던 엄마로부터 외면을 당하면서 큰 상처를 입고 행동에 변화를 보여준다.

화를 자주 내고 동생에 대한 강한 집착과 어른에 대한 부정적 인식, 불신, 낯선 사람으로부터 갖는 불안감으로 인해 분노와 적대감 등으로 반항적 행동을 나타나고 있었다.

2) 박미래의 욕구파악을 위한 학술적 개입

(1) 정신분석(불안) – 프로이드

불안은 무엇을 하기 위해 동기를 유발하게 하는 긴장상태로서, 생체의 안전을 위협하는 모든 상황에 대해 불안을 일으킨다.

① 현실적 불안 : 현실 세계의 위험에 대한 반응으로의 불안
② 신경증적 불안 : 원초아(본능)의 충동이 의식 속에서 분출되어 나올 것에 대한 불안
③ 도덕적 불안 : 죄책감과 수치심으로 표현되는 초자아(양심)의 처벌 위협에 대한 반응으로의 불안

(2) 인지치료 및 인지행동치료 – 아론 벡

내담자가 지닌 정서적 불안감 또는 행동문제들과 관련된 역기능적 사고를 찾고 내담자와 협동적으로 역기능적인 사고를 수정하여, 행동문제들을 해결해 나가는 치료법(권정혜 · 이재우, 2001)

3) 엄마와 가족의 관계

엄마와 상담을 실시하여 이 사건에 대해 설명하였으나 처음에는 강하게 부정하였고 오히려 센터에서 아이의 거짓말을 조장하였다고 화를 냈다. 그러나 미래의 고통과 이 사건에 심각성, 가족의 문제 등을 계속적으로 설득하였고 엄마도 상황을 받아들여 빠른 조치와 해결에 동의하였다.

(1) 사티어의 경험적 가족치료

내담자(엄마)의 자아존중감을 회복시켜 자신의 가치를 인정하고 장점과 지원을 발견, 활용하도록 도와 스스로 문제상황에 잘 대처할 수 있도록 한다.

또한 자기인생에 대한 선택권을 스스로 갖도록 하며 합리적, 현실적, 인간적으로 가족규칙을 만들어 일치형의 의사소통을 통해 가족관계 개선을 이루도록 한다.

(2) 인간중심 치료(긍정적인 인간관) – 로저스

혼자서는 할 수 없는 것들을 할 수 있도록 도와주며 다른 사람과의 관계 속에서 대화를 통해 내면의 목소리를 구체화하여 변화의 욕구 및 확신을 구체화하고 심리치료적 성장을 경험하고 그들의 관계에 의해 창조된 지금 여기의 경험에 초점을 맞추는 것이 중요하다(일치성, 공감적 이해, 무조건적 긍정적 존중, 유기체의 지혜를 신뢰하는 인간중심적 태도).

3 계획 및 실행

1) 박미래의 개입방법

(1) 목표

박미래의 경우 자아가 완전히 확립되지 않은 상태, 판단능력이 약한 성장기에 속해 있기 때문에 이 사건을 충격으로 받아들일 경우 행동이나 정서상으로 심각 후유증으로 남을 수 있다.

따라서 심리적 불안의 요소를 파악하고 행동적 문제를 해결해 줌으로써 건강하고 올바른 성장과 가족과의 신뢰를 회복할 수 있도록 한다.

(2) 계약내용

주 1회씩 60분씩 총 7회 정도 심리상담 및 치료를 하기로 하였고 클라이언트의 상황에 따라 일정을 조정할 수 있도록 하였다.

(3) 개입과정

회 차	상 담 내 용
1회 2017.3.2.목	클라이언트의 이야기를 들으면서 안정적 분위기로 라포형성과 미술치료를 통한 심리적 불안요소를 파악한다.
2회 2017.3.9.목	음악을 도구로 하여 현재의 마음상태를 악기 소리를 통하여 전달하고 상대의 마음도 알아가면서 스트레스 완화와 유대감을 증진시킨다.
3회 2017.3.16.목	인형놀이를 통해 "내 잘못이 아냐" 심리적 불안요소를 제거하고 스스로의 문제를 극복할 수 있는 힘을 기른다.
4회 2017.3.23.목	1주간의 학교, 가정생활에 대해 듣고 또래관계와 가족들과의 유대관계 회복을 위한 방법을 제시한다.
5회 2017.3.30.목	엄마와 딸의 신뢰 회복과 관계 개선을 위하여 감정교류, 역할 공감, 감사하기 등을 실천한다.
6회 2017.4.6.목	인지행동치료(사건 → 감정 → 자동적 사고 → 인지적 오류 → 합리적 사고)를 실시한다. 요술램프요정 지니가 3가지 소원을 들어준다면?을 기적질문으로 활용한다.
7회 2017.4.13.목	종합평가와 사후 검사지

(4) 서비스 자원 및 연계

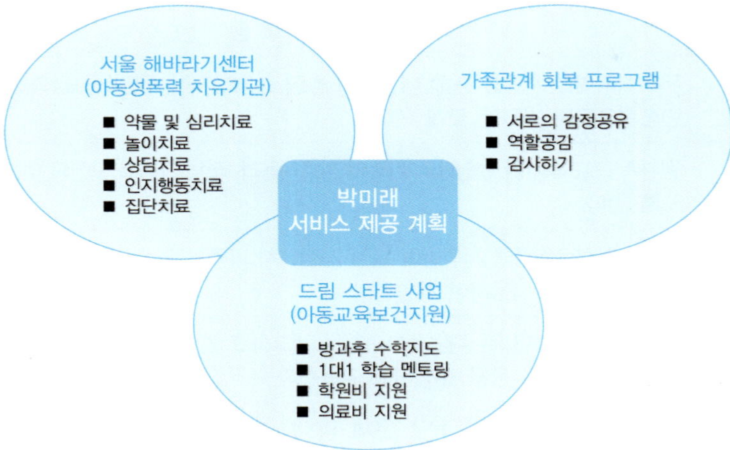

2) 엄마의 개입방법

(1) 목표

낮은 자존감을 향상시켜 자신의 삶이 실패할 것에 대한 두려움을 이겨내고 가족의 소중함과 행복한 가정을 만들고자 하는 의지를 갖게 한다.

(2) 계약내용

주 1회씩 60분씩 총 7회 정도 심리상담 및 치료를 하기로 하였고 클라이언트의 상황에 따라 일정을 조정할 수 있도록 하였다.

(3) 개입과정

회 차	상 담 내 용
1회 2017.3.2.목	무의식의 빙산치료를 통해 내담자의 감정, 기대, 지각, 열망 등 경험을 표면화하고 변형함으로써 변화를 갖게 한다.
2회 2017.3.9.목	원가족 도표제시 및 설명으로 가족의 상호작용과 역할, 그리고 자신의 영향권을 이해하도록 한다.
3회 2017.3.16.목	가족조각치료기법을 시행하여 특정 시점에서 가족관계, 타인에 대한 느낌과 감정을 동작과 공간을 사용하여 표현한다.
4회 2017.3.23.목	박미래 엄마의 자아존중감 회복과정을 체크하고 알코올 의존 빈도 그리고 가족과의 대화, 경청, 전달 등을 설명하고 교육한다.
5회 2017.3.30.목	엄마의 경제활동을 위한 욕구, 문제, 의지를 확인하고 자립 기반 마련을 위한 방법을 제시한다.
6회 2017.4.6.목	엄마의 섬세한 성격에 강점과 자녀양육의 긍정적 태도를 확인한다.
7회 2017.4.13.목	어머니가 자녀에 대한 신뢰, 사랑 그리고 가족의 중요성을 확인하고 삶을 주도적으로 이끌 수 있는 자기실현의 기회를 갖도록 종결 후에도 사후 계속 관리가 필요하다.

4 평가

1) 상담분석 결과

구 분	박미래		엄마	
	초기	후기	초기	후기
감정 지각 분석	책상만 바라보며 눈을 마주치지 않고 거리를 두며 경계함	자연스럽게 인사를 건네며 질문도 하고 관심을 주기도 함	상담을 무척 어색해하며 잘 모르겠고 다소 무성의하게 대답함	주간 집안일도 이야기 하며 자연스럽고 편안한 표정을 지음
일치적 의사 소통 분석	묻는 질문에 엉뚱한 대답을 하거나 자신이 회피하려고 함	생각해서 말하려는 노력이 보이며 상대의 기분을 살피기도 함	굳은 표정으로 본인과 생각이 다르면 이해를 하지 못하며 답답해함	상대방에게 의견을 묻기도 하고 고개를 끄떡이며 공감을 표현함
자기 존중 분석	대답에 자신이 없고 목소리가 작았으며 자신에게 집중하는 것을 불안해 함	좋아하는 것에 대해 적극적으로 표현하며 미션을 완성하면 성취감으로 즐거워 함	자신과 가족 이야기를 쉽게 꺼내지 못함	친구도 만들고 교육도 받아 즐거움을 느낀다며 목소리에 힘이 생김

2) 평가 및 사후 관리

(1) 미래의 환한 미소

편안하고 안정된 분위기 속에서 박미래의 심리적인 상태를 이해하기 위해 노력하였으며 비언어적(미술치료, 음악치료 등)으로 부담을 줄여 스스로 표현할 수 있을 때까지 지지하고 공감해 준 결과 아동의 불안감, 공포감, 우울감 등 심리적 어려움을 겪고 있는 문제를 파악하게 되었고, 정기적인 상담과 치료를 진행하면서 아동 자신이 극복하고자 하는 적극적인 의지를 발견할 수 있었다.

박미래 본연의 밝고 긍정적인 성격의 강점을 끌어내어 사건의 트라우마에서 벗어나 올바른 성장과 행복한 삶을 살아갈 수 있도록 상담치료와 사회적 시스템 지원이 지속적으로 진행되어야 한다.

(2) 행복한 삶을 위한 엄마의 용기 있는 첫걸음

엄마 개인의 심리적, 정서적 문제가 해결되지 못한 상태에서 낮은 자아존중감과 삶을 실패할 것에 대한 두려움 등으로 자녀의 고통을 이해하지 못하고 외면하게 됨으로써 엄마의 역할과 기능을 제대로 수행할 수 없었다.

엄마의 상처는 아이에게 그대로 전달되어 아이의 어려움을 가중시킬 가능성이 높기 때문에 엄마 또한 치료적 상담이 필요했으며 상담을 진행하면서 낮았던 자존감과 자기표현 능력을 향상시킴으로써 자신의 장점과 변화된 삶으로 살아 갈 수 있는 의지를 발견할 수 있었다.

엄마 또한 가족의 중요성과 행복한 가정을 만들기 위해 유능한 부모역할 훈련, 의사소통 방법 그리고 심리적 안정 등이 완전히 회복될 때까지 상담과 다양한 사회시스템이 꾸준히 제공되어야 한다.

참 / 고 / 문 / 헌

강영배(2009). 사회적 배제의 관점에서 본 청소년문제 및 정책에 관한 고찰. 『청소년복지연구』, 11(4), 101-127.

강진호, 유형근, 손현동(2009). 마음챙김 명상을 활용한 고등학생의 심리적 안녕감 증진 프로그램 개발. 『중등교육연구』, 57(1), 213-243.

강해자, 이길자(2001). 청소년이 지각한 부모와의 의사소통과 가족기능, 정신건강과의 관계. 『스트레스연구』, 9(2), 61-60.

강혜정, 임은미(2012). 대학생용 다문화태도 척도의 한국판 타당화 연구. 『아시아교육연구』, 13(4), 35-57.

고경은(2001). 빈곤아동이 지각한 가족기능과 학교 적응과의 관계. 가톨릭대학교 석사학위논문.

고재홍, 조기영(2003). 청소년의 긍정적 착각과 심리적 안녕감간의 관계. 『청소년상담연구』, 11(1), 166-181.

곽윤영, 정문자(2010). 부모의 양육태도 및 대학생의 경제적 자립도가 대학생의 심리적 안녕감 및 자기효능감에 미치는 영향. 『한국청소년연구』, 21(3), 121-141.

곽한영(2006). 법교육이 청소년의 법의식에 미치는 영향에 관한 연구: 여자비행청소년을 중심으로. 서울대학교 박사학위논문.

구인회, 박현선, 정익중, 김광혁(2009). 빈곤과 아동발달의 관계에 대한 종단 분석. 『한국사회복지학』, 61(1), 57-79.

권순용(2006). 청소년의 학교적응 관련변인의 인과적 구조분석. 『중등교육연구』, 54(3), 329-349.

김경순(2006). 대학생의 심리적 안녕감 증진을 위한 프로그램 개발과 적용. 경성대학교 대학원 박사학위논문.

김경아(2002). 청소년의 예절수행 세대전이 및 가정생활 건강성. 숙명여자대학교 대학원 박사학위논문.

김기형(2006). 고등학생과 대학생의 가족관계, 교우관계, 학교적응도와 심리적 안녕감과의 관계. 부산대학교 교육대학원 석사논문.

김명소, 김혜원, 차경호(2001). 심리적 안녕감의 구성개념분석: 한국 성인 남녀 대상으로. 『한국심리학회지; 여성』, 15(2), 19-39.

김선미(2000). 다문화 교육의 개념과 사회과 적용에 따른 문제. 『사회과교육』, 4, 63-81.

김순규(2006). 빈곤청소년의 학교적응유연성 발달경로 - 보호요인의 부가, 매개, 조절효과 모형을 중심으로. 전북대학교 박사학위논문.

김승권 외 5인(2000). 『한국가족의 변화와 대응방안』. 한국보건사회연구원.

김영화, 이진숙, 이옥희(2002). 『성인지적 가족복지론』. 서울: 양서원.

김영훈(2008). 청소년의 여가활동참여가 학교생활만족에 미치는 영향연구. 안양대학교 대학원 박사학위논문.

김은경(2010). 다문화가정 모 - 자녀의 긍정심리성향 증진을 위한 긍정심리프로그램개발. 명지대학교 박사학위논문.

김진철, 장봉석(2010). 초등 예비 교사의 다문화 태도와 다문화 효능감에 대한 연구. 『시민교육연구』, 42(3), 39-60.

김창대(2007). 『왜 행복인가?: 불행의 심리학에서 행복의 심리학으로』. 한국상담.

김현미, 방희정, 소유경, 옥정, 김은경(2006). 한국남녀 대학생 집단에서 자아해석이 심리적 안녕감에 미치는 영향. 『한국심리학회지』, 11(4), 437-458.

김현숙, 최송식, 김희재(2011). 국민정체성과 다문화태도의 관계 - 한, 중, 일 대학생을 중심으로. 『국제지역연구』, 15(2), 141-168.

김현주(2010). 부모 - 자녀 의사소통 및 기본 심리적 욕구 척도개발을 통한 청소년 심리적 안녕감 설명변인연구. 충남대학교 박사학위논문.

김혜원, 김명소(2000). 우리나라 기혼여성들의 심리적 안녕감의 구조분석 및 주관적 안녕감과의 관계분석. 『한국심리학회지』, 5(1), 27-41.

김혜원, 홍미애(2007). 우리나라 청소년들의 삶의 질 정도와 설명요인 분석. 『청소년학연구』, 14(2), 269-297.

김희재, 김현숙(2012). 한국과 일본 대학생의 국민정체성과 다문화태도. 『동북아 문화연구』, 제33집, 83-104.

남희경(2002). 가족관계, 자아강도 및 대인관계의 부정적 정서간의 관계. 가톨릭대학교 석사학위논문.

류정희, 이명자(2007). 청소년의 심리적, 사회적 안녕감: 그 구조 및 주관적 안녕감과의 관계. 『한국심리학회지 학교』, 4(1), 55-77.

모경환, 황혜원(2007). 사회과 교사의 다문화교육에 대한 인식과 교사교육의 과제. 『한국교원 교육연구』, 24(2), 199-219.

민경미, 송현종(2004). 고등학생의 지각된 사회적 지지와 정서 표현성이 심리적 안녕감에 미치는 영향. 『인문사회과학연구』, 1, 35-51.

박선미, 성민선(2011). 교사의 다문화교육 경험이 다문화적 인식에 미친 영향: 인천시 다문화교육 지정학교 교사를 대상으로. 『한국사회과 교육연구학회』, 50(3), 1-15.

박승희(2005). 『한국사회복지정책론』. 성균관대학교출판부.

박현선, 이상균(2008). 청소년기 비행친구의 영향에 대한 보호요인의 조절효과. 『사회복지연구』, 제37권.

서현아, 천희영, 위수정(2011). 한국과 미국 예비 유아교사의 다문화 관련 경험에 따른 다문화 이해 및 다문화교육 관련 특성에 대한 연구. 『한국보육지원학회지』, 7(4), 69-94.

선곡유화, 박순덕, 이영선(2013). 한국 대학생의 다문화 인식 및 태도에 관한 연구 동향. 한국 다문화와 평화학회. 173-203.

송진영(2009). 중년 취업남성의 다중역할 몰입과 심리적 안녕감 간의 관계. 『한국사회복지조사연구』, 22, 59-81.

신경숙(2009). 예비유아교사의 학과적응, 진로결정도 및 종교활동과 심리적 안녕감과의 관계. 『교사교육연구』, 48(2), 78-98.

신정인, 강영걸, 김영호(2010). 대학생의 대상관계가 분리개별화, 자기효능감, 심리적 안녕감에 미치는 영향. 『청소년학연구』, 17(10), 189-212.

신주연, 이윤아, 이기학(2005). 삶의 의미와 정서조절 양식이 청소년의 심리적 안녕에 미치는 영향. 『한국심리학회지』, 17(4), 1035-1057.

신현정, 박진성(2010). 『유아교사의 심리적 안영감에 영향을 주는 관련변인 탐색연구』, 14(2), 147-170. 심리학회대외심포지엄 논문집(16~31쪽). 한국상담심리학회.

안윤일(2000). 아동이 지각한 가족관계, 대인관계 해결력과 사회적 선호도와의 관계. 가톨릭대학교 석사학위논문.

양계민, 조혜영(2010). 청소년방과후 아카데미 프로그램에 대한 효과성 인식이 참여청소년의 심리사회적응 및 학업성취요인에 미치는 영향. 『청소년복지연구』, 12(1), 61-92.

양정남, 최은정, 문란영, 박건영, 박순희(2011). 자기효능감, 사회복지 옹호태도가 사회복지전공대학생의 다문화 수용성에 미치는 영향. 『한국사회복지교육』, 제16집, 24-47.

우채영, 박아청, 정현희(2010). 성별 및 학교 급별에 따른 청소년의 인간관계, 스트레스, 우울과 자살생각 간의 구조적 관계. 『한국교육심리학회』, 24(1), 19-38.

유성경(2007). 행복의 재발견: 역경 속에서 피어나는 행복의 꽃. 한국상담심리학회 대외심포지엄 논문집(51~58쪽). 한국상담심리학회.

유주연, 박경(2010). 자기애와 심리적 안녕감 간의 관계에서 감사성향의 매개효과. 『청소년학연구』, 17(4), 1-23.

이길자(2007). 청소년들의 가족개념에 대한 질적 연구 - 중학생을 중심으로 - . 중앙대학교 대학원석사학위논문.

이동귀(2007). 변화와 강점 중심 상담. 『한국상담심리학회 대외심포지엄 논문집』. 한국상담심리학회. 147-148.

이명자, 신현숙, 염시창(2009). 대학생의 자원과 심리적 안녕감과의 관계. 『청소년학연구』, 16(9), 53-79.

이미화, 조증열(2003). 청소년의 인기도와 심리적 안녕감에 관련된 행동특성. 경남대학교인문과학연구소 17, 25-38.

이민아(2010). 이민 전후의 연결망이 결혼이민자여성의 심리적 안녕감에 미치는 영향. 『보건사회과학』, 27, 31-61.

이부영(2002). 자기와 자기실현: 하나의 경지, 하나가 되는 길. (분석심리학의 탐구). 서울: 한길사.

이성훈(2010). 긍정심리치료에 근거한 집단상담이 청소년의 자아 탄력성, 학교생활적응력 및 심리적 안녕감에 미치는 효과. 경성대학교 석사학위논문.
이유리(2009). 청소년의 부모 - 자녀 의사소통, 정서지능, 부모화 경험이 심리적 안녕감에 미치는 영향. 명지대학교 대학원 석사학위논문.
이은우(2005). 대학생의 정서지능, 자기효능감, 심리적 안녕감이 대학생활 적응에 미치는 영향. 계명대학교 대학원 석사학위논문.
이인재(2006). 『저소득층 가정 청소년 탈빈곤 정책에 관한 연구: 한국사회의 신빈곤』. 한국도시연구소 엮음. 한울아카데미.
이장호, 금명자(2006). 『상담연습 교본』 2판. 경기도: 법문사.
이정민, 이유리(2010). 청소년의 부모 - 자녀의사소통, 정서지능 및 부모화경험이 심리적 안녕감에 미치는 영향. 『한국가정간리학회지』, 28(3), 13-26.
이종신, 문혁준(2010). 장애아 어머니의 역할행동 연구. 『유아교육연구』, 30(3), 5-24.
이진희, 김욱(2008). 노인교육 참여가 노인의 심리적 안녕감에 미치는 영향. 『한국노년학』, 28(4), 887-905.
이채호, 고태순(2008). 보육교사의 직무만족도와 심리적 안녕감과의 관계. 『아동교육』, 17(3), 173-185.
이현주, 이미나, 최인수 (2008). 한국 청소년 안녕감 척도(K-WBSA)의 타당화 및 삶의 질 분석. 『교육심리연구』, 22(1), 301-315.
이혜진(2009). 초등학생의 다문화 인식에 영향을 미치는 변인 연구. 경인교육대학교 석사학위논문.
이희경(2007). 긍정심리학적 상담: 치료요인과 개입 기법. 한국상담심리학회 대외심포지엄 논문(145-146쪽). 한국상담심리학회.
장은선, 김광웅, 조유진(2007). 청소년의 스트레스와 비합리적 신념 및 자살생각의 관계. 『청소년학연구』, 14(5), 27-47.
장임숙, 이원일(2012). "대학생의 다문화인식과 이주인권 정책에 대한 태도". 『지방정부연구』, 15(4), 177-199.
전해숙(2010). 초고령 노인의 스트레스와 대처방안이 심리적 안녕감에 미치는 영향. 『노인복지연구』, 51-69.
정경옥(2010). 청소년의 학교관련 문제행동과 부모의 경험에 대한 질적 연구. 명지대학교 석사학위논문.
정대영, 최정아(2010). 장애아동 부모와 일반아동 부모의 심리적 안녕감 비교. 『한국정서 · 행동장애연구』, 26(3), 319-343.
정민, 노안영(2008). 대학생의 외향성 및 신경증적 경향성과 심리적 안녕감간의 관계. 『한국심리학회지』, 27(2), 373-387.
정원식, 박성수, 김창대(2002). 『카운슬링의 원리』. 교육과학사.
정은희(2002). 현실요법 집단상담이 빈곤 청소년의 학교 적응 유연성에 미치는 영향. 대구대학교 석사학위논문.
정혜정, 이형실 편역(1997). 『가족치료-체계론적 통합』. 하우출판.

조긍호(2006). 『이상적 인간형론의 동·서 비교』. 서울: 지식산업사.

주애란(2006). 중학생의 인터넷게임중독 예방을 위한 임파워먼트 교육프로그램의 효과. 전남대학교대학원 박사학위논문.

주현숙, 방희정(2006). 청소년의 관계적-상호의존적 자아해석과 대인관계 스트레스, 스트레스 대처 방식이 심리적 안녕감에 미치는 영향. 『한국심리학회 논문집』. 284-285.

차경호(2004). 한국과 미국 대학생의 주관적 안녕감과 심리적 안녕감과의 관계. 『청소년학연구』, 11(3), 321-337.

최선경(2001). 소년소녀가장세대 청소년의 사회적 지지와 일상적 스트레스에 관한 연구. 서울여자대학교 대학원 석사학위청구논문.

최성학(2012). 일반청소년과 비행청소년이 지각한 가족의 의사소통비교연구. 백석대학교 상담대학원 석사학위논문.

최연실(2003). 『가족학이론: 관점과 쟁점』. 하우출판사.

최재훈(2012). 기업의 사회적 책임(CSR)에 대한 종업원의 인식이 조직유효성에 미치는 영향에 관한 연구: 개인주의-집합주의 성향의 조절효과를 중심으로. 아주대학교 대학원 석사학위논문.

최현정, 우민정(2012). 예비유아교사의 다문화 태도 및 다문화 효능감에 관한 연구. 유아교육학논집, 16(5), 315-338.

허승연(2009). 청소년의 행복에 영향을 미치는 생태체계 변인. 숙명여자대학교 대학원 박사학위논문.

홍봉선, 남미애(2010). 『청소년복지론』. 공동체. 19-42.

Adams, D. M, Overholster J. C., & Spirito, A.(1994). Stressful life events associated with adolescent suicide attempts. *Canadian Journal of Psychology, 39*, 43-48.

Adelmann, P. K.(1994). Multiple Role and Psychological Well-being in a National Sample of Older Adults. *Journal of Gerontology: Social Sciences, 49*(6), 227-285.

Ahrens, C. J., & Ryff, C. D.(2006). *Multiple Roles and Well-being: Sociodemographic and Psychological Moderators*. Springer Science Business Media, Inc.

Bandura, A.(1977). Self-efficacy: Toward a Unifying Theory of Behavioral Change. *Psychological Review, 84*, 191-215.

Bourm, R.(2000). Assessing Violence Risk among Youth. *Journal of Clinical Psychology, 56*(10), 1268-1288.

Butcher, D. A.(2000). The relationship among engagement in youth development programs, risk and protective factors, and problem behaviors: An exploratory study. Unpublished doctoral dissertation, Utah university.

Caplan, G.(1974). *Support Systems and Community Mental Health: Lectures on Concept Development*. New York: Behavioral Publications.

Chung, I. J.(2004). "A conceptual framework for understanding the relationship between poverty and antisocial behavior: Focusing on psycho social mediating mechanisms". *Journal of Primary Prevention, 24*, 355-380.

Creswell, J. W.(2007). *Qualitative Inquiry and Research Design: Choosing Among Five Approaches.* Sage Publications, Inc.

Curry, L. A., Snyder, C. R., Cook, D. L., Ruby, B. C., & Rehm, M.(1997). "Role of hope in academic and sport achievement". *Journal of Personality.*

Diener, E., Suh, E. M., Smith, H., & Shao, L.(1995). National differences in subjective well-being: Why do the occur? *Social Indicators Research, 34*, 7-32.

Drucker, P. F.(1973). *Management: Task-Responsibilities Practices.* New York: Harper & Row.

Engemann, K. M., & Owyang, M. T.(2005). "So Much for that Merit Raise: The Link between Wages and Appearance". *The Regional Economist, 13*(2), 10-11.

Etzioni, A.(1964). *Modern Organizations.* Englewood Cliffs, New Jersey: Prentice-Hall, Inc.: 8.

Farrington, D. P.(2003). Developmental and Life-course Criminology Key Theoretical and Empirical Issues The 2002 Sutherland Award Address. *Criminology, 41*(2). 221-255.

Fredricson, B. L.(2001). The role of positive emotions in positive psychology: The broaden-and-build theory of positive emotions. *American Psychology, 56*, 218-226.

Gable, S. L., & Haidt, J.(2005). What(and Why) is positive psychology? *Review of General Psychology, 9*, 103-110.

Gottfredson, M. R., & T. Hirschi(1990). A general Theory of Crime, Stanford, Calif, Stanford University Press.

Hamermesh, D. S., & Biddle, J. E.(1994). *Beauty and the labor market American Economic Review, 84*, 1174 - 1194.

Hirschi, T.(1969). *Causes of Delinquency.* Berkeley: Univ. of California Press.

Hoghughi, M.(1992). Assessing Child and Adolescent Disorders, -A Practice Manual. London: Sage Publications.

Irene Levin & Jan Trost(1992). Understanding the Concept of Family. *Family Relation, 41*(3), 348-351.

Jahoda, M.(1959). *Current concepts of positive mental health.* New York: Basic Books.

Katz, D., & Khan, R. L.(1966). *The Social Psychology of Organizations.* New York: Wiley.

Kazdin, A. E.(1987). Parent management training evidence, outcomes and issues. *Journal of American Academy of Child and Adolescent Psychiatry, 36*, 1349-1356.

Kleiman, J.(1981). Optimal and normal family functioning. *The American Journal of Family Therapy, 19*, 37-44.

Klein, K., Forehand, R., Armastead, L., & Long, P.(1997). Delinquency during the transitionto early adulthood: Family and parenting predictors from early adolescence. *Adolescence, 32*(125), 61-80.

Korea Youth Counselling & welfare Institute(2000). *Youth Problem Type Divided System Development Studies VII.* Korea Youth Counselling Institute.

Likert, R.(1967). *The human organization: Its management and value.* New York: McGraw-Hill.

Lopez, S. J., & Snyder, C. R.(2003). 이희경, 이영호, 조성호, 남종호 공역(2008). 『긍정심리평가: 모델과 측정』.

Lyubomirsky, S. 저(2007). 오혜경 역(2008). 『행복도 연습이 필요하다』. 서울: 지식노마드. *American Psychologist, 3*, 216-217.

Matsueda, R. L.(1992). Reflected appraisals, parental labeling, and delinquency: specifying a symbolic interaction theory. *American Journal of Sociology, 97*, 1577-1611.

McDowell, I., & Newell, C.(1990). Measuring Health. A Guide to Rating Scales and Questionnaires. Oxford.

Mistry of Health & Welfare(2010). Ministry of Health and Welfare Year Book.

Munroe, A., & Perarson, C.(2005). The multicultural attitude scale questionnaire: A new instrument for multicultural studies. *Education and Psychological Measurement, 66*(5), 819-834.

Nestmann and Hurrelmann(1994). Child and Adolescent Research as a Challenge and Opportunity for Social Support Theory, Measurement, and Intervention: And Vice Versa. In Nestmann & Hurrelmann(Eds.). *Social Networks and Social Support in Childhood and Adolescent.* New York: de Gruyter.

Nolten, Patrick, W.(1994). Conceptualization and Measurement of Social Support: The Development of the Student Social Support Scale. Doctoral Dissertation, University of Wisconsin-Madison.

Park, N.(2004). The Role of Subjective Well-being in Positive Youth Development.

Peterson, C. 저(2006), 문용린, 김인자 공역(2010). 『긍정심리학 프라이머』. 안양: 물푸레.

Peterson, C., & Bossio, L. M.(1991). *Health and optimism.* New York: Free Press.

Peterson, C., & Seligman, M. E.(2004). *Character strengths and virtues: A handbook and classification.* Washington, DC: American Psychological Association.

Ponterotto, J. G., Baluch, S., Greig, T., & Rivera, L.(1998). Development and initial.

Randall, T. D.(1995). Assessing Family Strengths Using the Family Profile: Study for Validate and Evaluate Constructs Across Four Models of Family Functioning. Utah State University. M. S.

Roberts, L. M.(2005). Changing Faces, Professional image construction in diverse organizational settings. *Academy of Management Review*, 30(4), 685-711.

Rosenthal, B. S.(1995). The Influence of Social Support on School Completion among Hiaitians. *Social Work in Education, 17*(1), 30-39.

Ryff, C. D.(1989). Happiness is everything, or is it? Explanations on the meaning of psychological well-being. *Journal of Personality and Social Psychology, 57*(6), 1069-1081.

Ryff, C. D., & Keyes, C. L. M.(1995). The structure of psychological well-being revised. *Journal of Personality and Social Psychology, 69*, 719-727.

Ryff, C. D., & Singer, B.(1996). Psychological well-being: Meaning, measurement, and implications for psychotherapy research. *Psychotherapy and Psychosomatics, 65*, 14-23.

Ryff, C. D., & Singer, B.(1998). The contours of positive human health. *Psychological Inquiry, 9*(1), 1-28.

Saleebey, D.(2006). Introcution : Power in the people. In D. Saleeby(Ed.), *The strengths perspective in social work practice,* 1-24. Boston: Allyn & Bacon.

Salovey, P., Rothman, A. J., Detweiler, J. B., & Steward, W. T.(2000). Emotional states and health, Aet al., 2000). *American Psychologist, 55*, 110-121.

Scheier, M. F., & Carver, C. S.(1992). "Effects of optimism on psychological and physical well-being: Theoretical overview and empirical update". *Cognitive Therapy and Research, 16*, 201-228.

Seligman, M. E.(2002). "positive psychology, positive prevention, and positive therapy", In C. R. Snyder & S. J. Lopez(Eds.), *Handbook of positive psychology*(pp.3-9). New York: Oxford University Press.

Seligman, M. E., & Csikszentmihalyi, M.(2000). "positive psychology: An introduction". *American Psychologist, 55*, 5-14.

Seligman, M. E., Park, N., & Peterson, C.(2005). "positive psychology progress: Empirical validation of interventions". *American Psychologist, 60*, 410-421.

Seligman, M. 저(2004), 김인자 역(2006). 『긍정심리학: 진정한 행복 만들기』. 안양: 물푸레.

Seligman, M. 저(2009), 우문식, 윤상운 역(2011). 『플로리쉬』. 안양: 물푸레.

Sheehan, G.(1979). "In Stress, Mental Health, and Religion". *The Physician and Sports Medicine, 7*, 149.

Sheldon, K. M., & L. King.(2001). *Why positive psychology is necessary?*

Smith(2009). *Exploring family theory*. Oxford.

Snyder, C. R., & Lopez, S. J. 편저(2002), 이희경 역(2008). 『긍정심리학 핸드북』. 서울: 학지사.

Sokol-Katz, J., Dunham, R., & Zimmerman, R.(1997). Family structure versus parental attachment in controlling adolescent deviant behavior: A social control model. *Adolescence, 32*(125), 199-215.

Sprinthall, N. A., & Collins, W. A.(1995). *Adolescent Psychology: A developmental view*(third ed.). New York: McGraw-Hill, Inc.

Steve, R. B., & Marie K. C.(2009). *Positive Psychology*. 안신호, 이진환, 신현정, 홍창희, 정영숙, 이재식, 서수균, 김비아(역). 서울: 시그마프레스

Strauss, A., & Corbin, J.(1998). Basics of qualitative research: technique and procedures for developing ground.

Thoits, P. A.(1986). Social Support as Coping Assistance. *Journal of Consulting and Clinical Psychology*, 54.

Toprak, Cetin, Can & Demircan(2010). Suicidal Ideation and Suicide Attemps among College Students. Psychiatry Research.

Traub, Stuart H., & Craig B. Little(1975). *Theories of Deviance*. Itasca, Illinois: F. E. Peacock Publisher, Inc.

Triplett, R. A., & G. R. Jarjoura.(1994). Theoretical and Empirical Specification of a Model of Informal Labeling. *Journal of Quantitative Criminology, 10*(3), 241-276.

Yoshikawa H.(1999). Welfare Dynamics, Support Service, Mothers' Earning, and Child Cognitive Development. *Child Development, 70*(3), 779-801.

Zohar, D., & Marshall, I.(2000). *SQ-Spiritual Intelligence: The Ultimate Intelligence*. London: Bloomsbury.

www.mogef.go.kr, Ministry of Gender Equality & Family 2008. Chung So Nyun Baek Su

www.mogef.go.kr, Ministry of Gender Equality & Family 2011. Chung So Nyun Baek Su. Publish Register Number 11-1383000-000102-10

저 / 자 / 소 / 개

■ 곽미정

2013년 상명대학교에서 "수도권 법인 및 개인 장기요양시설 요양보호사의 직무만족 및 서비스 질 영향요인연구"로 행정학 박사학위(2013)를 취득하고, 현재 김포대학교 사회복지과 교수로 재직 중이며, 사단법인 사회복지개발원의 수석연구자문위원으로 있다. 주요 관심분야는 사회복지실천, 행정 및 정책 분야이며, 주요논문으로는 청소년 임파워먼트 프로그램의 효과성분석(2014) 등 다수가 있으며, 저서로는 사회복지행정론, 청소년프로그램 개발과 평가 등이 있다.

■ 노상은

경기대학교 일반대학원 사회복지학 박사, 현재 오산대학교 실용사회복지학과 교수로 재직 중이다. 주요 관심분야는 사회복지행정 및 지역사회복지이며, 주요활동으로는 경기도사회복지공동모금회 배분평가실행위원, 오산시지역사회보장협의체 위원장 및 사회복지협의회 상임이사를 맡고 있다.

■ 손은경

2008년 원광대학교에서 "신체접촉놀이 활동이 유아의 대인문제해결능력과 사회적 효능감에 미치는 영향 요인연구"로 문학박사(2008)를 취득하고, 현재 중부대학교 보건복지학부 아동보육전공 교수로 재직 중이다. 주요 관심분야는 아동발달, 아동상담, 부모상담, 보육시설평가인증 분야이며, 주요 논문으로는 임상장학을 통한 영아 자유놀이 시간의 교사개입 변화탐색(2016) 등 다수가 있으며, 저서로는 아동권리와 복지, 보육학개론, 보육과정 등이 있다.

■ 윤희숙

2013년 사회복지 박사 수료, 2015년 경희대학교에서 "노인요양공동생활가정 입소노인의 시설생활 적응과정에 관한 근거이론 연구"로 간호학 박사학위 취득 후, 현재 경복대학교 의료복지과 교수로 재직 중이다. 주요 관심분야는 노인복지 및 장기요양기관, 노인상담, 노인건강 분야이다. 주요 논문으로는 "Experiences of violence, burnout and job satisfaction in Korean nurses in the emergency medical centre setting;International Journal of Nursing Practice, 2016" 등이 있으며, 현재 대한질적연구학회에서 활동하고 있다.

■ 임성은

서강대학교 언론대학원 석사와 숭실대학교 일반대학원 박사학위를 취득하고, 현재 극동대학교 중국항공운항서비스학과 교수로 재직 중이다. 주요 연구분야는 커뮤니케이션, 교육서비스품질, 리더십, 조직충성도, 자질탐구이며, 저서로는 CS 관리실무와 자기와 타인의 이해 등이 있다,

■ 최옥화

서강대학교 대학원에서 석사와 평택대학교 사회복지학박사학위(2014)를 취득하고, 현재 서정대학교 사회복지행정과 교수로 재직 중이다. 주요 관심분야는 아동양육을 위한 효과적 부모교육과 가족상담, 대상별 집단상담프로그램 개발, 현장중심의 사회복지실천이며, 주요 논문으로는 "칭찬부모교육 집단프로그램이 어머니의 자아존중감 및 어머니가 지각한 모-자관계 변화에 미치는 영향", "아동양육시설 보육사의 양육효능감 증진프로그램 개발"등 다수가 있다. 의정부 이혼부부 상담 전문가 및 교육으로 게슈탈트, 가족치료상담 전문가로 활동하고 있다.

상담이론과 실제

1판 1쇄 인쇄 — 2018년 9월 5일
1판 1쇄 발행 — 2018년 9월 10일

저　　자 - 곽미정 · 노상은 · 손은경 · 윤희숙 · 임성은 · 최옥화
발 행 인 - 강철원
발 행 처 - 양성원
주　　소 - 경기도 파주시 검산로 173번길 29-20
전　　화 - 031-946-3861(代)
팩　　스 - 031-946-3864
이 메 일 - tnwpub@naver.com
홈페이지 - tnwpub.co.kr
출판등록 - 2015년 8월 31일 제 2015-000211 호

ISBN 979-11-6126-144-7

정가 19,000원